CDA数字化人才系列丛书

金融
数据分析和数据挖掘
案例实战

魏建国 曾珂 翟锟 常国珍 ◎ 著

电子工业出版社
Publishing House of Electronics Industry
北京·BEIJING

内容简介

本书涵盖了金融数据分析的主要内容，从基础的数据理解、预处理，到高级的数据挖掘技术和模型构建，都有详尽的阐述。本书不仅介绍了数据分析的基本流程和方法，如发现问题、近因分析、根因分析、预测和制定解决方案等，还详细介绍了数据挖掘的方法论，如 CRISP-DM 和 SEMMA 等。这些技术和方法不仅具有理论价值，而且具有实践意义，能够启发读者在实际业务中运用数据分析解决实际问题。

本书适合金融行业的从业者作为提升数据分析能力的参考书，也适合数据分析师和数据科学领域的专业人士作为技术进阶的教材。同时，对数据科学在金融领域的应用感兴趣的读者来说，本书也是一本不可多得的入门指南。

未经许可，不得以任何方式复制或抄袭本书之部分或全部内容。
版权所有，侵权必究。

图书在版编目（CIP）数据

金融数据分析和数据挖掘案例实战 / 魏建国等著．
北京：电子工业出版社，2025. 6. --（CDA 数字化人才系列丛书）． -- ISBN 978-7-121-50278-1

Ⅰ．F830.41

中国国家版本馆 CIP 数据核字第 20257P3784 号

责任编辑：张慧敏
印　　刷：河北鑫兆源印刷有限公司
装　　订：河北鑫兆源印刷有限公司
出版发行：电子工业出版社
　　　　　北京市海淀区万寿路 173 信箱　　邮编：100036
开　　本：720×1000　1/16　印张：20.25　字数：393 千字
版　　次：2025 年 6 月第 1 版
印　　次：2025 年 6 月第 1 次印刷
定　　价：99.00 元

凡所购买电子工业出版社图书有缺损问题，请向购买书店调换。若书店售缺，请与本社发行部联系，联系及邮购电话：（010）88254888，88258888。
质量投诉请发邮件至 zlts@phei.com.cn，盗版侵权举报请发邮件至 dbqq@phei.com.cn。
本书咨询联系方式：faq@phei.com.cn。

序言

在这个数据如潮水般涌来的时代，金融行业的面貌正在经历着深刻的变革。数据，这一曾经被视为辅助工具的信息资源，如今已成为驱动金融业务创新、提升决策效率的核心动力。面对海量且复杂的数据，如何有效地进行分析和挖掘，以揭示数据隐藏的价值和规律，成为金融从业者必须面对的重要课题。

《金融数据分析和数据挖掘案例实战》一书正是在这样的背景下应运而生的，它不仅仅是一本书，更是一把开启金融数据宝藏的钥匙。本书旨在通过系统而深入的讲解，带领读者走进金融数据分析与数据挖掘的广阔世界，探索数据背后的秘密，发现数据驱动的力量。

本书的创新在于以客户画像为核心，构建从数据分析至数据挖掘的清晰路径，特别关注业务人员在商业理解、场景描绘和数据理解中的关键作用，助力业务人员逐步深化数据认知，并为数据分析师提供业务实操指导，确保数据分析紧密贴合实际需求，实现数据价值最大化。

本书涵盖了金融数据分析的主要内容，从基础的数据理解、预处理，到高级的数据挖掘技术和模型构建，都有详尽的阐述。本书不仅介绍了数据分析的基本流程和方法，如发现问题、近因分析、根因分析、预测和制定解决方案等，还详细介绍了数据挖掘的方法论，如 CRISP-DM 和 SEMMA 等。这些技术和方法不仅具有理论价值，而且具有实践意义，能够启发读者在实际业务中运用数据分析解决实际问题。

值得一提的是，本书通过对典型案例进行解析，将理论知识与实际业务紧密结合，从客户细分到信用风险预测，从智能信贷审批到申请反欺诈模型，每章节都围绕金融行业的特定场景展开，为读者提供了可操作的解决方案和最佳实践。这些案例不仅展示了数据分析在金融领域的广泛应用，也体现了数据分析在提升业务效率、降低风险、优化决策等方面的巨大潜力。

本书适合金融行业的从业者作为提升数据分析能力的参考书，也适合数据分析师和数据科学领域的专业人士作为技术进阶的教材。同时，对数据科学在金融领域的应用感兴趣的读者来说，本书也是一本不可多得的入门指南。

在这个数据驱动的时代，让我们携手并进，共同探索金融数据的无限可能。通过对本书的学习，相信每一位读者都能够在金融数据分析的道路上走得更远、更稳。让我们用数据创造更加美好的未来！

作　者

目录

第 1 篇　原理篇

第 1 章　数据科学思维 2
1.1　数据科学的工作范式 2
1.2　数据分析方法和流程 4
1.2.1　发现问题 6
1.2.2　近因分析 8
1.2.3　根因分析 9
1.2.4　做出预测 10
1.2.5　制定方案 12
1.2.6　验证方案 14
1.3　数据挖掘方法论 15
1.3.1　CRISP-DM 方法论 15
1.3.2　SEMMA 方法论 16
1.4　金融行业数据挖掘场景 18

第 2 篇　技术篇

第 2 章　某银行贷款产品精准营销模型 24
2.1　数据介绍 24
2.2　商业分析 29
2.2.1　发现问题 29
2.2.2　诊断问题 30
2.2.3　明确目标 31
2.2.4　定性分析 31
2.3　数据理解 35
2.3.1　建立特征体系 35

        2.3.2　明确被解释变量的定义 36
        2.3.3　明确入模样本 37
        2.3.4　明确取数时间窗口 37
        2.3.5　编写取数文档 38
    2.4　数据准备 39
        2.4.1　提取被解释变量 39
        2.4.2　提取静态特征和时点特征 40
        2.4.3　提取时期特征 40
        2.4.4　提取预测用数据宽表 41
    2.5　建模和评估 42
        2.5.1　定量客户画像与数据清洗 42
        2.5.2　建立逻辑回归模型 45
        2.5.3　评估模型 47
    2.6　模型运用的准备工作 48
    2.7　流程回顾 49

第 3 章　多维特征的客户细分 51
    3.1　客户细分 51
        3.1.1　客户细分定义 51
        3.1.2　客户细分类型 51
        3.1.3　案例：银行多维度客户画像 54
    3.2　预处理 57
        3.2.1　填补缺失值 57
        3.2.2　修订错误值 58
        3.2.3　处理离散型变量 58
        3.2.4　正态化与标准化 61
    3.3　维度分析 64
    3.4　聚类 72
    3.5　簇特征的解释 75

第 4 章　信用风险预测模型 81
    4.1　信贷全生命周期风险管理 81
        4.1.1　贷前阶段 81

		4.1.2 贷中阶段 83

        4.1.2 贷中阶段 83
        4.1.3 贷后阶段 84
  4.2 ABC 卡简介 86
        4.2.1 信用评分卡简介 86
        4.2.2 ABC 卡的应用 87

第 5 章   贷前信用风险预测模型（A 卡）................................. 90

  5.1 智能信贷审批基本框架 90
        5.1.1 申请人识别 91
        5.1.2 信贷准入 92
        5.1.3 申请评分卡 97
        5.1.4 全样本建模与抽样建模 106
  5.2 特征工程 107
        5.2.1 数据来源 107
        5.2.2 数据加工 109
  5.3 模型构建与评估 121
        5.3.1 Logistic 回归模型 121
        5.3.2 评分刻度与分值分配 123
        5.3.3 模型评估 125
  5.4 模型监控 129
        5.4.1 前端监控 129
        5.4.2 后端监控 134
  5.5 拒绝推断 138
        5.5.1 外部数据推断 138
        5.5.2 模型推断 139
        5.5.3 拒绝推断结果的验证 142
  5.6 案例 1：某消费金融公司申请评分卡构建 143
        5.6.1 场景介绍 143
        5.6.2 数据清洗 143
        5.6.3 特征初筛 148
        5.6.4 分箱与 WoE 编码 149
        5.6.5 相关性分析与特征聚类 151
        5.6.6 逐步回归 151

    5.6.7 模型评估 153
    5.6.8 评分卡的制作 155
    5.6.9 模型文档 158
  5.7 案例2：制作Vintage报告 159
    5.7.1 Vintage相关业务报表 159
    5.7.2 Vintage报告的制作 160
  5.8 申请评分卡应用 166
    5.8.1 模型及决策流 166
    5.8.2 风险策略 167
    5.8.3 额度策略 169

第6章 贷中信用风险预测模型（B卡） 171

  6.1 行为评分卡 171
    6.1.1 业务理解 171
    6.1.2 数据理解 172
    6.1.3 特征工程 173
    6.1.4 模型构建与评估 174
  6.2 案例：某信用卡业务行为评分卡构建 174
    6.2.1 场景介绍 174
    6.2.2 数据整理与特征工程 175
    6.2.3 数据清洗与特征初筛 185
    6.2.4 分箱与WoE编码 187
    6.2.5 相关性筛选 187
    6.2.6 逐步回归建模 187
    6.2.7 模型评估 188
  6.3 行为评分卡的应用 190
    6.3.1 额度管理 190
    6.3.2 续卡或续贷策略 191
    6.3.3 客户留存分析和挽留 191
    6.3.4 风险监控 192

第7章 贷后催收模型（C卡） 193

  7.1 催收评分卡 193

| 7.1.1　业务理解 193
| 7.1.2　数据理解 195
| 7.1.3　特征工程与模型构建 196
| 7.2　催收评分卡的应用 197
| 7.2.1　预催收阶段 198
| 7.2.2　早期催收阶段 199

第8章　申请反欺诈模型 200

8.1　业务理解 200
    8.1.1　申请欺诈产生的背景 200
    8.1.2　申请欺诈的分类 201
    8.1.3　申请欺诈的应对 203
8.2　案例：申请反欺诈模型 205
    8.2.1　异常特征构造 207
    8.2.2　网络特征提取 214
    8.2.3　构建识别模型 235

第9章　算法工程化 248

9.1　构建合理的项目结构 248
    9.1.1　为什么要构建合理的项目结构 248
    9.1.2　什么是一个数据科学项目应有的项目结构 250
9.2　如何编写规范的数据工程代码 254
    9.2.1　代码可读性 254
    9.2.2　数据处理性能 259

第3篇　管理篇

第10章　数据科学项目管理 266

10.1　项目启动 267
    10.1.1　识别利益相关方 267
    10.1.2　明确项目范围 268
10.2　项目规划 270
    10.2.1　优先级排序 271

	10.2.2 项目计划	271
	10.2.3 风险管理计划	273
	10.2.4 沟通计划	273
10.3	模型迭代构建	275
	10.3.1 模型迭代构建的生命周期	275
	10.3.2 项目执行过程的监控、管理与调整	276
	10.3.3 敏捷项目实践活动	278
10.4	项目收尾	280
10.5	小结	281

第 11 章 算法模型生命周期与模型管理 ... 282

11.1	算法模型的生命周期	282
	11.1.1 定义和关键阶段	282
	11.1.2 生命周期各阶段详解	283
	11.1.3 实际案例	287
	11.1.4 行业见解	290
	11.1.5 实用指南——常见问题与解答	291
	11.1.6 小结	293
11.2	模型管理的重要性	294
	11.2.1 面临的挑战	294
	11.2.2 管理目标	295
	11.2.3 行业趋势和未来发展	298
	11.2.4 思考题与实践练习	299
	11.2.5 小结	299
11.3	模型分级方法	300
	11.3.1 分级的标准和方法	300
	11.3.2 分级的实际应用	301
	11.3.3 分级流程的最佳实践	302
	11.3.4 思考题和实践练习	303
	11.3.5 模型分级的未来展望	303
	11.3.6 小结	304
11.4	模型管理体系结构	305
	11.4.1 组织架构与责任	305

	11.4.2	管理流程	305
	11.4.3	技术架构支持	306
	11.4.4	模型治理和合规性	307
	11.4.5	持续改进和创新	307
	11.4.6	技术的角色与选择	308
	11.4.7	未来展望	309
	11.4.8	思考题和实践练习	310
	11.4.9	小结	310
11.5	模型管理的最佳实践		311
	11.5.1	文档和知识共享	311
	11.5.2	模型审查和质量保证	311
	11.5.3	合规性和伦理考虑	312

第 1 篇

原理篇

第1章 数据科学思维

随着计算机技术的发展和应用数据的快速增长,数据科学应运而生。数据科学的总体目标是在已有数据集的基础上,通过特定的算法提取信息,并将其转化为可理解的知识以辅助做出决策。

例如,北京某信用管理有限公司是一家典型的数据公司,该公司有两类主要业务:第一类是为会员机构提供个人客户的信贷数据,第二类是提供反欺诈与信用风险管理的产品和咨询服务。第一类业务的主要工作内容是从会员机构获取数据,并提供数据存储与管理的服务。按照经济学的观点,这类业务的附加价值极低,只能获得社会一般劳动报酬。第二类业务属于增值服务,数据科学工作者将数据与金融借贷的业务知识相结合,为会员机构提供风控方面的咨询服务,这类业务的边际报酬在客户量达到一定阈值之后是递增的,即一元的投入会获得高于一元的产出,可以为企业高筑商业的安全边际。因此,数据是基础,数据科学是研发,不做研发的企业只能成为代工厂。

1.1 数据科学的工作范式

如图 1-1 所示的实例展示了数据科学工作者的工作范式,他们未来的工作都是在重复这些步骤。

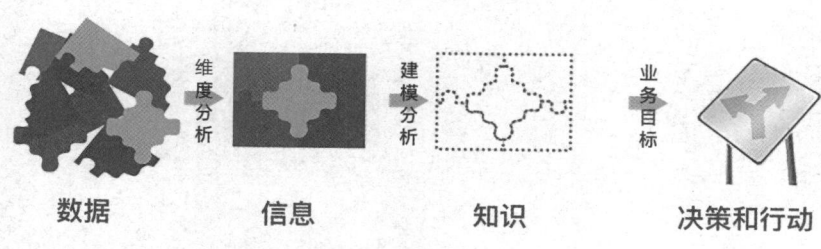

图 1-1 数据科学工作者的工作范式

一个淘宝商家希望通过促销的方式激活沉默客户。图 1-1 中的"决策和行动"就是向一些客户发送打折券。打折券不应该是随意发送的，比如，黏性很高的客户不发送打折券也会持续购买，而向价值很低的客户发送打折券并不能提高利润。为了明确哪些客户应该发送打折券，需要了解关于客户的三方面知识：客户的流失可能性、客户价值、客户对打折券的兴趣度。这些关于客户的知识被称为客户标签[1]。根据获取标签的难度划分，客户标签分为基础标签、统计标签、模型标签三个层次。其中，基础标签可以从原始数据直接获取，比如性别、年龄段、职业，可以供决策者使用，是对数据进行简化和抽象的结果，用于更好地理解和使用数据。统计标签通过对原始数据进行简单的描述性统计分析得到，它包含一定的信息，比如客户的价值标签，需要将客户历史上一段时间内在企业的所有消费进行汇总，并扣除消耗的成本。模型标签比较复杂，是在基础标签、统计标签和已有模型标签的基础上，通过构建数据挖掘模型得到的，它包含一定的信息，提供了有关数据的见解和知识，比如客户流失的概率、违约概率的标签。具体到本例，客户的流失可能性、客户价值、客户对打折券的兴趣度这三个标签都属于统计标签。表 1-1 所示是该商家的交易流水表，它记录了每位客户每笔交易的时间、金额和类型。从这些交易流水数据中获取信息的最简单且通用的工具是 RFM 模型。

表 1-1　淘宝商家的交易流水表

客户编号	交易时间	交易金额（元）	交易类型
10001	6/14/2009	58	特价
10001	4/12/2010	69	特价
10001	5/4/2010	81	正常
10001	6/4/2010	60	正常

如图 1-2 所示，是对表 1-1 的数据通过 RFM 模型得到信息之后，将每条信息进行二分类，得到客户分群。R（最后一次消费时间）标签可以代表客户的流失可能性，最后一次消费时间越久远，流失的可能性越大。M（一段时期内消费的总金额）标签可以代表客户的价值，消费额高的客户价值高。因此可以初步确定重要保持客户和重要挽留客户都属于应该营销的客户。最后一个标签 F（一段时期内消费的频次）

---

[1] 说明：客户标签容易与客户画像混淆，两者的主要差异是分析的视角不同。客户标签是根据对客户的分析数据得到的变量（在数据分析中也被称为列、属性、特征）；客户画像是从产品、地域、时域等角度对客户属性（标签）进行描述性统计，获得客户的总体特征。客户画像在市场研究、产品设计、风险偏好、营销渠道选择方面具有重要的应用。

是客户的黏性。直接使用 RFM 模型是不能满足要求的,可以按照交易类型计算每个客户所有的交易类型中购买特价产品的 F 或 M 的占比来反映客户对打折的兴趣度。这里也许有人开始纠结:两个标签该选哪个呢?其实"对打折券的兴趣度"是一个概念,一个概念可以有多种计算方法。如果要追求完美,则可使用主成分分析方法进行指标合成;如果要快速分析,就可随便选一个。

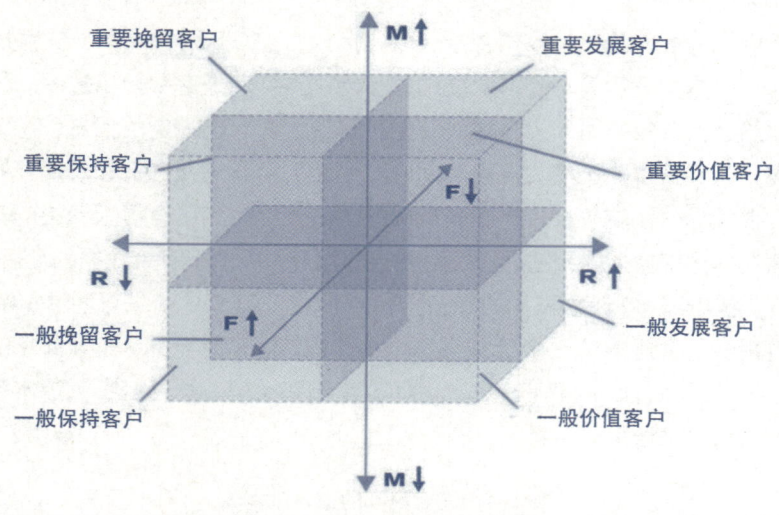

图 1-2　RFM 模型示例

经过以上数据分析,最终可以进行有针对性的折扣券营销。细心的读者会发现:数据分析流程是按照图 1-1 所示的工作范式从右至左规划和分析,并从左至右实际操作的。

1.2　数据分析方法和流程

为了简洁地描述数据分析的工作模式,我们提出了 EDIT 数据分析模型,如图 1-3 所示。图 1-3 中的这个环是企业的业务部门要做的事情。比如对业务的探索,发现运营中存在的问题,定位问题后进行根因诊断,诊断完之后提供解决方案并指导落地,这是需要业务人员来完成的。数字化工作中需要用到的一些工具就是数据模型、算法模型、优化模型,都需要企业的数据部门来支撑。

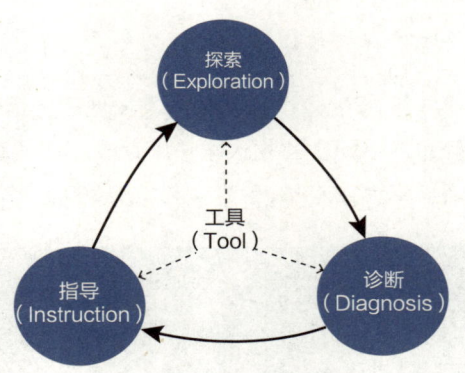

图 1-3　EDIT 数据分析模型

任何分析都是从发现问题开始的。比如，新的产品创意来自对潜在客户遇到问题的洞察，新营销手段的创新来自对旧营销手段的问题分析。因此，发现问题、根因分析、做出策略调整或决策就是数据分析的重要内容。业界在产品质量管理方面有一本优秀的教材，名为《根原因分析：简化的工具和技术》，该书介绍的方法与 EDIT 模型有许多相似之处。本章将结合这两种方法制定出如图 1-4 所示的数据分析流程。

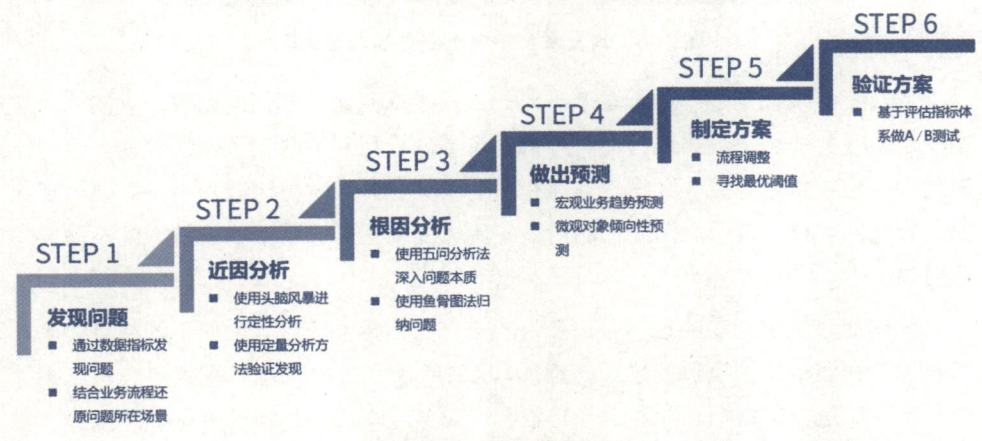

图 1-4　数据分析流程

需要强调的是，在实际工作中不一定把以上所有的流程都走完，需要根据必要性和资源限制情况进行删减。

1.2.1 发现问题

在企业中，主要基于业务指标和可视化图表发现业务运营中的问题。如图 1-5 所示，展示的是代发薪客户中间业务收入增长率，收入增长率在 1 月 22 日至 10 月 22 日期间平均月收入增长率为 -2.48%，最高为 -2.35%，最低为 -2.57%，每月逐步下降。

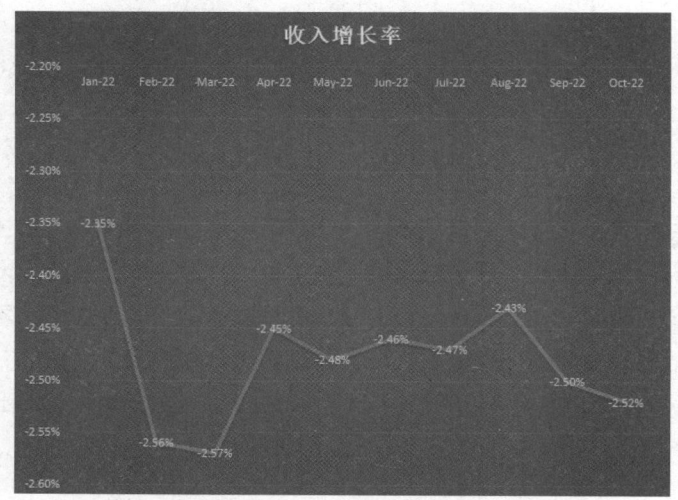

图 1-5 代发薪客户中间业务收入增长率

通过指标发现问题有两种基本方法，分别是纵向比较和横向比较。纵向比较是指使用本业务的历史数据进行趋势分析，这类分析用到的数据可得性较高。横向比较是指使用本企业的业务数据与其他企业的同类业务数据做比较，由于需要外部数据，数据的可得性较低。因此，能用纵向比较发现业务运营中的问题，就不需要使用横向比较。

纵向比较发现问题的技巧有三条：一是正向指标不应该有明显下降趋势，比如与收入、利润相关的指标就是正向指标，图 1-5 所示的收入增长率就是与收入相关的指标。二是负向指标有明显上升趋势，比如与成本相关的指标就是负向指标，贷款的不良率就是与成本相关的负向指标。三是波动性指标不能有明显的越界现象，比如信贷业务的审批通过率就是波动性指标。当该指标过低时，说明客群质量明显下降，会导致营销成本提升；当该指标过高时，则有可能是信贷审批风控规则出现了问题，高风险客户没有被拒绝。

当发现一个业务指标数值出现问题后，需要对其进行拆分，以发现更为具体的问题所在。业务问题探查路径如图 1-6 所示。根据经验，首先选择价值树拆分法进行子指标问题定位,然后利用维度拆解法进行子维度问题定位。所谓价值树,是指机构经常采用的杜邦分析法或 EVA 分析法,这种方法基于一个根指标(也称北极星指标),按照指标之间的业务关系进行拆解。这种方法便于形成一个明确的分析路径。按照价值树拆分阶段:总收入下降,要分析总收入项下的中间业务收入、利息收入和其他收入等,发现中间业务收入下降最大,进而发现理财业务收入下降最大,如此继续拆分,直至发现代发客群理财收入下降 10%,最应该得到关注。

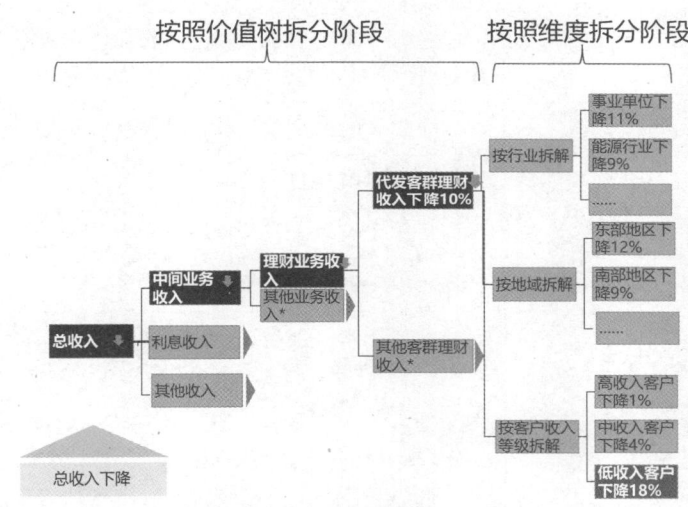

图 1-6　业务问题探查路径

其次,选择维度拆解法。在金融行业标准《银行经营管理指标数据元》(JR/T 0137—2017)中提供了如表 1-2 所示的常见维度指标。此外,企业内部还会拓展内部常用的分析维度。按照维度拆分阶段:收入下降最大的代发客群理财收入按照行业、地域和客户收入等级进行拆分,发现按客户收入等级维度拆解项下的低收入客户下降幅度最大,达到 18%,说明该维度拆分是值得关注的。

表 1-2　常见维度指标

维度中文名称	维度描述
机构	参见 JR/T 0124—2014 或银行内部标准管理机构清单
日期	统计数据的实际日期 指标数据日期由数据元"统计周期"决定,统计周期为日时,数据为每日数据;统计周期为月时,数据为每月末数据;依次类推

续表

维度中文名称	维度描述
币种	参见 GB/T 12406 中的三位字母型代码
行业分类、对公信贷投向	参见 GB/T 4754
行政区划	参见 GB/T 2260
企业规模	参见工业和信息化部、国家统计局、国家发展改革委、财政部《关于印发中小企业划型标准规定的通知》（工信部联企业〔2011〕300号），金融业企业依据《金融业企业划型标准规定》（银发〔2015〕309号）
存款合同期限	参见 JR/T 0134 中的存款合同期限
贷款合同期限	参见 JR/T 0135 中的贷款合同期限
贷款质量分类	参见 JR/T 0135 中的贷款质量分类
贷款、信用卡逾期期限	参见 JR/T 0135 中的贷款逾期期限
剩余期限、重定价期限分段	一年（含一年）以内、一年至三年（含三年）、三年至五年（含五年）、五年至七年（含七年）、七年至十年（含十年）、十年以上
发行方式	公开发行债券/定向承销债券
利率浮动水平	上浮 15%（含 15%）以内、上浮 15% 至 30%（含 30%）、上浮 30% 以上
境内外	境内、境外

1.2.2 近因分析

近因分析是一种启发性的分析过程，它以定性分析为主，辅以定量分析。近因分析侧重于找到导致事件发生的表层原因，即在时间或逻辑上最接近的原因。近因分析通常用于快速定位问题、解决紧急问题或进行初步诊断。根因分析则旨在挖掘出导致问题发生的根本性、深层次的原因。根因分析不仅关注表面现象，还通过系统性和深入的分析，找到问题的根源所在，它对于预防问题再次发生、改进系统或流程具有重要意义。

在近因分析过程中，头脑风暴是一种有效的定性分析方法。这种方法可产生一系列可以改进的问题领域。通过对问题的分析，识别可能的结果，得出产生问题一系列可能的原因，鼓励对消除原因途径的思考。在实施过程中，头脑风暴可以分为结构化头脑风暴和非结构化头脑风暴，如图 1-7 所示。结构化头脑风暴也称轮圈式（Round-Robin）头脑风暴，它要求每位参与者轮流提出一个想法，这样可以确保他们平等参与，但是缺乏自发性，在某种程度上束缚了参与者提出更多的想法。非结构化头脑风暴也称自由轮式头脑风暴，它要求每位参与者自由提出想法，是非常随意的，不过这种随意性容易导致讨论变得混乱，也会导致一人或多人主导讨论活动。对于想法很多的人来说，使用这种方法是很好的。

结构化头脑风暴
每位参与者轮流提出一个想法，是非常结构化的，这样可以确保他们平等参与，但是缺乏自发性，在某种程度上束缚了参与者提出更多的想法。

非结构化头脑风暴
每位参与者自由提出想法，是非常随意的，不过这种随意性容易导致讨论变得混乱，也会导致一人或多人主导讨论活动。对于想法很多的人来说，使用这种方法是很好的。

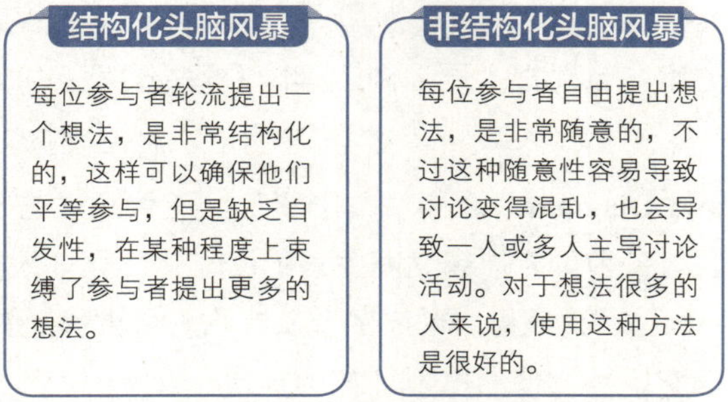

图 1-7　头脑风暴类型

除了定性分析，我们还可以补充微观客户的定量分析，该分析侧重于具体细节、个体行为和小范围的系统内部交互，它有助于我们发现并理解问题发生的具体场景、原因及影响。微观分析主要有客户行为分析、产品/服务性能分析、流程与效率分析等。例如，我们通过对抽样客户资金流向的分析，了解到同名转出客户的资金主要流向他行或金融机构的小额货币基金类产品投资。

1.2.3　根因分析

在根因分析阶段，通常会采用纯定性分析方法。该方法是基于近因分析的产出物，通过结构化分析工具逐步找出问题的根本原因，主要的分析工具是五问法和鱼骨图法。

五问法（5-Why Analysis）又称"五何法"，是一种通过连续追问"为什么"来找出问题根本原因的方法，其实施步骤如下。

一是问题识别：明确需要分析的问题点。

二是连续追问：针对问题点，连续提出 5 个或更多"为什么"，通过不断追问，直到找到问题的根本原因。这里的"5 个"是一个泛指，在实际使用时可以根据问题的复杂性和深度进行灵活调整。业界在操作过程中形成了一些提问的经验，比如制造领域提问的角度有人员因素、设备因素、原材料因素、操作方法因素、外部环境因素等。管理领域提问的角度有人员因素、制度因素、流程因素、管理因素、环境因素等。

三是深入剖析：在追问过程中，要深入剖析每个"为什么"背后的原因和逻辑关系，避免陷入主观或自负的假设和逻辑陷阱。

四是根本原因确认：通过连续追问和深入剖析，最终确认导致问题发生的根本原因。

五是制定解决方案：针对根本原因制定具体的解决方案，并明确实施步骤和责任分工。

鱼骨图（Ishikawa Diagram）又称"石川图"。鱼骨图法与五问法配合使用，是一种用于展示问题与各种可能原因之间关系的图形化工具，因其形状类似鱼骨而得名。鱼骨图分为原因型和对策型，前者的鱼头在右，特性值通常以"为什么……"来写。后者的鱼头在左，特性值通常以"如何提高/改善……"来写。原因型鱼骨图如图1-8所示，该图归纳了代发薪客户资产流失的主要原因。通过根因分析，业务人员有三个重要发现：一是，客户会因为购买他行理财产品或还他行贷款而在他行预存活期存款；二是，大众客户并不知道我行也有他想投资的同类理财产品；三是，由于他行宣称其理财产品采用了智能化底层资产配置方法，能吸引客户去投资。

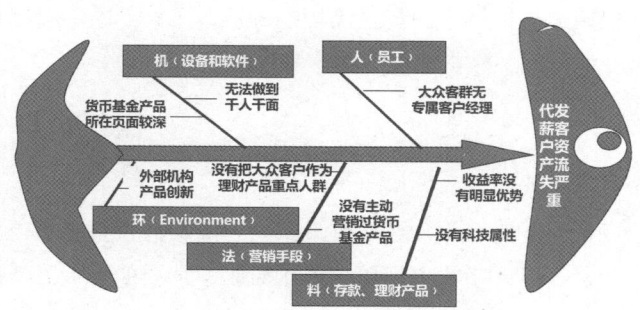

图1-8 原因型鱼骨图示例

1.2.4 做出预测

为了使策略制定得更精准、落地性更强，一方面需要预测未来的业务指标走向，以便把握投入资源的多少；另一方面需要预测业务对象的发展倾向性，比如哪些客户资金流失的可能性更高,哪些客户的资金更容易被赢回。图1-9列出了常见的宏观数据业务发展趋势预测和微观客户行为倾向性预测的常用方法。

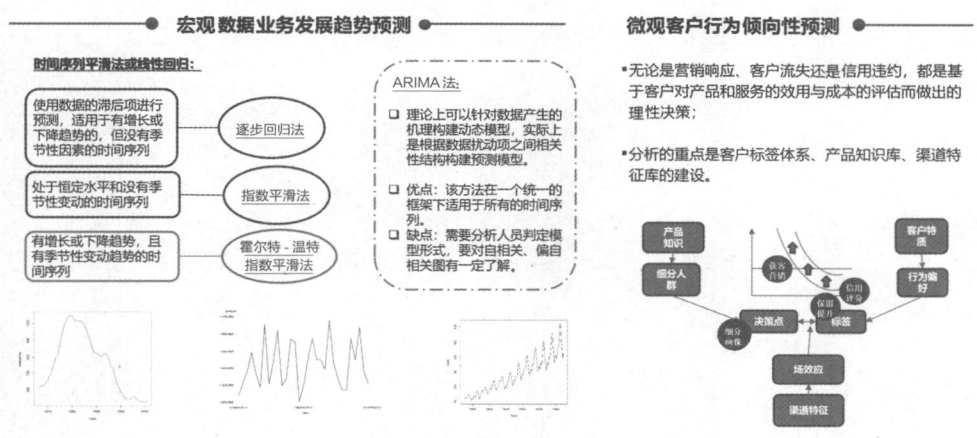

图 1-9　预测方法示例

为了精准触达当前/潜在流失客群,需要基于客户标签体系构建流失预警、客户赢回和产品精准营销模型。因此客户标签体系是重要的算法建模资源,图1-10是一个客户标签体系的节选。

标签分类	性别	女性			未知			男性
	年龄	18~25	26~35	36~45	46~50	51~60	60以上
	职业	自由职业者	企事业单位职员	企事业单位领导	民企老板	民企职员	主播/公关
	地区分布	华东	华北	华南	西南	西北	东北
	资产状况	有房无贷	有房有贷	有车无车贷	有车有车贷	有自己公司	无房无车
	从事行业	医护工作	教育	服务	制造业	信息科技	贸易
	资金流动周转	低	较低	中等	较高	高	无规律
	家庭情况	空巢老人	单身独居	两人世界	三口之家	夫妻+多孩	三代同堂
	代发规模	0~1k	1~5k	5~10k	10~20k	20~50k	50k以上
	资产情况	0~1k	1~10k	10~100k	100~1000k	1000~10000k	10000k以上
	其他流入	同名他行	异名他行	同名本行	异名本行	支付宝/财付通	受托理财
	资金流出	同名他行	异名他行	同名本行	异名本行	支付宝/财付通	受托理财
	持有产品数量	0	1~4个	5~10个	11~15个	16及以上
				标签值			

图 1-10　客户标签体系(节选)

在建立精准的营销模型时应满足一定的技术评估要求,图1-11展示了某个精准营销模型在训练、验证和测试三个数据集合上的反应模型排序能力的 ROC（Receiver Operating Characteristic）指标。其中，在验证集数据模型的 ROC 曲线下面积为 0.85 以上，说明模型准确且稳定；在时间外测试集数据上的 ROC 曲线下面积为 0.84，说明模型效果随时间锐减速度不严重。

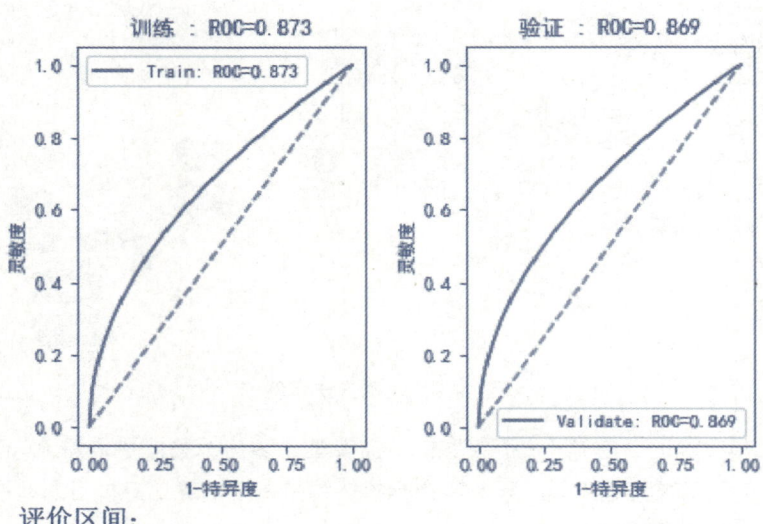

图 1-11　模型技术评估指标表现

1.2.5　制定方案

根据前面的分析结果，针对资产流失群体制定营销方案，构建营销闭环，开启高效营销之旅，步骤如图 1-12 所示。

在商业银行的业务领域中，代发薪客群具有巨大的潜力和价值，构建一个完善的营销闭环对有效拓展和维护这一客群至关重要。以下是构建商业银行代发薪客群营销闭环的详细步骤。

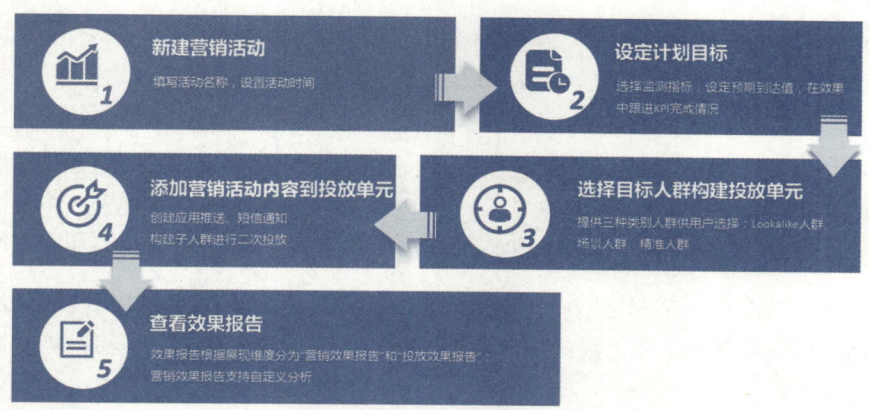

图 1-12 营销闭环步骤

1. 新建营销活动

商业银行需要新建针对代发薪客群的营销活动,可以设计诸如"代发薪专享福利"活动,为代发薪客户提供专属的理财产品、贷款优惠利率、信用卡额度提升或消费返现等。例如,推出一款专为代发薪客户定制的短期稳健型理财产品,预期年化收益率高于普通产品;或者给予代发薪客户在申请消费贷款时享受更低的利率优惠等。

2. 设定计划目标

根据新建的营销活动,设定清晰、可量化的计划目标,该目标可新增代发薪客户数量、提高代发薪业务量、提升代发薪客户的产品渗透率(如购买理财、申请贷款、办理信用卡的客户比例)等。比如,计划在一个季度内新增 50 家代发薪企业客户,使代发薪业务量增长 20%,代发薪客户的理财购买率提升 15%。

3. 选择目标人群构建投放单元

精准选择目标人群并构建相应的投放单元。这一步除了建立的精准营销模型,还需要结合客户或行内事件、产品信息等因素制定客户触达策略。

4. 添加营销活动内容到投放单元

确定营销活动内容后,将其添加到合适的投放单元,这些投放单元包括银行网点的宣传展示区、企业拜访宣传资料、线上银行平台的弹窗广告、手机银行专属页面、短信营销、企业微信公众号合作推广等。例如,在银行网点设置专门的代发薪业务宣传展板;通过短信向潜在代发薪企业客户发送活动介绍和邀约;通过企业微信发送针对员工的专属福利内容。

5. 查看效果报告

在营销活动结束后，及时查看效果报告，对活动的执行情况和成果进行全面评估，分析各项数据指标，如活动的曝光量、参与度、业务转化率、客户满意度等。通过对比计划目标和实际达成情况，总结经验教训，找出活动中的亮点和不足之处。例如，如果某一投放单元的转化率明显高于其他单元，那么未来可加大在该渠道的投入；如果某项优惠活动的参与度较低，则需要分析原因并对活动内容和形式进行优化。

通过构建这样一个完整的商业银行代发薪客群营销闭环，商业银行能够更加精准、高效地开展营销工作，提升代发薪客群的业务价值和忠诚度，为银行的业务发展注入新的动力。

1.2.6 验证方案

在制定完优化方案之后，策略优化团队经常被问到的是"这个方案是否真的有成效"。针对这个问题，统计分析师需要设计验证方案。从广义上讲，所有的验证方案都使用 A/B 测试方法。标准的量化 A/B 测试方法需要遵循实验设计的方法论（这种方法来自生物医药统计学），真实地将分析对象分为实验组（实施新策略）和对照组（实施旧策略或完全无策略）。为了验证其新的策略和流失预警模型是否有效，其构建了三个测试组：样本测试组 1 和样本测试组 2 的差异反映流失预警模型的效果，样本测试组 2 和样本测试组 3 的差异反映新策略的效果。使用量化 A/B 测试方法验证方案如图 1-13 所示。

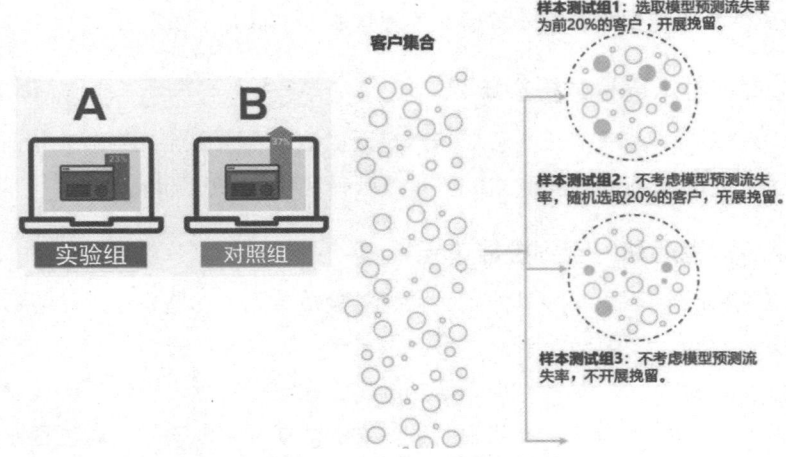

图 1-13　使用量化 A/B 测试方法验证方案

在实际工作中,不一定采用图 1-13 所示的量化 A/B 测试方法,也可仅查看业务指标在新方案被执行之后的变化,或者采用定性分析方法,比如做问卷调查,询问客户或员工对修改后的方案是否更满意。

1.3 数据挖掘方法论

数据挖掘方法论有很多,下面讲解最常用的 CRISP-DM 方法论和 SEMMA 方法论。

1.3.1 CRISP-DM 方法论

CRISP-DM(Cross-Industry Standard Process for Data Mining)方法论是一个行业跨界的标准过程,它将数据挖掘项目的生命周期划分为 6 个阶段,如图 1-14 所示。

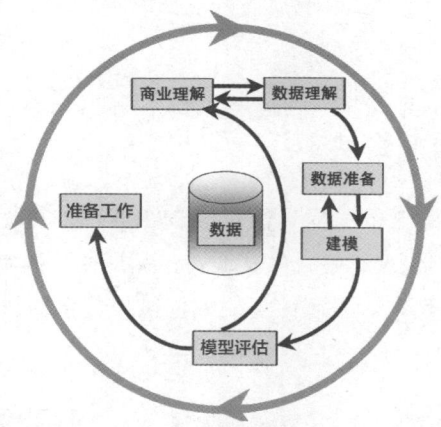

图 1-14 CRISP-DM 方法论

1. 商业理解

这个阶段的目标是全面理解项目目标和需求,并将这些知识转化为数据分析的问题定义,具体包括了解业务模型、目标客户群体、市场趋势和业务环境。

2. 数据理解

在这一阶段,分析师开始收集业务运营和 IT 系统的一些相关元数据以了解数据环境,还会进行数据探索性分析,以获得数据的初步认识。这涉及数据的质量、数据的分布特性和初步的数据探索。

3. 数据准备

数据准备涉及从原始数据构建最终数据集的过程，主要包括选择数据、清理数据、构造新的数据变量、集成多个数据源和格式化数据。

4. 建模

在此阶段，将选择并应用各种建模技术，调整模型的参数，这可能涉及统计分析、机器学习算法或其他数据分析方法。

5. 模型评估

在模型评估阶段，关注模型是否能够准确地预测或分类，并确保模型的结果符合商业目标和客户需求，这包括验证模型的效能和测试模型的稳健性。

6. 准备工作

模型被构建和评估完成后，由模型使用者（客户）根据当时的背景和目标完成情况，来决定如何在现场使用模型。

1.3.2 SEMMA 方法论

SEMMA 方法论由 SAS 公司提出，它与 CRISP-DM 方法论的内容十分相似，其流程为定义业务问题、环境评估、数据准备、循环往复的挖掘过程、上线发布、检视，如图 1-15 所示。其中，循环往复的挖掘过程包含抽样、探索、修改、建模和评估 5 个步骤，如图 1-16 所示。

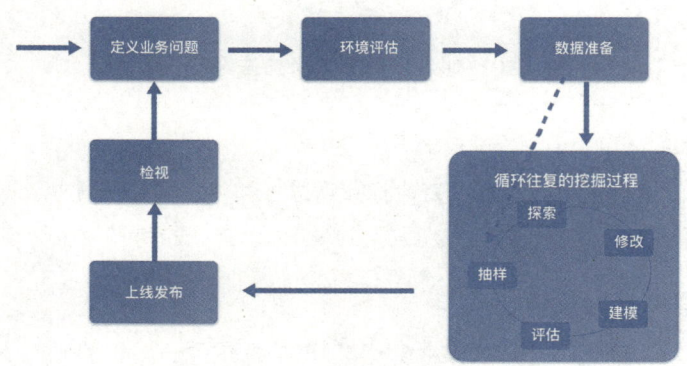

图 1-15　SEMMA 方法论

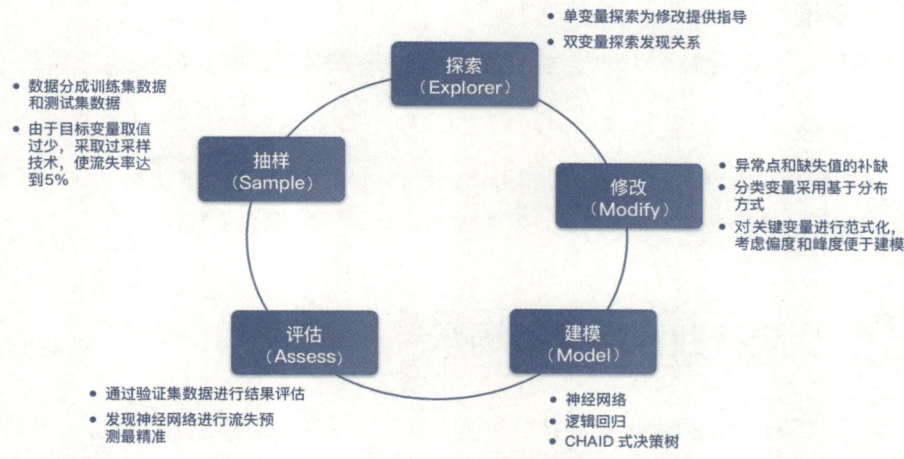

图 1–16　循环往复的挖掘过程

1. 抽样

该步涉及数据采集、数据合并与抽样操作，目的是构造分析时用到的数据。分析人员将根据维度分析获得的结果作为分析的依据，将散落在公司内部与外部的数据进行整合。

2. 探索

该步有两个任务。第一个是对数据质量的探索。数据质量方面涉及错误值（如年龄 =–30）、不恰当（客户的某些业务指标为缺失值，实际上没有办理这个业务，值应该为"0"）、缺失值（没有客户的收入信息）、不一致（如收入单位为元，而支出单位为美元）、不平稳（某些数据的均值变化过于剧烈）、重复（相同的交易被记录两次）和不及时（如银行客户的财务数据更新滞后）等。第二个是对变量分布形态的探索。对变量分布形态的探索主要是对变量偏态和极端值进行探索。由于后续的统计分析大多使用参数统计方法，要求连续变量最好是对称分布的，这就需要我们了解每个连续变量的分布情况，并制定好变量修改的方案。

3. 修改

根据变量探索的结论，对数据质量和分布问题涉及的变量分别做修改。数据质量问题涉及的修改包括错误纠正、缺失值填补、单位统一等操作。变量分布问题涉及的修改包括函数转换和标准化，具体的修改方法需要与后续的统计建模方法相结合。

4. 建模

根据分析目的选取合适的模型,这部分内容将在 1.4 节详细介绍,这里不再赘述。

5. 评估

这里指模型的样本内验证,即使用历史数据对模型表现的优劣进行评估。比如,对有监督学习使用 ROC 曲线和提升度等技术指标,评估模型的预测能力。

1.4 金融行业数据挖掘场景

为了便于读者掌握金融行业算法建模方法,本书对金融行业的经典算法模型按照应用场景进行分类,并形成了 10 类相应的数据挖掘场景,即 4 类决策类预测场景(获客营销、细分画像、保留提升和信用评分);2 类识别类模型场景(申请反欺诈和违规识别);4 类业务优化分析场景(运筹优化、流程优化、知识图谱和业绩预报),如图 1-17 所示。

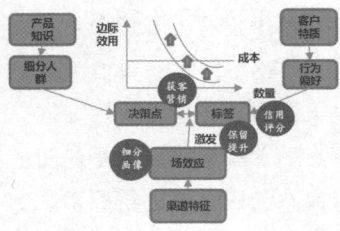
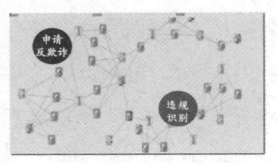
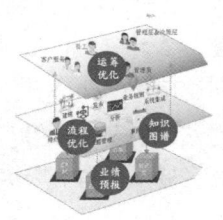

图 1-17 金融行业数据挖掘场景

图 1-17 中的数据挖掘场景还可以细分,比如获客模型还可分为初次获客营销模型、客户激活模型、二次营销模型;保留提升模型还可包括流失预警模型(又可细分为总价值流失、循环类产品流失、大额单品流失等)、客户挽回模型、交叉销售模型;信用评分卡模型包括申请评分卡、行为评分卡、催收评分卡;细分画像模型可细分为价值细分、行为细分、需求细分模型等;违规识别模型包括反欺诈模型、"反洗钱"模型、反舞弊模型(俗称"三反"模型)。每一个子模型在被解释变量

的定义、取数窗口设置、入模样本筛选、入模特征方面都是有讲究的,其中取数窗口的设置是最核心也是最难的内容。限于篇幅,下面对金融行业主要的模型差异做比较。

1. 决策类模型与识别类模型的总体差异

下面以金融行业经常使用的数据挖掘场景为例,讲解这几个落地场景的建模差异性。精准营销、流失预警、申请评分卡(A卡)、行为评分卡(B卡)、催收评分卡(C卡)是后续章节重点介绍的模型,这5个模型都属于决策类模型(也称"行为预测模型")。申请反欺诈模型和违规识别模型属于识别类模型(也称"状态识别类模型")。这两大类模型存在两个重要差异:一是决策类模型的目标变量必须是期间类行为变量,而识别类模型的目标变量可以是时点类状态变量,也可以是期间类行为变量;二是决策类模型入模的特征必须提前于目标变量,而识别类模型的入模变量可以与目标变量同期产生,甚至可以是事后变量。

决策类模型和识别类模型的具体差异如图1-18所示。

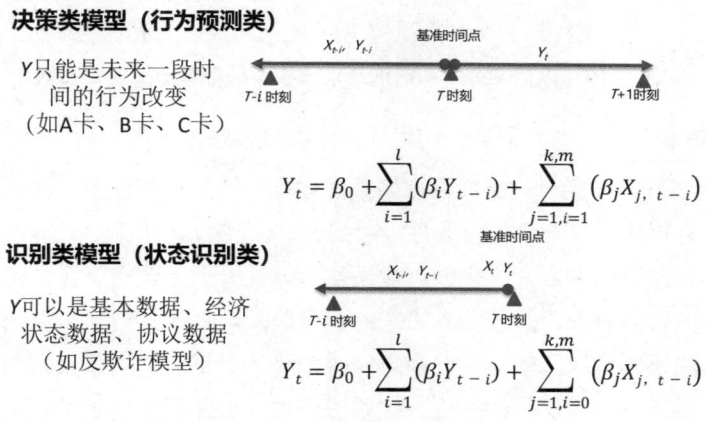

图1-18 决策类模型和识别类模型的具体差异

2.7 类模型取数时间窗口的设置

精准营销、流失预警和5类风险模型(申请评分卡、行为评分卡、催收评分卡、申请反欺诈模型和违规识别模型)的取数时间窗口设置如下。

(1)申请评分卡、申请反欺诈模型的取数时间窗口设置

这类模型的取数时间窗口设置主要有两个关键时期:观察期和表现期。这两个时期是都通过"时间点"来分割的。由于每个客户申请贷款的时间不一样,因此每

个客户取数的"时间点"不是"一刀切"的,必须是该客户"审批贷款的时间点"。这两个模型的时间窗口设置是一致的,不过对显性样本(即 $Y=1$ 的样本)的定义不一样。申请反欺诈模型的显性样本定义一般为"出现首次还款月逾期,或者第二月逾期,或者三个月内电话失联,或者确认为欺诈团伙等";申请评分卡显性样本定义在去除被申请欺诈的显性样本定义的客户后,出现贷款逾期违约若干天(比如M1+)的客户,如图 1-19 所示。

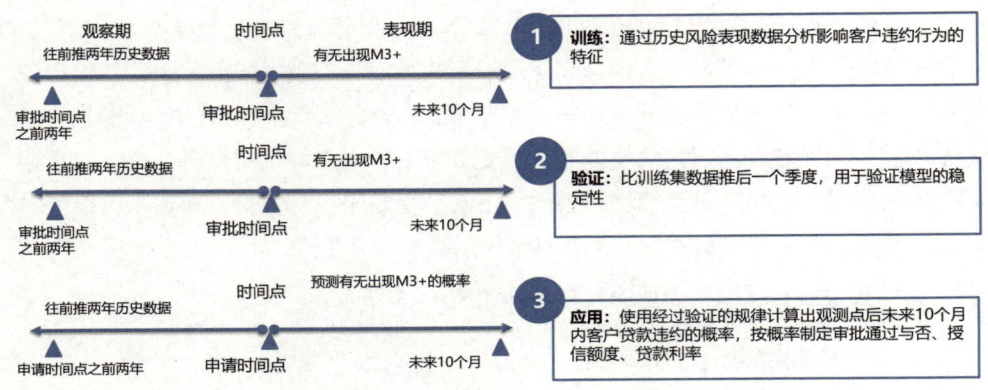

图 1-19　申请评分卡和申请反欺诈模型的取数时间窗口设置

(2)精准营销、流失预警、行为评分卡和催收评分卡的取数时间窗口设置

这 4 类模型的取数时间窗口设置是算法建模领域的重要环节。精准营销模型用于预测未来客户购买某产品的可能性,细分为获客营销、功能激活、二次营销等模型。流失预警模型用于预测客户流失的可能性。行为评分卡主要用于评估借款人在贷款使用过程中的行为表现,以预测其未来的信用风险。催收评分卡主要用于评估借款人在逾期后的还款意愿和能力,以指导催收策略的制定。这 4 类模型的取数时间窗口设置可以采用"一刀切"的方式,比如由数据分析师任意指定某一个时点为"时间点"。这种"一刀切"的时间点设置取数比非"一刀切"的形式要简单,不过有些场景还是建议采用每个客户自己指定不一样的时间点,比如理财产品额度较高且有明确到期日场景的流失预警模型,如图 1-20 所示。

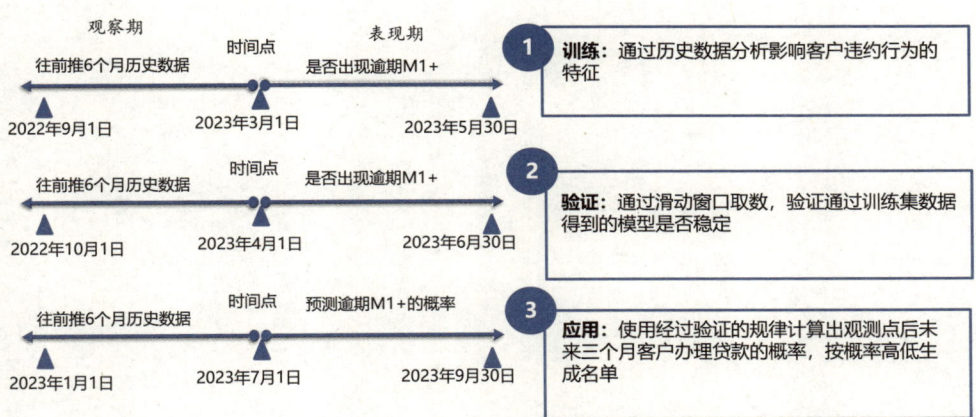

图 1-20　精准营销、行为评分卡和催收评分卡模型的取数时间窗口设置

（3）违规识别（"三反"）模型的取数时间窗口设置

"三反"模型指的是反欺诈模型、"反洗钱"模型、反舞弊模型，这三个模型的取数时间窗口设置类似，如图 1-21 所示。其模型的基准时间点应该选取事发时的时间点，分别是交易欺诈发生时、"洗钱"发生时、舞弊发生时，而且这类模型可以没有表现期，只要出现异常状态，就认为其为显性样本。

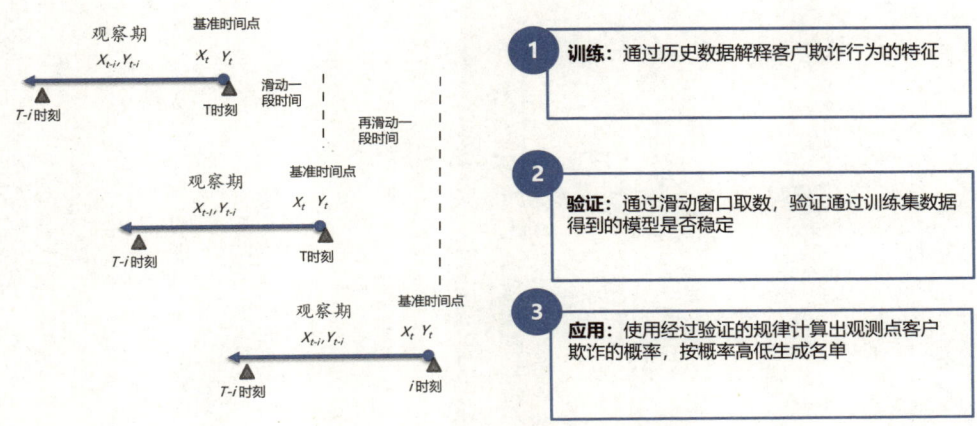

图 1-21　"三反"模型的取数时间窗口设置

第 2 篇

技术篇

第 2 章 某银行贷款产品精准营销模型

精准营销是一种利用数据和技术手段，对目标客户进行定位并实施个性化营销策略的过程。它使用多种技术和方法，如大数据分析、营销自动化等。通过收集和分析客户的基本特征、社会经济状态数据、历史产品购买数据和行为数据，精准营销可以更好地了解客户需求和偏好，从而提供更加符合客户需求的产品或服务，实现个性化营销。

相比传统的营销，精准营销能够及时、准确地把产品和服务信息传递给消费者，减少消费者搜索和交易时间，压缩营销链，降低营销成本，从而实现交易成本的降低、交易效率的提高和营销效果的提升。

如何进行精准营销？开发一个精准营销的模型流程又是怎样的？

教科书一般只提供用于建模的宽表，而在实际应用中，我们需要学习如何使用逻辑回归模型进行预测。然而，当我们面对许多原始客户或账户数据表时，很可能手足无措。构建建模的宽表是商业数据分析中最难、最耗时且最能考验数据科学家功底的环节。

在本章案例中，我们将使用一套真实的数据集，并按照 CRISP-DM 方法论，完整呈现贷款产品精准营销模型的开发流程。

2.1 数据介绍

本案例使用的数据是一家美国银行为 KDD 竞赛提供的公开的个人金融业务数据集，它可用于银行场景下的个人客户业务分析和数据挖掘示例。这份数据不仅涉及 5300 个银行客户的 100 万笔交易，而且涉及 700 份贷款信息与近 900 张信用卡的数据。通过分析这些数据，我们可以获取与银行服务相关的业务知识。例如，提供增值服务的银行客户经理，希望明确哪些客户有更多的业务需求；而风险管理的业务人员可以及早发现贷款的潜在损失。

1. 账户表（Accounts）

账户表中的每条记录描述了一个账户（account_id）的静态信息，共 4500 条记录，其关键字段如表 2-1 所示。

表 2-1　账户表关键字段

名称	标签
account_id	账户号（主键）
district_id	开户分行地区号（外键）
date	开户日期
frequency	结算频度（月、周，以及交易之后即时结算）

2. 客户信息表（Clients）

该表的每条记录描述了一个客户（client_id）的特征信息，共 5369 条记录，其关键字段如表 2-2 所示。

表 2-2　客户信息表关键字段

名称	标签
client_id	客户号（主键）
sex	性别
birth_date	出生日期
district_id	地区号（客户所属地区）（外键）

3. 权限分配表（Disp）

该表的每条记录描述了客户（client_id）和账户（account_id）之间的关系，以及客户操作账户的权限，共 5369 条记录，其关键字段如表 2-3 所示。

表 2-3　权限分配表关键字段

名称	标签	说明
disp_id	权限设置号（主键）	

续表

名称	标签	说明
client_id	客户号（外键）	
account_id	账户号（外键）	
type	权限类型	分为"所有者"和"客户"，只有"所有者"身份才可以进行增值业务操作和贷款

4. 支付订单表（Orders）

该表的每条记录描述了一条支付命令，共6471条记录，其关键字段如表2-4所示。

表2-4 支付订单表关键字段

名称	标签	说明
order_id	订单号（主键）	
account_id	发起订单的账户号（外键）	
bank_to	收款银行	每家银行的名称用两个字母来代替，用于脱敏信息
account_to	收款客户号	
amount	金额	单位为"元"
K_symbol	支付方式	

5. 交易表（Trans）

该表的每条记录描述了每个账户（account_id）的一条交易，共1056320条记录，其关键字段如表2-5所示。

表2-5 交易表关键字段

名称	标签
trans_id	交易序号（主键）
account_id	发起交易的账户号（外键）
date	交易日期
type	借贷类型

续表

名称	标签
operation	交易类型
amount	交易金额
balance	账户余额
K_symbol	交易特征
bank	对方银行
account	对方账户号

6. 贷款表（Loans）

该表的每条记录描述了某个账户（account_id）的一条贷款信息，共682条记录，其关键字段如表2-6所示。

表2-6 贷款表关键字段

名称	标签	说明
loan_id	贷款号（主键）	
account_id	账户号（外键）	
date	发放贷款日期	
amount	贷款金额	单位为"元"
duration	贷款期限	
payments	每月归还额	单位为"元"
status	还款状态	A代表合同终止，没问题；B代表合同终止，贷款没有支付；C代表合同处于执行期，至今正常；D代表合同处于执行期，欠债状态

7. 信用卡表（Cards）

该表的每条记录描述了一个客户的信用卡信息，共892条记录，其关键字段如表2-7所示。

表 2-7　信用卡表关键字段

名称	标签
card_id	信用卡 id（主键）
disp_id	账户权限号（外键）
type	卡类型
issued	发卡日期

8. 人口地区统计表（District）

该表的每条记录描述了一个地区的人口统计学信息，共 77 条记录，其关键字段如表 2-8 所示。

表 2-8　人口地区统计表关键字段

名称	标签
A1（district_id）	地区号（主键）
GDP	GDP 总量
A4	居住人口
A10	城镇人口比例
A11	平均工资
A12	1995 年失业率
A13	1996 年失业率
A14	1000 人中有多少企业家
A15	1995 年犯罪率（千人）
A16	1996 年犯罪率（千人）

在实际业务中，一个人可以拥有多个账户（account_id），一个账户可以对应多个客户（client_id），即多个客户共享一个账户，但是每个账户的所有者（即最高权限者）只能是一人。账户与客户的对应关系在权限分配表（Disp）中进行列示。信用卡表（Cards）记录了银行向客户提供服务的相关信息，每个客户可以申请一张信用卡。贷款属于基于账户的服务，一个账户在同一个时点最多只能有一笔贷款。

实体-联系图（E-R图）可以直观地描述表与表之间的关系。如图 2-1 所示，图中将每张表的主键与外键通过实线相连接，可以明确指导我们如何将表进行横向连接。比如，要知道贷款客户的性别，就需要使用贷款表（Loans）中的 account_id 先与权限分配表（Disp）中的 account_id 连接，再用 client_id 和客户表（Clients）中的 client_id 连接。

Orders	Accounts	District
order_id	account_id	district_id
account_id	district_id	

Loans	Disp	Cards
loan_id	disp_id	card_id
account_id	client_id	disp_id
	account_id	

Trans		Clients
trans_id		client_id
account_id		

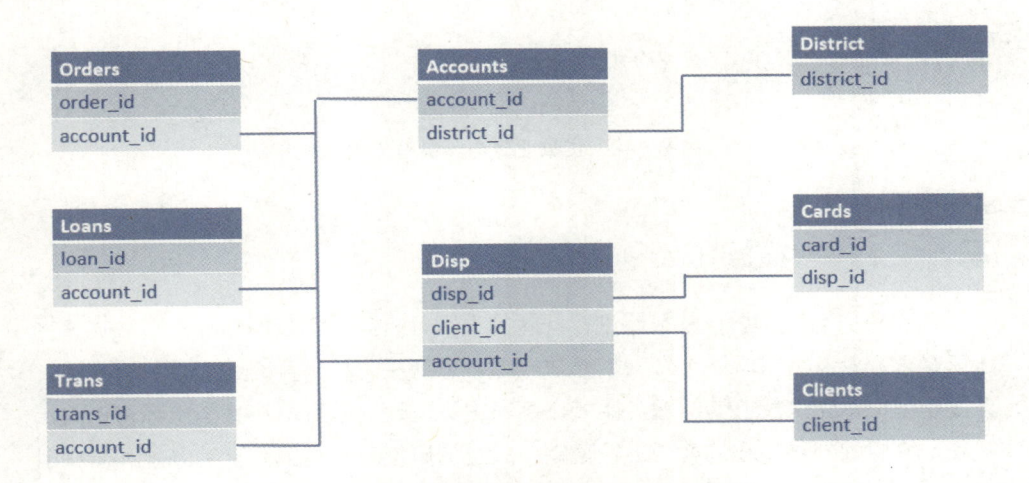

图 2-1　银行数据集的实体−联系图

2.2　商业分析

商业分析是数据挖掘项目最核心的部分，包括发现问题、诊断问题、明确目标和定性分析。

2.2.1　发现问题

商业银行主要基于业务指标和可视化图表发现业务运营中的问题。贷款业务申请量趋势图如图 2-2 所示，个人贷款业务经历了四年的波动性增长之后，最近一年的新增客户数量和新增贷款总额度均呈现明显下滑趋势。这说明该业务存在比较严重的问题。

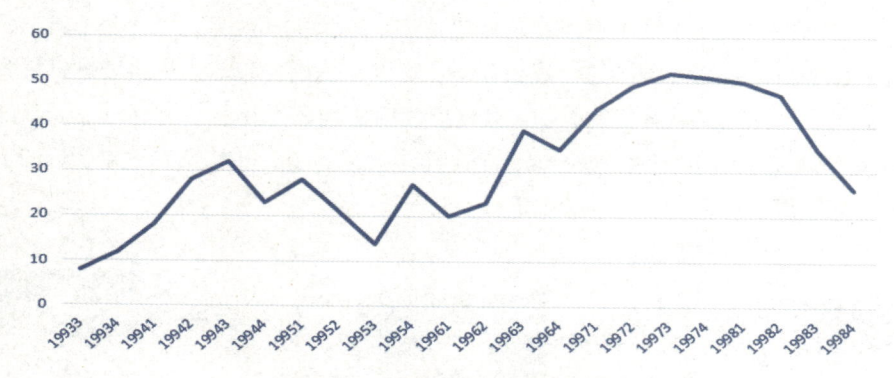

图 2-2　贷款业务申请量趋势图

2.2.2　诊断问题

发现业务问题之后，就需要进行问题的根因分析。我们曾遇到过多个数据挖掘建模需求，业务需求方认为做一个算法模型可以解决问题，但通过根因分析发现，算法模型根本无法解决其问题。比如，某家银行发现一款贷款产品的电话营销效果很差，希望找到更精准的客户进行营销，通过调研发现，是因为营销场景和营销时间不合适，绝大部分客户不便于接营销电话，或者即使接听，也无暇办理业务。因此必须做好问题的根因分析。

在实际工作中，主要采用调研和头脑风暴相结合的方法。调研主要是深入业务一线，与营销人员做深入沟通，最好亲自办理一次这个业务，尽可能多地发现问题。比如，某家银行第一次采用线上和线下相结合的方式推广普惠金融产品，尽管经历了长时间的努力，但申请客户量并不大。通过对一线销售人员进行调研和组织大家讨论，得到如图 2-3 所示的结论。

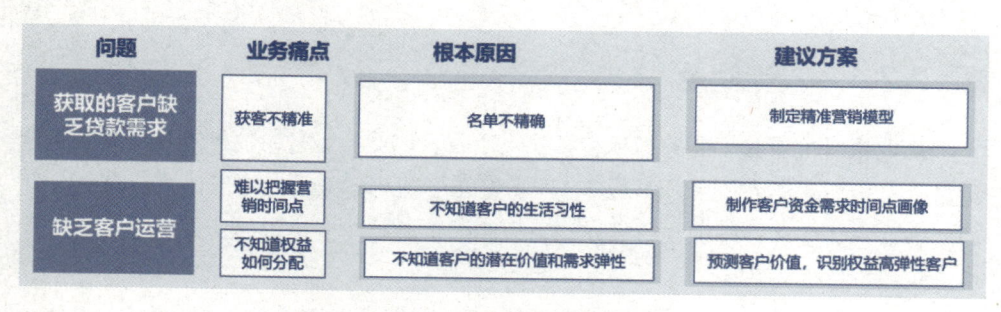

问题	业务痛点	根本原因	建议方案
获取的客户缺乏贷款需求	获客不精准	名单不精确	制定精准营销模型
缺乏客户运营	难以把握营销时间点	不知道客户的生活习性	制作客户资金需求时间点画像
	不知道权益如何分配	不知道客户的潜在价值和需求弹性	预测客户价值，识别权益高弹性客户

图 2-3　贷款业务根因分析

从根因分析中可以知道业务人员遇到了如下几个问题。

- 不知道哪些客户有贷款需求，无法精准营销。
- 电话营销的时候客户接通率不高，不知道什么时候打电话更合适。
- 销售人员手中有一些免息券等优惠工具，但是不知道发给哪些客户更合适，导致发放量很少，难以吸引优质客户。

2.2.3 明确目标

在分析根因时，自然而然地就会收集到建议的优化方案。但并不是每一个建议方案都需要建立算法模型，也不是所有的建议都可以建立算法模型。一般会选取重要且可行的建议方案做算法建模。

例如，一线业务人员对更精准的营销名单最为关注，并且数据可得性较强，这就可以通过建立精准营销模型来解决。营销时点的把握需要客户的工作和生活数据，数据难以获取，那就先不做此模型，而是建议业务人员能够自行采集此类数据，并且做营销策略优化。比如，获取不同客户所在企业发工资的时间和上下班时间的数据，避免在客户没需求或没时间的时候做营销。至于免息券这类权益的发放，需要知道客户潜在资金来源、贷款紧迫性、可接受的利率等数据，少部分有信贷历史的客户可以通过征信信息获取，但是大部分客户很难获取此类数据。因此，不适合构建算法模型，可以采用与客户互动的方法设置权益发放策略。

2.2.4 定性分析

在建立贷款产品的精准营销模型时，需要对标准客户做定性的客户画像。我们可以把精准营销模型看作一把弓箭，要想做到"指哪打哪"，就要明确地知道目标人群。有些算法建模人员认为只要有目标（Y）和客户特征（X），就可以靠算法定位高潜力客户。不过有一个棘手的问题是，没有定性的客户画像，是难以获取客户特征的，毕竟这些特征中的每一个变量都需要手工加工出来，尤其是行为特征变量，加工逻辑要按照业务要求做复杂的计算，这个不是教科书中讲到的所谓"特征工程"算法能够办到的事。

定性客户画像需要在咨询专家指导下，由业务和数据人员通力合作。咨询专家提供业界优秀案例并指引思路，业务人员提供关于标准客户的直觉描述，数据人员负责制作规范的客户画像。个人贷款产品的标准客户画像如图2-4所示。

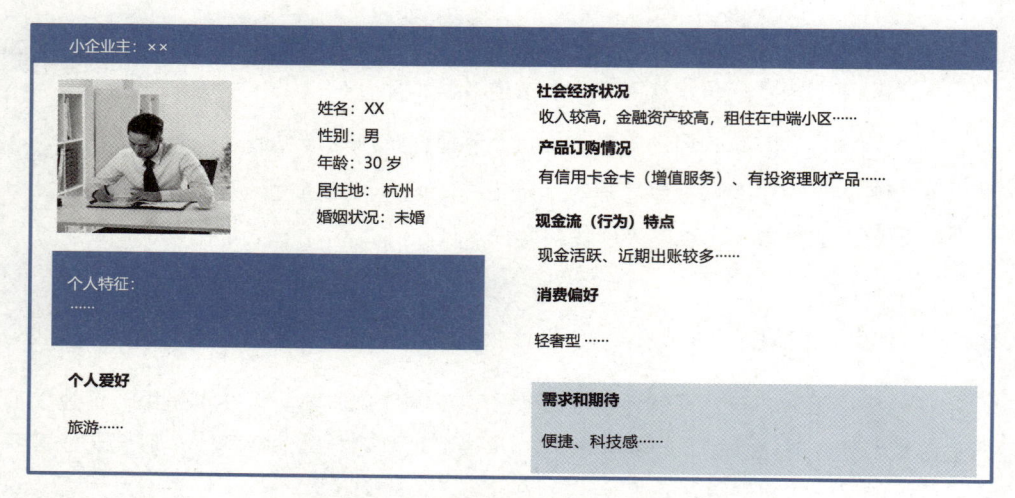

小企业主：××		
[照片]	姓名：XX 性别：男 年龄：30岁 居住地：杭州 婚姻状况：未婚	**社会经济状况** 收入较高，金融资产较高，租住在中端小区…… **产品订购情况** 有信用卡金卡（增值服务）、有投资理财产品…… **现金流（行为）特点** 现金活跃、近期出账较多…… **消费偏好** 轻奢型……
个人特征： ……		
个人爱好 旅游……		**需求和期待** 便捷、科技感……

图 2-4　个人贷款产品的标准客户画像

在做定性的客户画像时，有些人不由自主地希望描述"好客户"的特征，这是不对的。做产品营销模型需要定位的是使用产品的标准客户，这样才能在大众客户中识别出该产品的潜在客户。至于"好客户"，这个概念存在较多的误解。对于贷款产品来说，什么算"好客户"呢？信用风险低的客户算"好客户"吗？这类客户很可能缺乏办理贷款业务的意愿，而且这类客户也不是一两次电话营销就可以转化的，需要派专人长期维护才可以。这不符合精准营销模型的适用场景。有人说价值高的客户算"好客户"，这类客户很可能风险也比较高，如果精准营销模型识别的都是高风险客户，那就与信用评分卡模型冲突了。

以上两点都是在某些银行贷款业务精准营销建模中遇到的情况。若要纠正这些错误，就必须描述清楚标准客户的特征。

为客户画像定性的步骤如下。

1. 定义标准客户

首先，明确办理贷款业务的人会遇到哪些事件。然后，把事件归纳成不同的场景，并根据场景识别出标准客户。在识别事件阶段，需要尽可能多地采集客户办理贷款业务时遇到的事件，比如客户最近结婚、最近买了房子要装修、最近租的店面要交房租等。如果是不好的事件，也需要采集，比如朋友向客户借钱并答应给一定报酬，而客户最近手头的钱不够等。这些不好的事件信息将来可用于制定风控策略。收集完事件之后，就要将其归类为不同的场景，例如，贷款场景归类如图 2-5 所示。最后，在重要且合规的场景中，标明占比最高的若干类人群，比如某类白领经常出现短期消费支出的情况。在学术研究中，把可能出现某种事件的人群称为"历险人群"，比如，年轻人就是结婚的"历险人群"。在做定性的客户画像时，目的是识别出因为某些事件而申请贷款的"历险人群"。

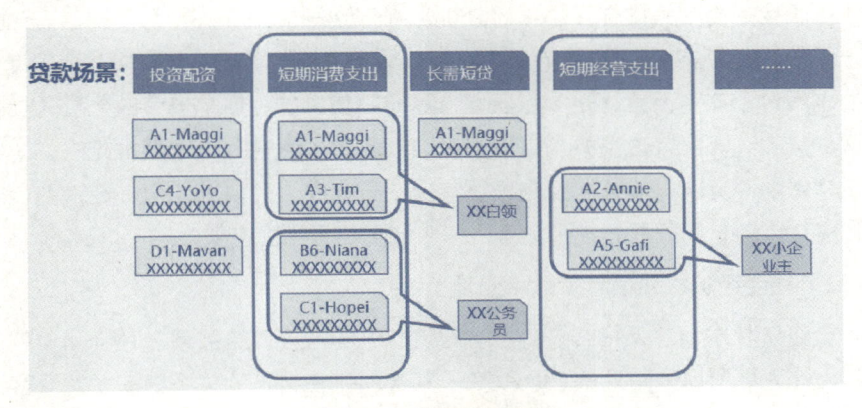

图 2-5　贷款场景归类

2. 按照 4 个维度做画像

在对客户画像进行定性时，越详细越好。我们可以根据表 2-9 所示的维度展开此项工作。

表 2-9　定性客户画像

类型	说明	举例	时态类型
属性表征信息	客户与生俱来的信息	性别、生日、籍贯……	静态变量
社会经济状态信息	通过个人努力或代际传递而达到的社会地位和财富情况	学历、资产、收入、账户余额、职业、居住社区、是否为"大V"……	时点变量
产品购买信息	在本银行购买产品的情况	是否拥有白金卡、是否为理财客户……	时点变量
行为信息	分为动账类和非动账类，前者与产生资金变化的行为相关，后者不与资金相关	收支比、账户余额波动率；某期间内在 App 浏览理财产品的次数	区间变量

（1）属性表征信息（静态变量）

在分析个人客户（也被称为人口统计信息分析）时，主要涉及最基本的性别、出生日期等信息。这类指标对客户行为预测并不具有因果关系，只是根据历史数据统计而得到的规律。比如，随着客户年龄的增长，他们会依次对房贷、消费贷款、教育储蓄、个人理财等产品产生需求，但是年龄并不是对产品需求的根本原因，婚龄才是其原因。只不过在不同时代的人群中，婚龄和年龄高度相关。同理，性别和某种业务表现的高相关性很多也来自外部世界对性别类型的一种行为期望。这类数据对于银行、汽车4S店这类需要客户临柜填写表格的公司而言是可以获取"真实"信息的，而对于电商而言，是难以获取"真实"信息的。但是电商的分析人员也不必气馁，其实"真实"这个概念是有很多内涵的，虽然通过电商数据无法知道客户在人口学上的"真实"年龄，但是根据其消费行为完全可以刻画出其在消费心理上的"真实"年龄，而且后者在预测客户需求和行为方面更有效。

（2）社会经济状态信息（时点变量）

社会经济状态信息是指客户的社会经济状况和社会网络关系。社会学中的嵌入理论认为，人之所以为特定的人，就在于其被固化在特定的关系中。了解了客户的社会关系，就了解了外界对该客户的期望，进而推断出其需求。通过深入分析，甚至可以推断出客户未来的需求，达到比客户更了解自己的程度。在挖掘社会经济状态信息方面，有些企业走在了前面。比如，电信企业通过分析客户的通话和短信行为来确定客户的交友圈，通过信号地理信息定位客户的工作、生活和休闲区域，来推测其工作类型、所处阶层和社交网络类型。而有些企业才刚刚起步，只是通过客户住址大致确定客户居住小区的档次，以此确定其社会经济地位。这类信息是值得每个以客户为中心的企业花时间和精力去深挖的。

（3）产品购买信息（时点变量）

客户购买某些产品的行为往往能反映其生活状况和内在需求，比如，购买健康险的客户，其工作和生活状况一般是稳定的，而且会有一定的投资理财需求。一般而言，这类客户不会有个人短期消费贷款的需求。

（4）行为信息（区间变量）

行为是内部需求在外部特定环境下的一种表现。首先，行为是内部需求的外在呈现。例如，选择活期存款的客户，是为了将手头的钱存起来以应对不时之需。其次，这些行为是在特定环境下产生的，在活期理财产品推出之前，活期存款是客户的唯一选择。

对银行而言，其所能获取的行为数据仅限于业务数据；而电信公司可获取的行为数据则更广泛，不仅包括通话行为、上网行为等业务信息，还包括周末出行、业余生活等个人行为信息。企业获取的客户行为信息越多，对客户的了解就越深入，在这方面，各类企业都有很大的挖掘潜力。

由于行为数据详细且数量庞大，而建模数据作为一个样本，每条记录只能保留一条有效信息，所以需要依据 RFM[1] 方法从行为数据中提取行为信息。例如，过去一年的账户余额就是按照"M"（货币价值）计算得出的，这类变量被称为一级衍生变量。若要进一步分析，比如查看账户余额是否有增长趋势，就需要先计算过去一年每月的平均账户余额，再计算前后两个月平均账户余额增长率的均值，这个变量被称为二级衍生变量。通过 RFM 方法，行为信息的提取可以实现三级甚至四级衍生变量。

上述定性客户画像中的绝大部分信息都可以作为特征应用于精准营销模型。不过，行为类数据一旦被识别为"行为事件"，就不能纳入模型。

（5）丰富典型客户的账户事件

账户事件与前文提到的事件有明显差异。前者指客户基于账户产生的且可以被金融机构直接获取的事件信息，比如收款到账、理财产品到期、在 App 中浏览产品信息；后者是客户自身发生的、金融机构不易采集信息的事件，比如，对于准备结婚这类数据，金融机构不一定能够获取。丰富账户事件的目的是为制定营销策略提供素材。前文讲到营销需要把握客户易于接受的时间点，而某些账户事件发生后的一段时间内就是最好的营销时间点。

2.3 数据理解

在进行建模分析的过程中，获取入模特征是最艰难的，我们需要根据建模的主题进行变量的提取。数据理解是一个过程，主要包括建立特征体系、明确被解释变量的定义、明确入模样本、明确取数时间窗口，以及编写取数文档。

2.3.1 建立特征体系

算法建模的核心是寻找被解释变量与解释变量之间的关系，其函数表示形式如下。

---

[1] 说明：RFM 是客户价值分析模型，由最近一次消费（Recency）、消费频率（Frequency）、消费金额（Monetary）三个指标构成。最近一次消费衡量客户上次购买距今的时间，反映其活跃度；消费频率统计一定时期客户购买的次数，体现忠诚度；消费金额代表客户消费总支出，展现贡献价值。通过分析这三个指标，企业能细分客户群体，制定个性化营销策略，实现精准营销，提升客户价值与企业收益。

$$y_t = f[\sum_{i=1}^{T}(y_{t-i}) + \sum_{l=1}^{T}(y'_{t-l}) + \sum_{k=1,m=1}^{K,T}(x_{k,t-m})] + \varepsilon$$

其中，y 代表希望被预测的结果，x 代表影响因素，f 代表线性或非线性函数关系。y_{t-i} 代表 y_t 本身的历史数据，比如该客户历史上办理过贷款业务的次数。y'_{t-l} 代表与 y_t 有计算规则关系的历史数据，比如该客户在其他银行是否办理过贷款业务。$x_{k,t-m}$ 代表其他影响因素的历史值，比如客户的年龄、收支比等。ε 代表影响 y_t 但是没有被模型考虑的随机因素。

以上这些入模变量是根据定性客户画像总结出来的，下面构建如图 2-6 所示的入模特征的框架。

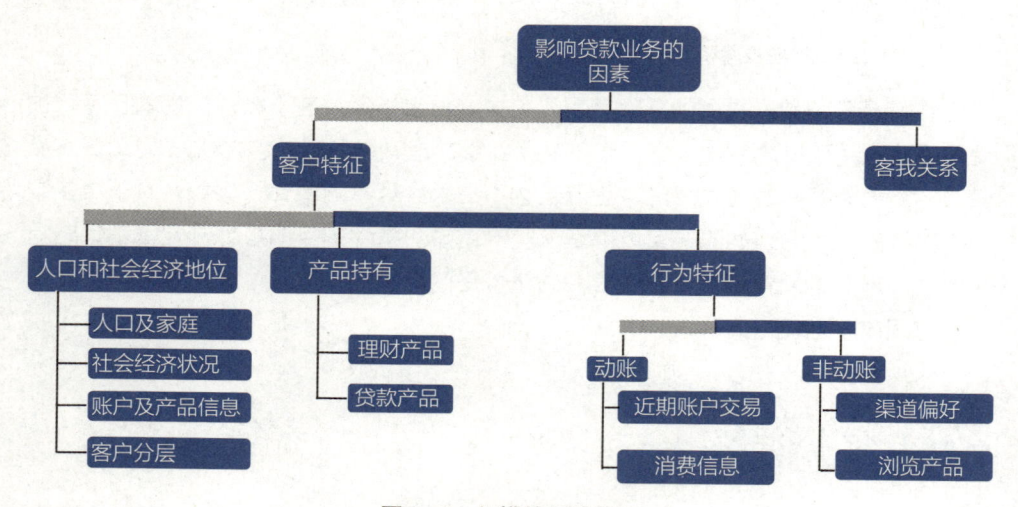

图 2-6 入模特征的框架

2.3.2 明确被解释变量的定义

被解释变量也称目标变量，对算法建模而言，这个变量是最重要的。

构建精准营销模型的目的是预测客户办理该业务的行为，而行为属于动态区间类变量，比如"客户在未来一年内是否新增贷款业务"。之前，我们曾看到一些精准营销模型采用动态时点类变量作为被解释变量，比如"客户当前是否有贷款业务"，这类目标变量的定义是错误的。因为这类动态时点类变量属于状态变量，而状态是历史上若干期累积的结果。由于不清楚其状态变化发生在具体的哪个时点，因此，被解释变量可能会出现在解释变量之后发生。在机器学习领域，这种错误被称为"事后变量"、"穿越变量"或"上帝变量"问题。"事后变量"问题的出现导致模型在训练时技术指标表现异常优异,但是模型上线后完全无效,甚至效果相反。

在此,我们给出了被解释变量的明确定义:如果该客户历史无贷款,且1998年无新增贷款,则取值为"0";如果该客户历史无贷款,但1998年有新增贷款,则取值为"1";如果该客户在1998年之前有贷款,则取值为"2"。未来只有取值为"1"和"0"的样本参与算法建模,取值为"2"的样本需要删去。

2.3.3 明确入模样本

入模样本的筛选也很重要,我们需要保证入模的样本对未来营销的客群有代表性,并且不能对模型产生噪声。比如在信用评分卡模型中,欺诈的客户样本需要剔除。因为信用评分卡模型是评估客户的违约成本的,而欺诈客户的信息存在大量的造假行为,这类客户样本纳入信用评分卡模型会导致模型受噪声的影响而产生偏差。再如,在做信用卡分期的精准营销模型时,只能纳入有一定信用卡消费额度的客户样本,没有消费额度的客户自然不会办理分期业务。如果将全量信用卡客户放入模型,显然模型的各项技术指标会表现良好,但是上线之后却发现没有效果。

在本案例中,我们仅把时间节点(1998年1月1日)前无贷款的客户作为入模样本。

2.3.4 明确取数时间窗口

入模特征按照时态类型可以分为动态变量和静态变量。属性变量(比如性别、是否为"90"后)一般是静态变量,社会经济状态、产品购买状态、行为变量均属于动态变量。动态变量还分为时点变量和区间变量,社会经济变量(比如学历、是否破产)和产品购买变量属于时点变量。行为变量(存款频次、平均账户余额的增长率)属于区间变量,如图2-7所示。

静态变量	动态变量(时点)	动态变量(区间)
也被称为属性变量,数量相对较少,往往有主观判断。	也被称为状态变量,是流量数据累积的结果。	也被称为流量变量、行为变量,一般只能拿到公司内部的数据。

图 2-7 入模特征的时态类型

在构建模型的过程中，需要按照如图 2-8 所示的取数时间窗口提取变量。其中有两个重要的时间窗口：观察期窗口和表现期窗口（也称预测窗口）。观察期窗口是观察和收集供分析的自变量的时间段。表现期窗口是观察因变量变化的时间段，如果在这个时间段中出现显性状态（比如新增贷款业务），则被解释变量设置为"1"，如果始终没有出现，则被解释变量设置为"0"。

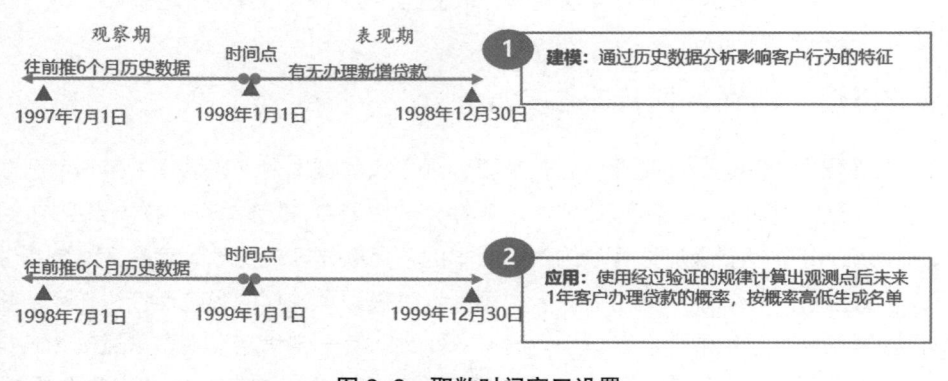

图 2-8　取数时间窗口设置

在取数时间窗口中，需要规范客户入模特征的提取。对于静态变量，由于其不随时间发生变化，因此此类变量的提取可以不受时间点的限制。时点变量（状态变量）的取值必须在指定的时间点之前，并且越靠近时间点越好。区间变量的数值必须通过观察期内的数据得到。若不按照取数时间窗口的设定提取特征，则很容易出现上文中提到的"穿越变量"的情况。

取数时间窗口期的长短和模型易用性是相互矛盾的，比如观察期的窗口越短，缺失值越少，可分析的样本就越多，越便于使用。但是较短的区间变量观察期会导致数据不稳定，难以获得稳定的参数。另外，较长的观察期窗口可能导致新的客户因变量缺失而无法纳入研究样本。因此，取数时间窗口期的长短需要根据建模任务的实际情况灵活调整。本案例中的观察期窗口定为半年，表现期窗口设置为 1 年。

2.3.5　编写取数文档

按照特征体系的框架，明确给出每个入模特征的中文名字、英文名字、数据来源、时间窗口的要求和构造变量的说明，同时还需要列出数据筛选、辅助算法模型上线的变量，如图 2-9 所示。

维度	变量说明	变量名	源数据变量	时间要求	构造方法说明	大类	变量列表
基本信息	年龄	AGE	Clients.birth_date	无	放款日日期减去生日（理想状态是取贷款发放时年龄，但是可以忽略）	样本筛选类	代发额度超过1千
	性别	Sex	Clients.SEX	无	无		……
生活状况	居住社区平均工资	Pay_areamean	District.A11	无	无（理想状态是取贷款发放时数值，但是可以忽略）		
	居住社区平均犯罪率	CRIME_area_mean	District.A15, District.A16	无	AVG（District.A15, District.A16）		
	居住社区犯罪率变化	CRIME_area_G	District.A15, District.A16	无	(District.A16/District.A15-1)		
产品信息	平均账户余额	avg_balance		贷款发放前半年间发生	AVG		
	信用卡类型	CREDITCARD_type	Cards.type	贷款发放时卡的类型	无		
行为特征	从他行收款次数	t1	Trans.operation	贷款发放前半年间发生	COUNT(Trans.operation="从他行收款")		非养老金代发
	贷款发放前半年账户余额波动情况	balance	trans.balance	贷款发放前半年间发生	STD, CV		
	贷款发放前半年收入情况	sum_income	trans.amount	贷款发放前半年间发生的"贷"方金额	SUM	产品分类	
本业务数据	贷款金额	Loan_amount	Loans.amount	无	无		
	贷款金额占账户余额比例	per_amount	Loan_amount, balance	无	Loan_amount/balance		

图 2-9　取数文档

2.4　数据准备

数据准备就是根据取数文档把被解释变量和入模特征构建出来。这部分工作量在算法建模中最大，一般使用 SQL 来完成。

2.4.1　提取被解释变量

根据被解释变量的定义，在贷款业务表（kdd99_loans）中存储着 1998 年 1 月 1 日之前和之后办理过贷款业务的账户（即取值为"2"和"1"的账户）。账户表（kdd99_accounts）存储着所有账户的信息（包括取值为"0"、"2"和"1"的账户）。因此，需要将账户表（kdd99_accounts）左连接贷款业务表（kdd99_loans），并根据贷款业务表（kdd99_loans）中的放贷时间字段（date）判断其被解释变量的取值情况，代码如下。

```
# 计算目标变量(y)
use kdd99;
create table loan_y as
select a.*,l.date as loan_date,l.status,l.amount,
case
when l.date is null then 0
when l.date<'1998-01-01' then 2
```

```
when l.date>='1998-01-01'  then 1
end as y
from kdd99_accounts a
left join kdd99_loans l on a.account_id = l.account_id
order by a.account_id
```

2.4.2 提取静态特征和时点特征

将 2.4.1 节获得的含有被解释变量的表（loan_y）作为主表，与含有客户信息的客户表（kdd99_clients）和客户所处社区信息（kdd99_district）的表依次左连接。注意，编写 SQL 语句时一定要按照 2.3.4 节中取数时间窗口的设置来取数，比如客户的年龄（age）是一个时点变量，则必须计算其在取数时间节点（1998 年 1 月 1 日）的年龄，代码如下。

```
# 计算静态标签(sex)和时点标签(age和信用卡状态数据提取)
create table test2 as
SELECT a.*,c.sex,
TIMESTAMPDIFF(YEAR,c.birth_date,'1998-01-01') as age,d.GDP/A4 as avg_GDP,
case
when ca.issued<'1998-01-01'  then 1
else  0
end as card
FROM loan_y a
left join kdd99_disp b on a.account_id=b.account_id
left join kdd99_clients c on b.client_id=c.client_id
left join kdd99_district d on c.district_id=d.A1
left join kdd99_card ca on b.disp_id=ca.disp_id
where b.type=' 所有者 ' and y<>2
```

2.4.3 提取时期特征

在计算时期特征时，必须按照 2.3.4 节中取数时间窗口的设置来取数。由于观察期窗口的设定为从时间节点（1998 年 1 月 1 日）往前推 6 个月。因此，代码中的时间就要往前推 180 天，代码如下。

```
# 计算区间标签
use kdd99;
select a.account_id,avg(b.balance) as avg_balance,std(b.balance) as std_balance,std(b.balance)/avg(b.balance) as cv_balance,
    sum(case when b.type="贷" then b.amount end) as sum_income,
    sum(case when b.type="借" then b.amount end) as sum_expenditure,
    sum(case when b.type="贷" then b.amount end)/sum(case when b.type="借" then b.amount end) as in_out_ratio
    from test2 as a
    left join kdd99_trans as b on a.account_id =b.account_id and timestampdiff(day,"1998-01-01",b.date)<0 and timestampdiff(day,"1998-01-01",b.date)>-180 and y<>2
    group by a.account_id
```

2.4.4 提取预测用数据宽表

预测用数据宽表的取数逻辑和训练集数据的取数逻辑完全一致,但时间节点(1999年1月1日)需要更换,代码如下。

```
# 计算预测用数据宽表
create table test_pred as
SELECT a.*,c.sex,
    TIMESTAMPDIFF(YEAR,c.birth_date,'1999-01-01') as age,d.GDP/A4 as avg_GDP,
    case
    when ca.issued<'1999-01-01' then 1
    else  0
    end as card
    FROM loan_y a
    left join kdd99_disp b on a.account_id=b.account_id
    left join kdd99_clients c on b.client_id=c.client_id
    left join kdd99_district d on c.district_id=d.A1
    left join kdd99_card ca on b.disp_id=ca.disp_id
    where b.type='所有者' and y<>2

use kdd99;
```

```
    select a.account_id,a.district_id,a.amount,a.y,a.age,a.
avg_GDP,a.card,avg(b.balance) as avg_balance,std(b.balance) as
std_balance,std(b.balance)/avg(b.balance) as cv_balance,
    sum(case when b.type=" 贷 " then b.amount end) as sum_
income,
    sum(case when b.type=" 借 " then b.amount end) as sum_
expenditure,
    sum(case when b.type=" 贷 " then b.amount end)/sum(case
when b.type=" 借 " then b.amount end) as in_out_ratio
    from test_pred as a
    left join kdd99_trans as b on a.account_id =b.account_
id and timestampdiff(day,"1999-01-01",b.date)<0 and
timestampdiff(day,"1999-01-01",b.date)>-180
    group by a.account_id,a.district_id,a.amount,a.y,a.
age,a.avg_GDP,a.card
```

2.5 建模和评估

建模和评估是数据准备后的重要工作,主要有三个过程,即定量客户画像与数据清洗、建立逻辑回归模型和评估模型。

2.5.1 定量客户画像与数据清洗

该过程主要是查看每个入模变量的频次和重要的统计量,如图 2-10 所示。

```
import pandas as pd
snd = pd.read_csv("tran0917.csv")
```

snd.describe().T

	count	mean	std	min	25%	50%	75%	max
account_id	3976.0	2374.684859	1798.531673	1.000000	1082.750000	2179.500000	3280.250000	1.138200e+04
district_id	3976.0	37.182596	25.173188	1.000000	13.000000	38.000000	60.000000	7.700000e+01
amount	158.0	157399.670886	114554.158701	5148.000000	63738.000000	139776.000000	217308.000000	5.666400e+05
y	3976.0	0.039738	0.195369	0.000000	0.000000	0.000000	0.000000	1.000000e+00
age	3976.0	43.690392	17.522728	15.000000	28.000000	43.000000	57.000000	7.900000e+01
avg_GDP	3976.0	0.153680	0.041882	0.084206	0.118218	0.148160	0.177188	2.356059e-01
card	3976.0	0.093561	0.291254	0.000000	0.000000	0.000000	0.000000	1.000000e+00
avg_balance	3970.0	36161.447866	18670.933065	-5010.842105	21548.420833	32834.637255	48230.912433	1.008383e+05
std_balance	3970.0	8657.195104	7061.854755	0.000000	3201.861075	6729.573219	11236.157795	4.351060e+04
cv_balance	3970.0	0.239144	0.212566	-4.696512	0.125575	0.188054	0.316640	3.350248e+00
sum_income	3968.0	177592.441028	196776.069222	200.000000	44124.250000	115333.000000	237079.750000	2.068364e+06
sum_expenditure	3792.0	167660.587025	165193.155760	180.000000	51396.000000	118314.500000	224043.500000	1.265531e+06
in_out_ratio	3790.0	4.180620	53.543887	0.002997	0.387308	1.116538	2.934186	2.822406e+03

图 2-10 数据描述性统计

根据 account_id 的样本量可知，y 变量不存在缺失值，而 avg_balance、cv_balance 变量是存在缺失值的。因此，需要对这些变量进行缺失值填充，其填充方法如图 2-11 所示。

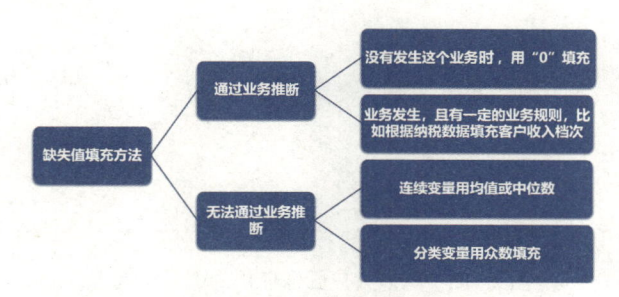

图 2-11　缺失值填充方法

由于有缺失值的这些变量可以根据业务判断该客户没有发生这个业务，因此可以用"0"代替，代码如下。

```
snd['avg_balance']= snd['avg_balance'].fillna(0)
snd['std_balance']= snd['std_balance'].fillna(0)
snd['cv_balance']= snd['cv_balance'].fillna(0)
snd['sum_expenditure']= snd['sum_expenditure'].fillna(0)
snd['sum_income']= snd['sum_income'].fillna(0)
snd['in_out_ratio']= snd['in_out_ratio'].fillna(0)
```

定量客户画像就是通过可视化的方法展现被解释变量与每一个入模特征之间的关系，同时观察该入模特征是否存在异常值。图 2-12 列出了定量客户画像使用的三种图。

入模特征（x）是分类变量	被解释变量（y）是分类变量	被解释变量（y）是连续变量
	标准化堆叠柱形图	分类盒须图

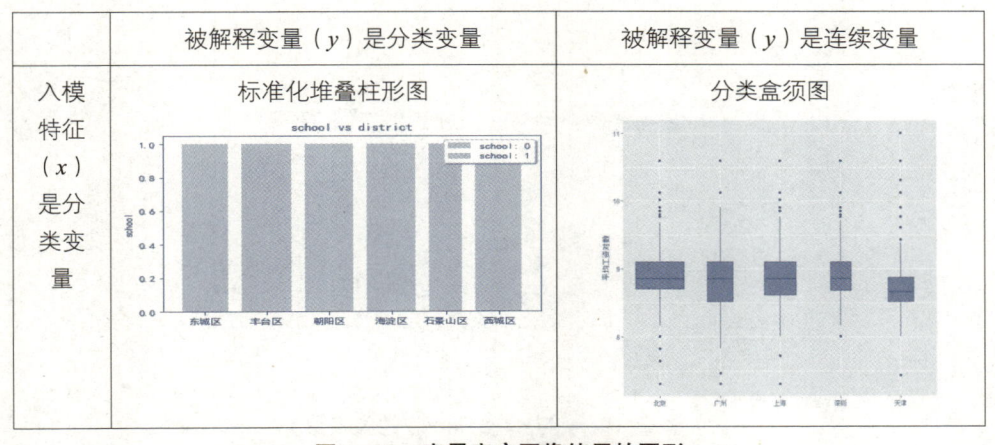

图 2-12　定量客户画像使用的图形

| 入模特征（x）是连续变量 | 分类盒须图 | 散点图 |

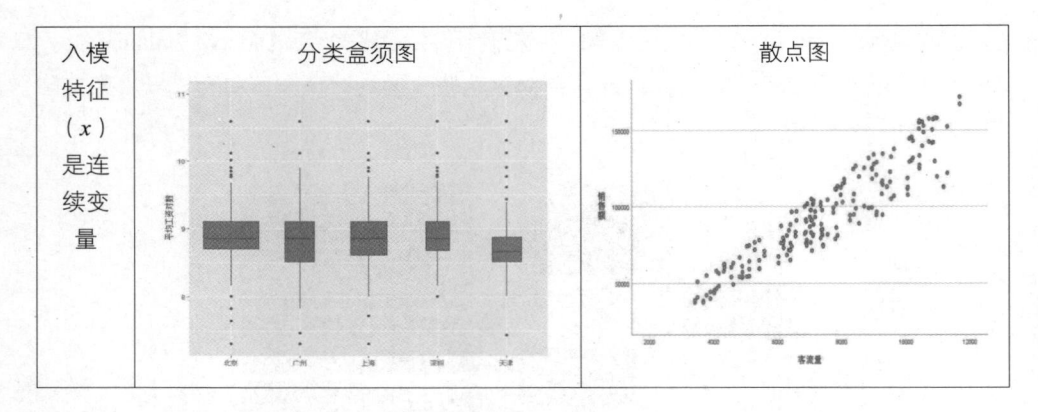

图 2-12　定量客户画像使用的图形（续）

在构建定量客户画像时，每次作图都需要用到两个变量，其中一个变量必须是被解释变量。寻找两者之间是否有关系的方法有三类：一是，在标准化堆叠柱形图中，如果每根柱子的分割线在一条水平线上，则两个变量没有关系，该特征后续无须入模。二是，若分类盒须图中间的粗线（中位数）在一条水平线上，则两个变量没有关系，该特征后续无须入模。三是，若散点图呈圆形或水平的椭圆形，则两个变量没有关系，该特征后续无须入模。

除了观察两个变量是否有关系，还要观察该入模特征是否存在异常值。如图 2-13 所示，在分类盒须图须子的外侧有一个超大散点，这表明有异常值存在。

```
1  sns.boxplot(x='y',y='cv_balance',data=snd)
```

<matplotlib.axes._subplots.AxesSubplot at 0x1ea823b0ac8>

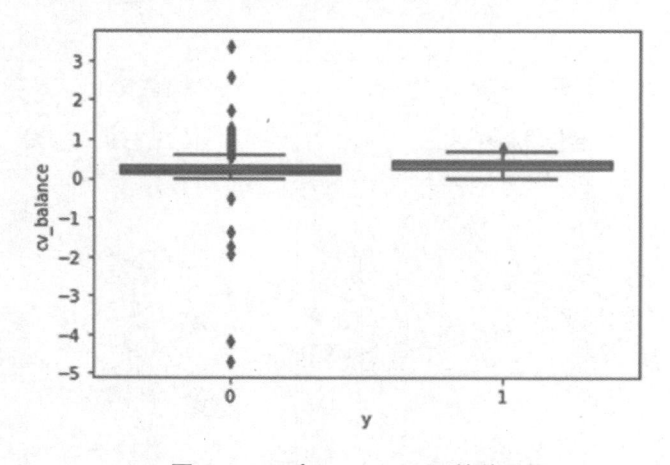

图 2-13　y 与 cv_balance 的关系图

盖帽法是最常用且使用最方便的异常值清洗方法，即设定一个上下限，小于下限和大于上限的数值均用下限和上限数值替代，代码如下。

```
# 定义盖帽法异常值清洗函数
def blk(floor, root):   # 'blk' will return a function
    def f(x):
        if x < floor:
            x = floor
        elif x > root:
            x = root
        return x
    return f
```

我们以 cv_balance 为例，进行异常值处理，代码如下。

```
# 使用该变量的 1 和 99 百分位数作为清洗数据的上下限
q1 = snd['std_balance'].quantile(0.01)   # 计算百分位数
q99 = snd['std_balance'].quantile(0.99)
blk_tot = blk(floor=q1, root=q99)   # 'blk_tot' is a function
snd['std_balance']= snd['std_balance'].map(blk_tot)
```

经过异常值处理后，可以得到如图 2-14 所示的关系图。

2.5.2 建立逻辑回归模型

数据清洗好之后，我们就可以开始建立算法模型。首先拆分训练集数据和测试集数据，代码如下。

```
train = snd.sample(frac=0.7, random_state=1234).copy()
test = snd[~ snd.index.isin(train.index)].copy()
print(' 训练集样本量： %i \n 测试集样本量： %i' %(len(train), len(test)))
```

```
1  sns.boxplot(x='y',y='cv_balance',data=snd)
```
<matplotlib.axes._subplots.AxesSubplot at 0x1ea824bd1c8>

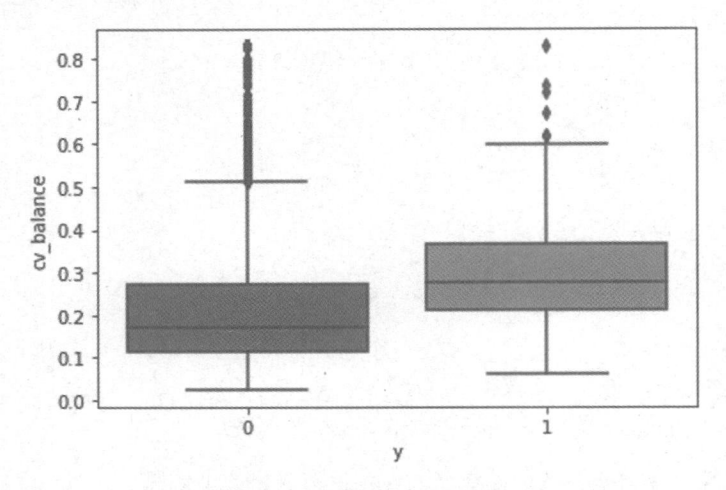

图 2-14　经过异常值处理后的 y 与 cv_balance 关系图

本例选取 70% 的样本用于训练（训练集数据），30% 的样本用于测试（测试集数据）。

把在定量客户画像中挑选出的对被解释变量有价值的特征放入模型。本例使用的是逻辑回归，代码如下。

```
import statsmodels.formula.api as smf
lg = smf.logit('y ~ avg_balance+cv_balance+sum_expenditure+C(card)',data=train).fit()
lg.summary()
```

逻辑回归结果如图 2-15 所示。可以看出，结果中每个变量的 P 值都是小于 1% 的，说明每个变量都是有价值的，不需要进行模型优化。

	coef	std err	z	P>|z|	[0.025	0.975]
Intercept	-5.2121	0.318	-16.415	0.000	-5.834	-4.590
C(card)[T.1]	-1.1355	0.441	-2.575	0.010	-2.000	-0.271
avg_balance	1.795e-05	5.49e-06	3.269	0.001	7.19e-06	2.87e-05
cv_balance	3.6807	0.544	6.769	0.000	2.615	4.746
sum_expenditure	1.798e-06	4.7e-07	3.823	0.000	8.76e-07	2.72e-06

图 2-15　逻辑回归结果

2.5.3 评估模型

评估精准营销模型常用的指标是 ROC 曲线和 ROC 曲线下面积,代码如下。

```
#1.生成预测值
train['proba'] = lg.predict(train)
test['proba'] = lg.predict(test)

#2.计算绘制 ROC 曲线需要的指标
import sklearn.metrics as metrics
fpr_test, tpr_test, th_test = metrics.roc_curve(test.y, test.proba)
fpr_train, tpr_train, th_train = metrics.roc_curve(train.y, train.proba)

#3.绘制 ROC 曲线
plt.figure(figsize=[3, 3])
plt.plot(fpr_test, tpr_test, 'b--')
plt.plot(fpr_train, tpr_train, 'r-')
plt.title('ROC curve')
plt.show()

#4.打印测试集数据的 ROC 曲线下面积
print('AUC = %.4f' %metrics.auc(fpr_test, tpr_test))
```

ROC 曲线和 ROC 曲线下面积如图 2-16 所示。其中训练集数据和测试集数据的 ROC 曲线基本重合,说明该模型不存在过拟合现象。测试集数据的 ROC 曲线下面积为 0.7671。根据 ROC 指标的评估标准,大于 0.75 的模型可以使用。说明:本案例只是一个示例,很多高价值的变量并没有入模,比如近三个月固定支出占收入的比例等。

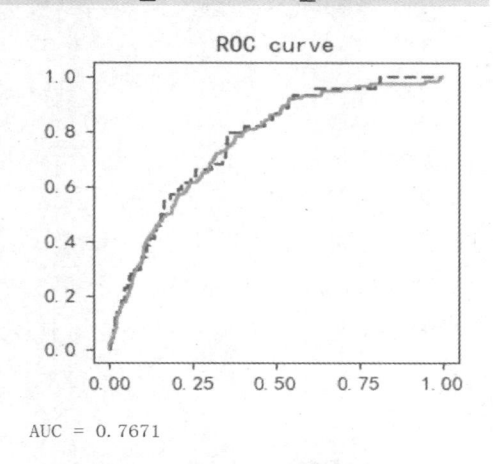

图 2-16 逻辑回归模型评估

2.6　模型运用的准备工作

在本章案例中,需要预测未来一年内每个潜在客户办理贷款业务的可能性,之前已经计算了需要预测用的数据集。在使用模型做出预测之前,需要对每个入模变量进行数据清洗。这一步经常会被执行模型落地的人员忽略,从而导致模型产生较大的偏差。

数据清洗的代码如下。

```
pred = pd.read_csv("pred0917.csv")
# 对模型中参与建模的变量进行缺失填补
pred['avg_balance']= pred['avg_balance'].fillna(0)
pred['cv_balance']= pred['cv_balance'].fillna(0)
pred['sum_expenditure']= pred['sum_expenditure'].fillna(0)

# 对 cv_balance 进行异常值处理
q1 = pred['cv_balance'].quantile(0.01) # 计算百分位数
q99 = pred['cv_balance'].quantile(0.99)
blk_tot = blk(floor=q1, root=q99) # 'blk_tot' is a function
pred['cv_balance']= pred['cv_balance'].map(blk_tot)

# 对 sum_expenditure 进行异常值处理
q1 = snd['sum_expenditure'].quantile(0.01) # 计算百分位数
q99 = snd['sum_expenditure'].quantile(0.99)
blk_tot = blk(floor=q1, root=q99) # 'blk_tot' is a function
snd['sum_expenditure']= snd['sum_expenditure'].map(blk_tot)
```

输出预测结果如图 2-17 所示。这里需要强调的是,此处"概率"仅代表潜在客户办理贷款业务可能性的相对值,并不代表其真实情况。比如预测"概率"为 0.213970834 的响应概率。这个概率值只是一个预测值,它并不能保证客户一定会做出响应,响应概率主要是让业务人员知道哪些客户要重点关注,仅提供参考。

account_id	pred
6897	0.213970834
1350	0.178267618
635	0.169015355
2378	0.167468704
2506	0.16623091
2803	0.157526441
7774	0.154461766
712	0.151959627

图 2-17 模型预测的客户响应概率

2.7 流程回顾

在本章案例中，我们遵循数据挖掘项目通用的流程：利用 CRISP-DM 建模。回顾本章案例的建模流程如下。

1. 业务分析

我们需要构建一个分类模型，预测每个潜在客户的响应概率。这是对客户办理业务的可能性进行一个排序。模型分类方法有很多种，其中逻辑回归最常用到。

2. 数据解读

从业务需求出发，熟悉现有的数据结构、数据质量等信息，主要寻找对客户资金需求可能性有代表意义的变量。

3. 数据准备

结合数据的内在价值与业务分析，提取各类有价值的信息，构建被解释变量和解释变量。

4. 模型构建与评价

该步骤按照 SEMMA 标准流程，分为数据抽样、变量分布探索、修改变量、构建逻辑回归、评价模型的优劣。

5. 模型监控

当模型上线后，对模型的表现进行长期监控，主要检验模型预测准确性与数据的稳定性。

由于本章的重点在于介绍建模之前的宽表构建部分，关于模型构建的细节，将在后续章节讲解，本章只提供一个粗略的流程。

在实际工作中，上面提到的流程 1~3 并不一定能一次性做好，很多时候需要多次验证和解读。因为我们通常需要进行多次分析、审核，才能较好地理解得到的数据，并且能够识别出数据中的异常或错误内容，而此部分若纳入错误的数据，就会导致后面的建模等工作完全没有意义。

第 3 章 多维特征的客户细分

在需求越来越个性化的今天,我们需要将客户按多维特征进行细分,并匹配个性化产品与服务。常见的细分方法是使用聚类方法将客户划分为不同的群体。本章将介绍常用的聚类方法。

3.1 客户细分

客户细分是企业根据客户的不同特征、需求和行为等因素,将客户划分为不同的细分群体的过程。本节介绍客户细分定义、客户细分类型,以及细分案例。

3.1.1 客户细分定义

以市场研究中的客户细分为例,它指的是将客户划分为多个群体,并分别刻画其特征的过程。通过分群,可以使群内客户高度相似,群间客户差异明显,最终提高市场营销的效率。其中,各个群也被称为簇。

客户细分可基于不同维度的数据,分群策略可用于商业银行层面的品牌战略目标制定及市场开拓策略制定,方便跨部门(市场、销售、服务)沟通。

以市场营销为例,客户细分的好处如下。

- 有助于精细化营销活动,生成可控的目标客户群。
- 有助于发现各个细分客户群的特性和需求,并有针对性地设计营销计划。
- 有助于使群体特性更加稳定,助力商业银行发现战略焦点和业务发展方向。

3.1.2 客户细分类型

根据商业需求的不同,我们可以将客户细分方式分为 4 个类型,主要有探查需求与态度细分、生命周期细分、行为特征细分和客户价值细分。

1. 探查需求与态度细分

探查需求与态度细分即依据调查问卷结果针对需求的分群。这种细分方法首先通过调查问卷收集客户的需求信息，然后根据这些信息将客户分为不同的群体。调查问卷可以涵盖多个方面，如客户的购买动机、产品偏好、服务期望、对品牌的认知和态度等。

（1）优点

一是直接获取客户的心声。调查问卷是直接与客户沟通的一种方式，通过它可以了解客户的真实需求和态度，避免主观猜测。二是针对性强。根据调查问卷结果进行细分，可以针对不同客户群体的需求和态度制定个性化的营销策略，提高营销效果。三是便于数据分析。调查问卷收集的数据通常是结构化的，便于进行数据分析和挖掘，发现客户的潜在需求和趋势。

（2）缺点

一是响应率低。调查问卷的响应率通常较低，可能无法代表全体客户的意见。二是主观性强。客户在填写调查问卷时可能存在主观性，回答不一定能真实反映其实际需求和态度。三是时效性差。调查问卷的结果可能随着时间的推移而发生变化，需要定期进行调查，以保持时效性。

（3）应用场景

主要有三方面应用：一是新产品开发。通过调查问卷了解客户对新产品的需求和期望，为产品开发提供依据。二是市场调研。了解客户对市场上现有产品和服务的满意度和改进建议，为商业银行改进产品和服务提供参考。三是品牌建设。了解客户对品牌的认知和态度，为品牌建设和推广提供方向。

2. 生命周期细分

生命周期细分即依据客户的消费周期和需求分群。客户的消费周期通常包括引入期、成长期、成熟期和衰退期4个阶段，在每个阶段，客户的需求和行为都有所不同。

（1）优点

一是符合客户发展规律。生命周期细分方法符合客户的发展规律，能够更好地理解客户在不同阶段的需求和行为，为商业银行提供针对性的服务。二是利于长期客户关系管理。通过对客户生命周期的管理，可以建立长期稳定的客户关系，提高客户忠诚度。三是预测客户行为。了解客户在不同阶段的需求和行为，可预测客户的未来行为，为精准营销提前做好准备。

（2）缺点

一是划分标准不明确。客户的消费周期和需求的划分标准比较模糊，不同商业银行可能有不同的划分方法。二是动态变化难以把握。客户的消费周期和需求是动态变化的，商业银行需要不断调整细分策略，以适应客户的变化。三是数据收集难度大。需要收集客户在不同阶段、不同渠道的消费数据和行为数据，其收集难度较大。

（3）应用场景

根据客户的生命周期，主要有三方面应用：一是客户关系管理。制定不同的客户关系管理策略，提高客户满意度和忠诚度。二是产品营销。推出不同的产品和服务，满足客户的需求。三是客户服务。提供不同的客户服务，提高客户体验。

3. 行为特征细分

行为特征细分即依据消费记录、个人信息分群。消费记录包括购买频率、购买金额、购买时间、购买渠道等信息，个人信息包括年龄、性别、职业、收入、教育程度等信息。

（1）优点

一是数据来源丰富。消费记录和个人信息是商业银行日常经营中积累的数据，数据来源丰富，便于进行分析和挖掘。二是客观性强。消费记录和个人信息是客观存在的数据，不受客户主观因素的影响，细分结果更加客观、准确。三是可操作性强。根据消费记录和个人信息进行细分，可以直接应用于商业银行的营销和服务活动中，具有较强的可操作性。

（2）缺点

一是数据隐私问题。消费记录和个人信息涉及客户的隐私，商业银行在使用这些数据进行细分时需要注意保护客户的隐私。二是数据时效性差。消费记录和个人信息可能随着时间的推移而发生变化，需要定期更新数据以保持细分结果的时效性。三是单一维度局限性。仅根据消费记录和个人信息进行细分可能存在单一维度的局限性，无法全面了解客户的需求和行为。

（3）应用场景

根据客户的消费记录和个人信息，主要有三方面应用：一是精准营销。制定个性化的营销策略，提高营销效果。二是客户服务。提供个性化的客户服务，提高客户体验。三是产品推荐。为客户推荐适合的产品和服务，提高客户满意度。

4. 客户价值细分

客户价值细分即依据客户的潜在价值分群。客户的潜在价值可以通过客户的消费金额、消费频率、客户忠诚度等指标来衡量。

（1）优点

一是聚焦高价值客户。客户价值细分方法可以帮助商业银行聚焦高价值客户，并为这些客户提供更加优质的产品和服务，提高客户满意度和忠诚度。二是优化资源配置。根据客户的潜在价值进行细分，可以合理分配商业银行的资源，提高资源利用效率。三是预测客户未来价值。通过对客户潜在价值的分析，可以预测客户的未来价值，为商业银行的战略规划提供参考。

（2）缺点

一是价值评估难度大。客户的潜在价值评估需要综合考虑多个因素，评估难度较大。二是动态变化难以把握。客户的潜在价值是动态变化的，商业银行需要不断调整细分策略，以适应客户的变化。三是忽视低价值客户。客户价值细分方法可能会忽视低价值客户，导致商业银行失去一些潜在的市场机会。

（3）应用场景

根据客户的价值等级，主要有三方面应用：一是客户关系管理。制定不同的客户关系管理策略，提高客户满意度和忠诚度。二是资源分配。合理分配商业银行的资源，提高资源利用效率。三是产品定价。制定不同的产品定价策略，提高企业的盈利能力。

3.1.3 案例：银行多维度客户画像

某商业银行标签画像系统中的多维度客户画像如图3-1所示。

根据客户所处生命阶段、行为模式、持有产品等多维度特征，我们将客户划分为多个具有典型特征的群组，并对其管理、服务、促销等给予针对性的策略支持，这样的精细化服务在市场空间饱和状况下显得尤为重要。

总之，市场细分需要考虑客户在不同属性上的分布情况，将那些距离较近的客户聚为一簇，而将距离较远的客户划分到不同的簇。下面介绍的K-means算法就能达到这个效果。

第 3 章　多维特征的客户细分

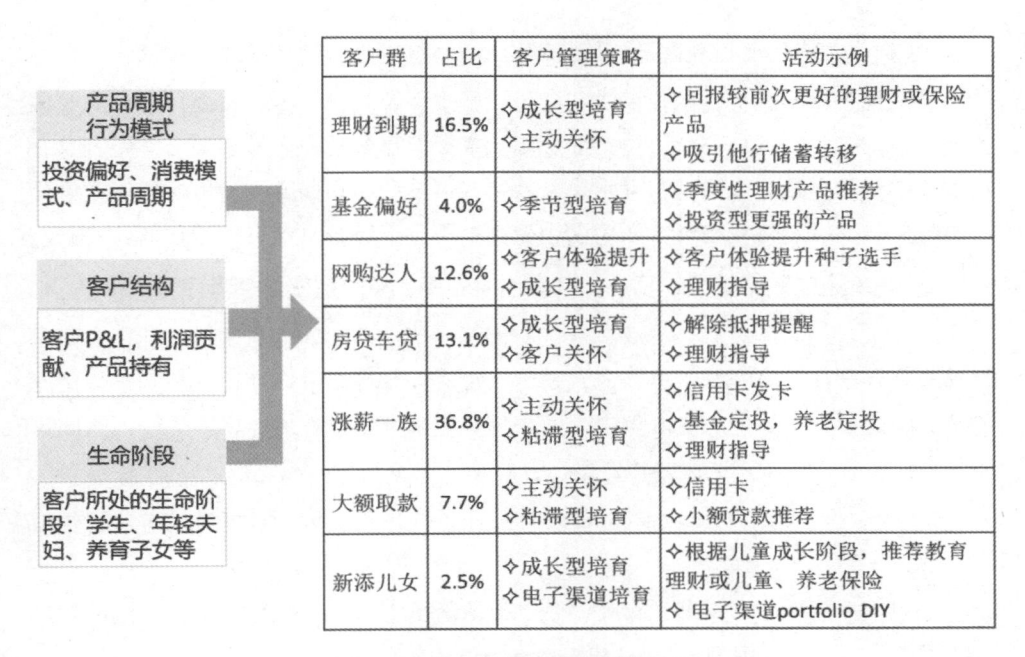

		客户群	占比	客户管理策略	活动示例
产品周期行为模式 投资偏好、消费模式、产品周期	→	理财到期	16.5%	◇成长型培育 ◇主动关怀	◇回报较前次更好的理财或保险产品 ◇吸引他行储蓄转移
		基金偏好	4.0%	◇季节型培育	◇季度性理财产品推荐 ◇投资型更强的产品
客户结构 客户P&L，利润贡献、产品持有	→	网购达人	12.6%	◇客户体验提升 ◇成长型培育	◇客户体验提升种子选手 ◇理财指导
		房贷车贷	13.1%	◇成长型培育 ◇客户关怀	◇解除抵押提醒 ◇理财指导
生命阶段 客户所处的生命阶段：学生、年轻夫妇、养育子女等	→	涨薪一族	36.8%	◇主动关怀 ◇粘滞型培育	◇信用卡发卡 ◇基金定投，养老定投 ◇理财指导
		大额取款	7.7%	◇主动关怀 ◇粘滞型培育	◇信用卡 ◇小额贷款推荐
		新添儿女	2.5%	◇成长型培育 ◇电子渠道培育	◇根据儿童成长阶段，推荐教育理财或儿童、养老保险 ◇电子渠道portfolio DIY

图 3-1　银行多维度客户画像示例

数据集 data_clust.csv 包含某银行的客户数据。我们对这些客户进行细分，并对每个细分群体制定产品开发或者营销策略，其数据字段及其含义如表 3-1 所示。

表 3-1　数据字段及其含义

字段	含义	类型	字段	含义	类型
age	年龄	连续	HH_has_children	是否有孩子	二分类
marital	婚姻状态估计	连续	HH_head_age	家长年龄	连续
risk_score	个人风险偏好评分	连续	home_value	房屋价值	连续
auto_member	是否参加车友会	连续	interested_gambling	博彩兴趣	二分类
computer_owner	是否有电脑	二分类	interested_golf	高尔夫兴趣	二分类
HH_adults_num	家庭成年人数量	连续	interested_reading	阅读兴趣	有序分类
HH_dieting	注重饮食	连续	interested_sport	运动兴趣	连续
HH_grandparent	是否有祖父母	连续			

在打开代码编辑器之前，我们需要对业务目标、数据理解、建模方案等进行简要分析，并总结出对数据进行整理和建模的要点。

1）数据集中的变量较多，如果全部进入模型，就会导致模型解释困难。

一方面，对有相关性的变量进行降维，减少变量数目；另一方面，基于对业务的理解，预先对变量进行分组，使得同一组的变量能尽量解释业务的一个方面。比如，在本例中，将变量分成两组，分别是家庭基本情况和客户爱好，通过对每组变量分别进行聚类，获取客户的特征，再将两个聚类结果进行综合，以获得完整的客户画像。

2）本例中的数据类型较复杂，包含连续变量、离散型变量和有序分类变量。

由于K-means算法仅适用于连续变量聚类，因此需要对变量进行预处理。对于有序分类变量，如果分类水平较多，则可以视作连续变量进行处理，否则视作无序的离散型变量进行处理。在本例中，由于分类变量大多是在描述客户爱好，因此可以将它们汇总得到客户的爱好广泛度，并视作连续变量纳入模型。

3）离散型变量如HH_has_children一般不参与聚类，因为其本身就可以视作簇的标签。

如果为了后期模型解释简单化，那么在离散型变量不多的情况下，可以对其做哑变量变换后再纳入模型。

有了基本的思路后，我们便可读取数据并进一步探索。导入所需要的包进行基础设置，并对数据进行描述，代码如下。

```
%matplotlib inline
import pandas as pd
import numpy as np
import matplotlib.pyplot as plt
pd.set_option("display.max_columns",7)
# 为方便截图，设置最大显示列数为7
bank = pd.read_csv('data_clust.csv',skipinitialspace=True)
bank.describe(include='all')
```

如果要观察每列的情况，则只需修改display.max_columns属性为None即可。运行完成后输出变量的基本统计量，如图3-2所示。

	interested_travel	computer_owner	age	...	HH_has_children	HH_adults_num	interested_reading
count	149788.000000	149788.000000	167177.000000	...	159899	145906.000000	167177
unique	NaN	NaN	NaN	...	2	NaN	5
top	NaN	NaN	NaN	...	N	NaN	3
freq	NaN	NaN	NaN	...	111462	NaN	65096
mean	0.427745	0.856571	59.507079	...	NaN	2.770832	NaN
std	0.494753	0.350511	14.311733	...	NaN	1.285417	NaN
min	0.000000	0.000000	18.000000	...	NaN	0.000000	NaN
25%	0.000000	1.000000	49.000000	...	NaN	2.000000	NaN
50%	0.000000	1.000000	59.000000	...	NaN	2.000000	NaN
75%	1.000000	1.000000	70.000000	...	NaN	4.000000	NaN
max	1.000000	1.000000	99.000000	...	NaN	7.000000	NaN

11 rows × 17 columns

图 3-2　变量的基本统计量

3.2　预处理

数据预处理有很多作用，例如填补缺失值、修订错误值、处理离散型变量、正态化与标准化等，使数据符合模型输入要求，提升模型表现等。

3.2.1　填补缺失值

由于大多数基于 Python 的建模框架都不支持自动处理缺失值，并且字段不同，对于缺失值的处理方法可能会不同，因此需要将有缺失值的字段筛选出来，代码如下。

```
for col in bank.columns:
    if bank[col].hasnans:
        print(col)
```

输出结果如图 3-3 所示。

```
computer_owner
HH_adults_num
HH_has_children
interested_travel
```

图 3-3　缺失值字段筛选结果

在图 3-3 的 4 个有缺失值的字段中，由于 interested_travel、computer_owner、

HH_adults_num 字段是数值型分类变量，而且缺失比例并不大，因此用它们各自的众数进行填补，代码如下。

```
fill_cols = ['interested_travel', 'computer_owner', 'HH_adults_num']
fill_values = {col: bank[col].mode()[0] for col in fill_cols}
bank = bank.fillna(fill_values)
```

HH_has_children 的缺失值则可以按照处理错误值的方法进行转换。

3.2.2 修订错误值

HH_has_children 是分类变量，却以字符形式存储。由于 Python 的大多数建模框架不支持自动转换字符类型，因此需要手动将该变量转换为数值型，其中的缺失值实际表示没有孩子，应将其替换为 0，代码如下。

```
bank['HH_has_children'] = bank['HH_has_children']\
    .replace({'N': 0, 'Y': 1, np.NaN: 0})
```

在表示阅读爱好的字段"interested_reading"中包含错误值"."。根据分析，该错误值代表客户对阅读没有兴趣，因此用 0 进行替换，代码如下。

```
bank['interested_reading'] = bank['interested_reading']\
    .replace({'.': '0'}).astype('int')
```

这里可以使用 value_counts 方法打印每个分类水平的计数，以帮助我们发现潜在的错误值，打印结果如图 3-4 所示。

```
3    65096
1    43832
0    32919
2    24488
.      842
Name: interested_reading, dtype: int64
```

图 3-4 每个分类值的计数结果

接着我们使用了 replace 方法将错误值替换为正确的值。

3.2.3 处理离散型变量

在 K-means 聚类过程中一般不分析离散型变量。但是，我们可以根据业务理解，将离散型变量变换后进行聚类操作。

在处理前,我们先对本例中离散型变量的相关性进行分析,这里采用一种被称为"卡方检验"的方法。卡方检验的原假设为两个离散型变量独立,输出的 p-value 可简单理解为原假设成立的可能性。因此,当 p-value 大于设定的置信度阈值时,说明两个变量独立,反之,两个变量不独立。关于卡方检验的知识,读者可参考统计学教材。在本例中,我们不进行详细论证,仅使用该方法的结论。

此外,考虑到样本量对统计检验结果是有影响的,因此本例在卡方检验中需要对样本进行抽样(但后续建模仍然使用全量数据)。根据经验,当样本量超过 3000 条时,p-value 可能失效,因此本例抽取 3000 条记录,具体的实现代码如下。

```
from itertools import combinations
from scipy import stats
_cols = [
    'interested_travel',
    'computer_owner',
    'marital',
    'interested_golf',
    'interested_gambling',
    'HH_has_children',
    'interested_reading'
]
sample = bank[_cols].sample(3000, random_state=12345)

# 对离散型变量两两进行卡方检验
for colA, colB in combinations(_cols, 2):
    crosstab = pd.crosstab(sample[colA], sample[colB])
    pval = stats.chi2_contingency(crosstab)[1]
    # 设定置信度阈值为 0.05
    if pval > 0.05:
        print('p-value = %0.3f between "%s" and "%s"' \
%(pval, colA, colB))
```

我们设定的置信度阈值为 0.05,因此 p-value 大于 0.05 时被认为两个变量独立,得到的结果如图 3-5 所示。

```
p-value = 0.710 between "interested_travel" and "HH_has_children"
p-value = 0.495 between "computer_owner" and "HH_has_children"
p-value = 0.272 between "interested_golf" and "HH_has_children"
```

图 3-5 卡方检验结果

可以看到，除 HH_has_children 外，其他的离散型变量都是相关的，我们对这些变量进行处理。

经过分析，在具有相关性的离散型变量中，interested_travel、computer_owner、interested_golf、interested_gambling、interested_reading 均代表"休闲娱乐"型的爱好。按照前面确定的方案，我们将它们综合成一个指标，暂且转换成"爱好广泛度"指标。其中，除 interested_reading 包含多个分类水平外，其他变量都是二分类变量。为了得到"爱好广泛度"，我们要先将 interested_reading 进行二值化处理，具体代码如下。

```python
# 对 interested_reading 进行二值化处理
from sklearn.preprocessing import Binarizer
binarizer = Binarizer(threshold=1.5)
bank['interested_reading'] = binarizer.fit_transform(
    bank[['interested_reading']])

# 生成爱好广泛度
interest =[
    'interested_travel',
    'computer_owner',
    'interested_golf',
    'interested_gambling',
    'interested_reading'
]
n_ = len(interest)

bank = bank.drop(interest, axis=1)\
        .assign(interest=bank[interest].sum(axis=1) / n_)
bank.head()
```

数据变换的结果如图 3-6 所示。

	age	marital	risk_score	...	interested_sport	loan_ratio	interest
0	64	3	932	...	312	73	0.2
1	69	7	1000	...	241	73	0.4
2	57	1	688	...	367	77	0.2
3	80	7	932	...	291	74	1.0
4	48	10	987	...	137	77	0.8

图 3-6 数据变化的结果

此外，由于 HH_has_children 相对于其他离散型变量独立，因此有多种处理方案：一是把它当作一个"爱好"放到"爱好广泛度"指标中，再导入模型。二是进行哑变量变换后再导入模型。三是不纳入模型。四是进入支持离散型变量的聚类模型。

上述方案各有利弊，这里我们不将 HH_has_children 纳入聚类模型，但在对簇特征进行描述时仍会考虑它。

综上，interested_sport、HH_dieting 属于"健康生活"类爱好，auto_member 则属于"奢侈型"爱好，但它们都是连续变量，后面在进行连续变量分析时可以直接处理它们。

3.2.4 正态化与标准化

连续变量或有序分类变量的预处理方法有一定区别，因此我们先按类型对变量进行分组。不同分组采用不同的处理策略。

1）连续变量的量纲差异大，这会导致聚类结果由方差较大的变量决定。为了避免这种情况，我们首先需要对连续变量进行标准化处理。

2）在对客户进行细分时，我们希望各簇的规模接近，这样方便对客户群体进行维护。根据上一节对 K-means 应用场景的描述，我们需要将偏态分布的变量转换为正态或均匀分布。

3）有序分类变量的可能取值一般较少，如 marital（10 个分类水平）、interest（5 个分类水平）和 HH_adults_num（8 个分类水平），因此无法让它转化成正态分布。如果强行对其进行正态转换，则可能生成一些离群值（如对 marital 进行正态转换时，会发现分类水平 1 和分类水平 10 对应的数据点离开均值达到 5 个标准差）。因此，本例对这几个变量仅做标准化处理，而不做正态转换。当然，如果分类水平取值很少，那么将其当作离散型变量来处理也是合理的。

4）可以考虑使用其他的分布转换方法，如百分位秩、Tukey 打分等。

我们将所有的变量划分为连续变量、有序分类变量和离散型变量，以便进行后续处理，代码如下。

```
continuous_cols = ['age', 'home_value', 'risk_score',
'interested_sport', 'HH_dieting', 'auto_member', 'HH_
grandparent','HH_head_age', 'loan_ratio']

categorical_cols = ['marital', 'interest', 'HH_adults_num']

discreate_cols = ['HH_has_children']  # 不进入聚类模型
```

观察当前连续变量的分布形态，代码如下。

```
bank[continuous_cols].hist(bins=25,figsize=[8, 8])
plt.show()
```

结果如图 3-7 所示。

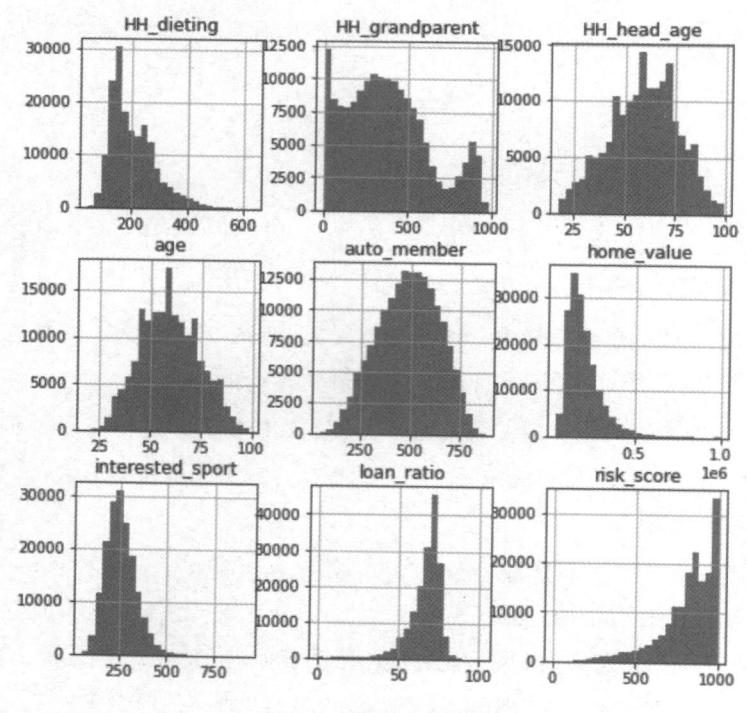

图 3-7　正态分布结果

可以看到，部分数据偏态较严重。根据前文分析，我们对它们进行正态转换，代码如下。

```
from sklearn.preprocessing import QuantileTransformer

qt = QuantileTransformer(n_quantiles=100, output_
distribution='normal')
qt_data = qt.fit_transform(bank[continuous_cols])

pd.DataFrame(qt_data,columns=continuous_cols).
hist(bins=25, figsize=[8,8])
plt.show()
```

转换后的数据分布如图 3-8 所示。

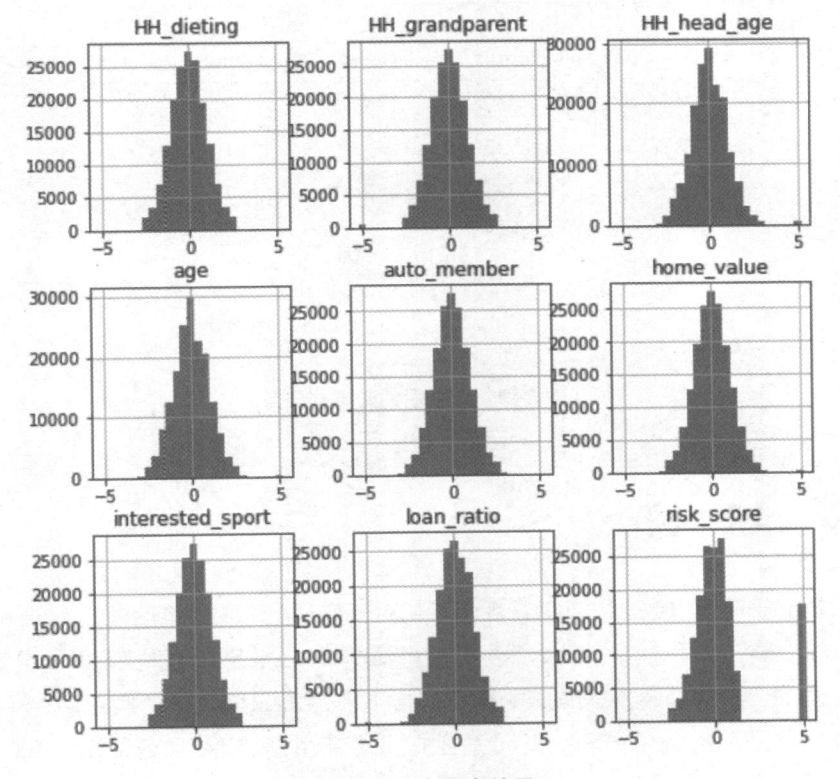

图 3-8 正态分布结果 2

接下来，如前文所述，对 marital、interest、HH_adults_num 仅做标准化处理。为了简便，将二分类变量 HH_has_children 直接纳入模型，最后将转换后的所有变量合并，代码如下。

```python
# 标准化
from sklearn.preprocessing import scale

scale_data = scale(bank[categorical_cols])
# 合并数据
data = np.hstack([qt_data, scale_data, bank[discreate_cols]])
data = pd.DataFrame(data, columns=continuous_cols + categorical_cols + discreate_cols)
data.head()
```

合并后的数据样例如图 3-9 所示。

	age	home_value	risk_score	...	interest	HH_adults_num	HH_has_children
0	0.335333	-0.893603	0.574460	...	-1.035281	-0.547836	0.0
1	0.650837	-0.625083	5.199338	...	-0.354828	1.895118	0.0
2	-0.126937	-0.467008	-0.938624	...	-1.035281	-0.547836	0.0
3	1.335178	-0.255836	0.574460	...	1.686529	-0.547836	1.0
4	-0.747859	-0.712521	1.144237	...	1.006077	0.266482	1.0

5 rows × 13 columns

图 3-9 合并后的数据样例

3.3 维度分析

根据业务需求中数据本身的特点，我们对变量从两个大的维度进行考虑：一是客户"家庭属性"（包括家庭基本情况和财务情况）。二是用户个人"偏好情况"（包括对运动、食物、休闲娱乐等的兴趣程度）。接下来，我们对客户的"家庭属性"和"偏好属性"分别进行因子分析，并借助主成分分析并确定保留多少个因子，代码如下。

```
# 根据业务解释，将变量划分为大的维度 'household', 'hobby'
from sklearn.decomposition import PCA
household = ['age', 'marital', 'HH_adults_num', 'home_
```

```
value', 'risk_score', 'HH_grandparent', 'HH_head_age',
'loan_ratio']
    hobby = ['HH_dieting', 'auto_member','interest',
'interested_sport']

# 确定'household'维度中主成分解释的方差比率
pca_hh = PCA().fit(data[household])
pca_hh.explained_variance_ratio_.cumsum()
```

对于"家庭属性",主成分能解释的方差变异的累计百分比如图3-10所示。

```
array([0.35366862, 0.56542894, 0.7311212 , 0.83103641, 0.88473556,
       0.92921371, 0.96733029, 1.          ])
```

图3-10 方差变异的累计百分比

可以看到,前4个主成分解释的方差占总量达到83.1%,因此确认保留4个主成分。"家庭属性"因子分析代码如下。

```
from fa_kit import FactorAnalysis
from fa_kit import plotting as fa_plotting
fa_hh = FactorAnalysis.load_data_samples(
    data[household].to_numpy(),
    preproc_demean=True,
    preproc_scale=True
)
fa_hh.extract_components()

# 使用"top_n"法保留4个因子
fa_hh.find_comps_to_retain(method='top_n',num_keep=4)

# 最大方差旋转
fa_hh.rotate_components(method='varimax')
import numpy as np
import matplotlib.pyplot as plt

def graph_summary(fa_obj, num_eigs_to_plot=30):
    """Plot a summary of the factor analysis"""
```

```python
        has_props = fa_obj.props_raw is not None
        has_raw_comps = fa_obj.comps['raw'] is not None
        has_rot_comps = fa_obj.comps['rot'] is not None

        num_panels = has_props + has_raw_comps + has_rot_comps

        fig, axes = plt.subplots(
            figsize=(8, 4 * num_panels),
            ncols=1,
            nrows=num_panels
        )

        if has_props:
            num_eigs_to_plot = np.min([num_eigs_to_plot, len(fa_obj.props_raw)])
            x_range = range(1, num_eigs_to_plot+1)

            p_num = 0

            if fa_obj.params_retention['method'] == 'top_n':
                axes[p_num].plot(x_range, fa_obj.props_raw[:num_eigs_to_plot], '-ok')
                n = fa_obj.params_retention['num_keep']
                if n <= num_eigs_to_plot:
                    axes[p_num].plot([n + 0.5, n + 0.5], axes[p_num].get_ylim(), '--k')
                axes[p_num].set_title(
                    'Normed Eigenvalues with top {} cutoff'.format(n))

            elif fa_obj.params_retention['method'] == 'top_pct':
                vals = np.cumsum(fa_obj.props_raw)
                axes[p_num].plot(x_range, vals[:num_eigs_to_plot], '-ok')
                y = fa_obj.params_retention['pct_keep']
```

```python
                    axes[p_num].plot(axes[p_num].get_xlim(), [y, y], '--k')
                    axes[p_num].set_title('Cumulative Normed Eigenvalues')
                elif fa_obj.params_retention['method'] == 'kaiser':
                    axes[p_num].plot(x_range, fa_obj.props_raw[:num_eigs_to_plot], '-ok')
                    y = 1.0 / fa_obj.params_retention['data_dim']
                    axes[p_num].plot(axes[p_num].get_xlim(), [y, y], '--k')
                    axes[p_num].set_title(
                        'Normed Eigenvalues with Kaiser criterion')
                elif fa_obj.params_retention['method'] == 'broken_stick':
                    axes[p_num].plot(x_range, fa_obj.props_raw[:num_eigs_to_plot], '-ok')
                    vals = fa_obj.params_retention['fit_stick'].values
                    axes[p_num].plot(x_range, vals[:num_eigs_to_plot], '--k')
                    axes[p_num].set_title(
                        'NormedEigenvalues with broken stick superimposed')
                else:
                    axes[p_num].set_title('Normed Eigenvalues')

        if has_raw_comps:
            p_num = 1
            raw_data = fa_obj.comps['raw'][:, fa_obj.comps['retain_idx']]
```

```python
            for i in range(raw_data.shape[1]):
                linestyle = ['-', '--', '-.', ':'][i % 4]
# Cycle through line styles
                axes[p_num].plot(raw_data[:, i], linestyle, color='blue')
            axes[p_num].set_title('Raw Components')

        if has_rot_comps:
            p_num = 2
            rot_data = fa_obj.comps['rot']
            for i in range(rot_data.shape[1]):
                linestyle = ['-', '--', '-.', ':'][i % 4]
# Cycle through line styles
                axes[p_num].plot(rot_data[:, i], linestyle, color='blue')

            if fa_obj.params_rotation['method'] == 'varimax':
                axes[p_num].set_title('Varimax Rotated Components')
            elif fa_obj.params_rotation['method'] == 'quartimax':
                axes[p_num].set_title('Quartimax Rotated Components')
            else:
                axes[p_num].set_title('Rotated Components')

        return fig

    def text_summary(fa_obj, top_n_items=10, cutoff=0.5):
        """Write out a text summary of what's in each component"""

        for comp_num, idx in enumerate(fa_obj.comps['retain_idx']):
```

```
            if fa_obj.comps['rot'] is not None:
                comp = fa_obj.comps['rot'][:, idx]
            elif fa_obj.comps['paf'] is not None:
                comp = fa_obj.comps['paf'][:, idx]
            elif fa_obj.comps['raw'] is not None:
                comp = fa_obj.comps['raw'][:, idx]
            else:
                    raise ValueError('No components extracted yet!')

            abs_max = np.abs(comp).max()
            top_n_item_idx = np.argsort(-np.abs(comp))[:top_n_items]
            print('COMPONENT {} (index {})'.format(comp_num, idx))
            for item in top_n_item_idx:
                if np.abs(comp[item]) > (cutoff*abs_max):
                    item_score = comp[item]*len(comp)
                    item_name = fa_obj.params_data['labels_dict'][item]
                    print("\t{:.1f}: {}".format(item_score, item_name))
                else:
                    break
graph_summary(fa_hh)
```

这里需要先使用 pip install fa-kit 命令安装因子分析的计算包，再用该包进行因子分解后保留 4 个因子，最后将因子载荷矩阵的每个分量（旋转前与旋转后）绘制出来，如图 3-11 所示。

图 3-11 因子载荷矩阵

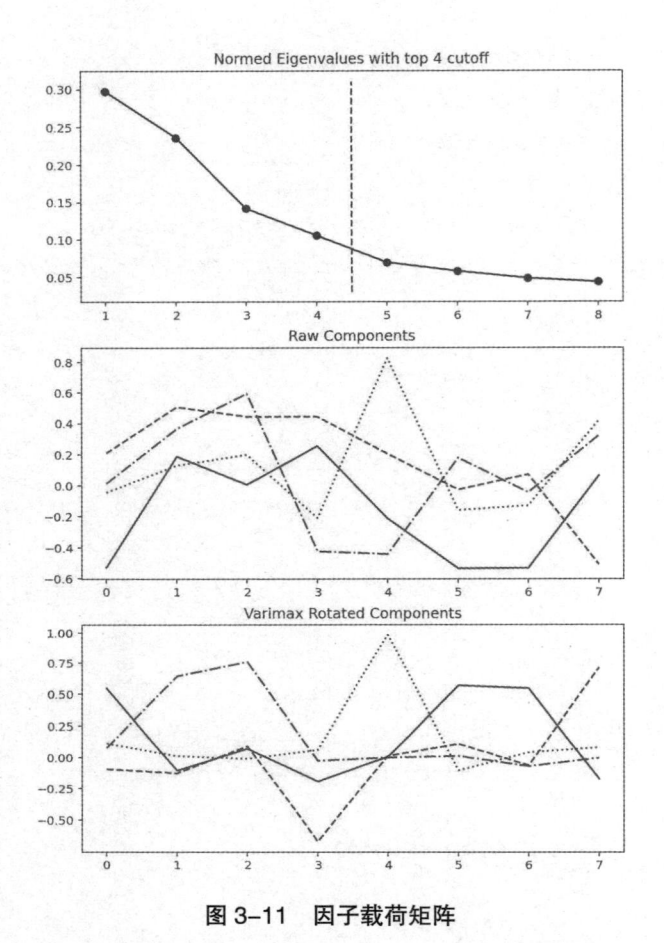

从图 3-11 可以明显看到，经过最大方差旋转后，因子载荷的分量两极分化更大。旋转后的因子载荷（为了便于阅读，这里加上了变量名称）输出命令如下。

```
pd.DataFrame(fa_hh.comps['rot'].T, columns=household)
```

输出结果如图 3-12 所示。

```
                         0         1         2         3
age               0.545472 -0.093955  0.076966  0.112241
marital          -0.105985 -0.128613  0.643064  0.011313
HH_adults_num     0.069982  0.091399  0.758013 -0.010698
home_value       -0.192153 -0.667020 -0.028576  0.059048
risk_score        0.004734  0.011119 -0.001795  0.981917
HH_grandparent    0.565774  0.110034  0.009523 -0.107968
HH_head_age       0.546916 -0.065543 -0.070836  0.040578
loan_ratio       -0.173688  0.710517 -0.005736  0.078797
```

图 3-12 输出结果

1）第一个因子在 age、HH_grandparent、HH_head_age 上的权重明显较高。从业务上理解，这三个变量的综合可以认为是客户当前年龄段的度量。

2）第二个因子在 home_value、loan_ratio 上的权重明显较高，主要表示客户的财务状况。

3）第三个因子在 marital、HH_adults_num 上的权重明显较高，代表家庭的人口规模。

4）第四个因子仅在 risk_score 上的权重较高，代表客户的风险评分。

同理，对客户的"偏好属性"进行因子分析（保留3个因子）的代码如下。

```
fa_hb = FactorAnalysis.load_data_samples(
    data[hobby],
    preproc_demean=True,
    preproc_scale=True
)
fa_hb.extract_components()
fa_hb.find_comps_to_retain(method='top_n', num_keep=3)
fa_hb.rotate_components(method='varimax')
pd.DataFrame(fa_hb.comps['rot'].T, columns=hobby)
```

因子载荷矩阵如图 3-13 所示。

	0	1	2
HH_dieting	-0.175798	0.832300	0.088266
auto_member	0.868294	-0.120477	0.071055
interest	0.033369	0.027770	0.978835
interested_sport	0.462653	0.540361	-0.170415

图 3-13　因子载荷矩阵

1）第一个因子在 auto_member 和 interested_sport 上的权重较高，是对客户运动偏好的度量。

2）第二个因子在 HH_dieting 和 interested_sport 上的权重较高，是对客户健康生活方式的度量。

3）第三个因子仅在 interest 上的权重较高，是对客户休闲娱乐偏好的度量。

我们根据业务解释为每个因子赋予一个名字，得到的因子得分将作为聚类模型的输入，代码如下。

```
# 计算 household 因子得分
```

```
data_hh = pd.DataFrame(
    np.dot(data[household], fa_hh.comps['rot']),
    columns=['life_circle','finance', 'HH_size', 'risk']
)

# 计算 hobby 因子得分
data_hb = pd.DataFrame(
    np.dot(data[hobby], fa_hb.comps['rot']),
    columns=['sports', 'health', 'leisure']
)
```

综上，我们将属性按照业务解释分成两大类，并分别进行因子分析。这种方式略显复杂，最终因子的数量也较多，不过因子得到了较好的解释。另一种方式是把所有的变量放一起进行因子分析，这种方式更加简便，但因子可能会难以解释。总之，在建模过程中，我们需要根据数据的特点与业务需求选择不同的方案。

3.4 聚类

下面使用因子得分进行聚类操作，并在建模时考虑以下因素。

- 由于因子得分方差可能存在较大的差异，因此需要预先对因子得分进行标准化处理。
- 分别对"家庭属性"与"偏好属性"的因子得分进行聚类操作。
- 依据轮廓系数与簇内离差平方和（Sum of Squares Distances，SSD）选择簇的个数 k。

我们编写了一个能将不同 k 值下的轮廓系数与簇内离差平方和绘制成图形的函数。该函数支持在评估轮廓系数时对样本点采样，同时还能选择 K-means 的初始化次数，以获得最稳定的聚类结果。此外，该函数将不同 k 值对应的模型保存在一个列表中，方便我们根据效果直接选择模型，代码如下。

```
from sklearn.cluster import KMeans
from sklearn.metrics import silhouette_score

def cluster_plot(data, k_range=range(2, 12), n_init=5,
sample_size=2000, n_jobs=-1):
```

```python
    scores = []    # 保存模型效果的评分
    models = {}    # 保存模型

    # 遍历选择所有的k
    for k in k_range:
        kmeans = KMeans(n_clusters=k, n_init=n_init, n_jobs=n_jobs)
    # 初始化模型
        kmeans.fit(data)    # 训练
        models[k] = kmeans
        sil = silhouette_score(data, kmeans.labels_,
                               sample_size=sample_size)
        scores.append([k, kmeans.inertia_, sil]) # inertia_即SSD

    scores_df = pd.DataFrame(scores, columns=['k','sum_square_dist', 'sil'])

    # 绘制簇内离差平方和图
    plt.figure(figsize=[9, 2])
    plt.subplot(121, ylabel='sum_square')
    plt.plot(scores_df.k, scores_df.sum_square_dist)

    # 绘制轮廓系数图
    plt.subplot(122, ylabel='silhouette_score')
    plt.plot(scores_df.k, scores_df.sil)
    plt.show()

    return models    # 返回不同k值对应的模型
```

由于不同因子得分的方差有较大差异，因此我们需要先对因子得分进行标准化处理，再使用编写的 cluster_plot 函数评估最优的 k 值，代码如下。

```python
# 对因子得分进行标准化处理
from sklearn.preprocessing import StandardScaler
hh_scaler = StandardScaler()
scale_data_hh = hh_scaler.fit_transform(data_hh)
```

```
hb_scaler = StandardScaler()
scale_data_hb = hb_scaler.fit_transform(data_hb)

# 绘制簇内离差平方和、轮廓系数图
models_hh = cluster_plot(scale_data_hh)
print("-" * 80)
models_hb = cluster_plot(scale_data_hb)
```

结果如图 3-14 所示。

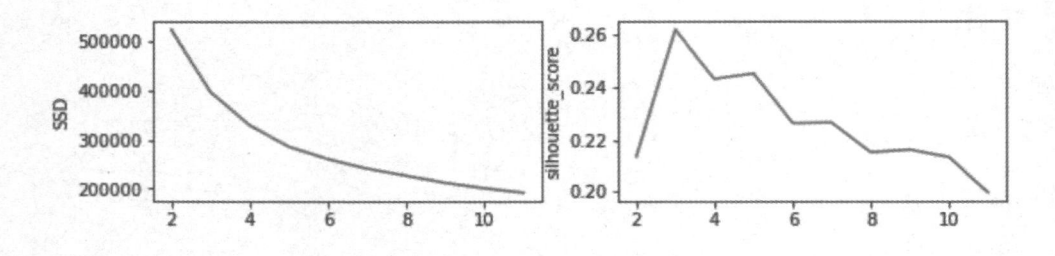

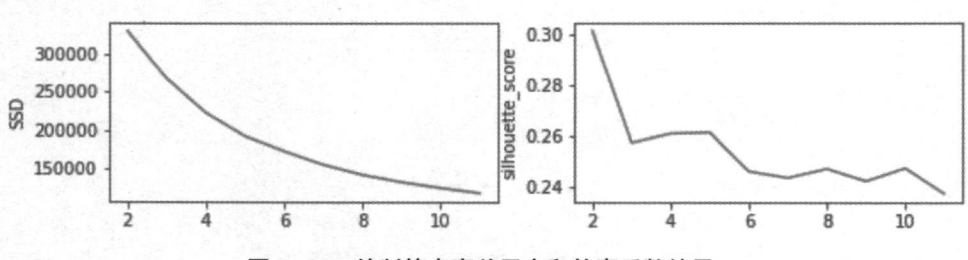

图 3-14 绘制簇内离差平方和轮廓系数结果

从"家庭属性"的聚类效果看,当 $k = 3$ 时,轮廓系数最大,SSD 随着 k 的增大呈单调下降;当 $k > 3$ 后,SSD 下降幅度趋于平稳,因此 k 选择 3 是比较合适的。使用同样的方法分析"偏好属性"的聚类情况,可以得出选择 $k = 2$ 是比较合适的。随后,将对应的最优模型的簇标签关联到原始数据中,因为后续在对模型进行业务层面的解释时需要用到原始数据,代码如下。

```
hh_labels=pd.DataFrame(models_hh[3].labels_, columns=['hh'])
hb_labels=pd.DataFrame(models_hb[2].labels_, columns=['hb'])
clusters=bank.join(hh_labels).join(hb_labels)
clusters.head()
```

添加簇标签后的数据样例如图 3-15 所示。

	age	marital	risk_score	...	interest	hh	hb
0	64	3	932	...	0.2	0	1
1	69	7	1000	...	0.4	2	0
2	57	1	688	...	0.2	0	1
3	80	7	932	...	1.0	0	0
4	48	10	987	...	0.8	0	1

图 3-15　添加簇标签后的数据样例

这里要注意，每次运行的标签值可能不同，这是因为聚类时的标签是无序的。如果要复现结果，就需要在 sklearn.cluster.KMeans 中设置 random_state 参数。

3.5　簇特征的解释

在解读每个簇的特征时，我们可以采用如下两种方法。

方法 1：以原始的变量为 x，以簇标签为 y 建立决策树，根据决策树的生长原理，它会自动将对 y 影响较大的自变量放在离树根部较近的位置。通过对根部的自变量及其阈值进行分析，我们可以得到簇标签代表的含义。

方法 2：以簇标签为分组依据，汇总原始变量，并比较原始变量的均值，以反映簇的特征。

如果要用 Python 可视化决策树，就需要安装 graphviz 和相应的插件。以 Windows 10 系统为例，具体如下。

①安装 graphviz，并将安装目录添加到环境变量 PATH 中（重启系统后生效）。

②安装 graphviz 的 Python 接口：在 cmd 中输入 pip install graphviz 并运行。

③安装 pydotplus：在 cmd 中输入 pip install pydotplus 并运行。

安装完毕后，以簇标签 hh 列为因变量，原始变量为自变量建立决策树，并将其进行可视化处理。这里注意使用原始变量而非因子得分为自变量，代码如下。

```
from sklearn.tree import DecisionTreeClassifier
import pydotplus
from IPython.display import Image
import sklearn.tree as tree
```

```python
# 建立决策树
tree_hh = DecisionTreeClassifier()
tree _hb = DecisionTreeClassifier()
tree _hh.fit(clusters[household], clusters['hh'])
tree _hb.fit(clusters[hobby], clusters['hb'])

# 对household的聚类标签绘制决策树
dot_hh = tree.export_graphviz(
    tree _hh,
    out_file=None,
    feature_names=household,
    class_names=True,
    max_depth=2,
    filled=True
)
graph_hh = pydotplus.graph_from_dot_data(dot_hh)
Image(graph_hh.create_png())
```

结果如图 3-16 所示。

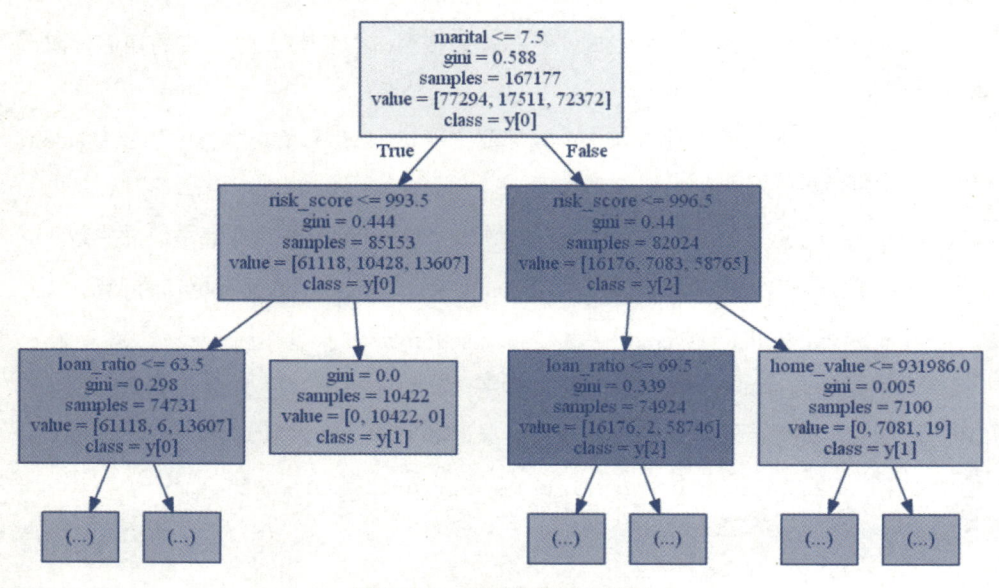

图 3-16 绘制决策树的结果

我们限制决策树的显示深度为 2，这已足够为分析簇特征提供信息。决策树可用于计算属性对于簇标签的重要性，这里影响最大的属性包括 marital、risk_score、loan_ratio 等。每个簇突出的特征如下。

- 标签 hh=0 的客户的突出特征是未婚（marital<=7.5）、低风险（risk_score<=993.5）。
- 标签 hh=1 的客户的突出特征是高风险（risk_score>993.5 或者 risk_score>996.5）。
- 标签 hh=2 的客户的突出特征是已婚（marital>7.5）、低风险（risk_score<=996.5）。

说明：如果你的标签与本书介绍的不同，则是正常现象，甚至每次运行的结果不同都是正常的，因为聚类的簇标签是无序的。

同理，对标签 hb 进行决策数据建模并可视化，代码如下。

```
dot_hb = tree.export_graphviz(
    tree_hb,
    out_file=None,
    feature_names=hobby,
    class_names=True,
    max_depth=2,
    filled=True
)

graph_hb = pydotplus.graph_from_dot_data(dot_hb)
Image(graph_hb.create_png())
```

结果如图 3-17 所示。

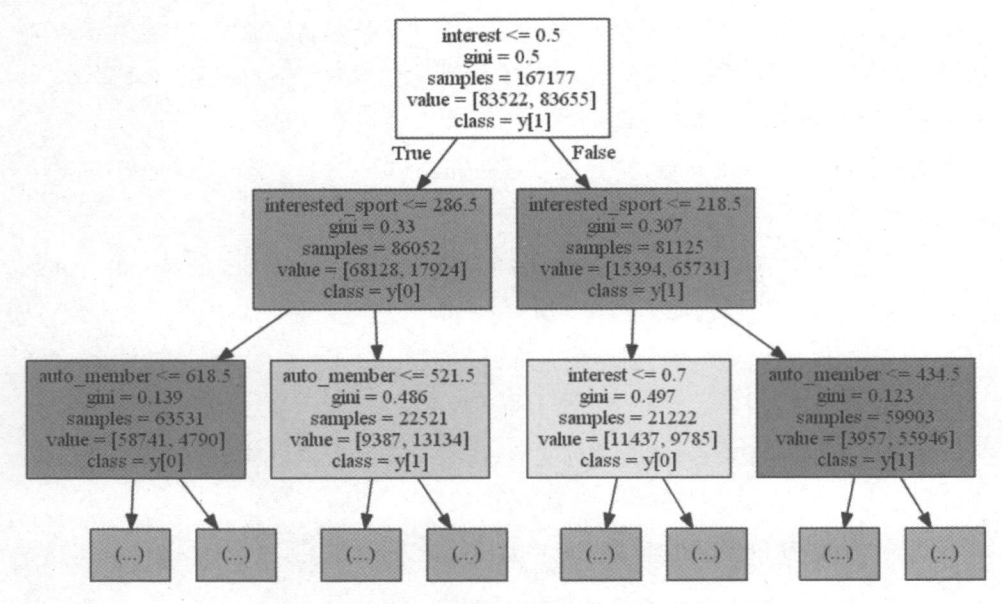

图 3-17 决策数据建模并进行可视化处理的结果

从树的结构来看，对簇标签"hb"影响较大的特征如下。

- 标签 hb=0 的客户的突出特征是兴趣爱好不是很广（interest<=0.5），不喜欢运动（interested_sport<=286.5 或者 interested_sport<=218.5）。
- 标签 hb=1 客户的突出特征是喜欢运动（interested_sport>218.5 或者 interested_sport>286.5），且很多是汽车俱乐部成员（需要将树展开到第三层才能看到）。

我们还可以将每个簇的属性平均值输出，以便更好地解释簇的特征。这里仍然使用原始变量而非因子得分求均值。本例中有两组簇标签，通过交叉组合能产生 6 个簇，每个簇的属性平均值可计算，代码如下。

```
cluster_pt = pd.pivot_table(clusters, index='hh', columns='hb',aggfunc='mean').T
cluster_pt.swaplevel('hb', 0).sort_index(level=0)
```

结果如图 3-18 所示。

hb	hh	0	1	2
0	HH_adults_num	3.277463	2.020401	2.422138
	HH_dieting	166.776483	173.927070	158.314697
	HH_grandparent	272.728346	353.291199	400.037555
	HH_has_children	0.455410	0.240919	0.148101
	HH_head_age	54.860570	57.731612	68.820133
	age	56.050966	54.606193	66.065933
	auto_member	454.748378	366.351138	447.928420
	home_value	237104.411536	156250.908757	175364.112099
	interest	0.351396	0.296327	0.294536
	interested_sport	227.323110	209.249433	237.430185
	loan_ratio	65.159046	72.029779	68.445150
	marital	8.686698	5.196964	5.893266
	risk_score	813.947638	738.283528	999.989552
1	HH_adults_num	3.346004	2.184505	2.771886
	HH_dieting	229.515446	257.931185	227.779557
	HH_grandparent	334.224652	532.685515	514.288427
	HH_has_children	0.367781	0.173246	0.165884
	HH_head_age	57.877487	63.592740	67.517212
	age	60.579594	64.081409	70.391121
	auto_member	594.311804	525.788936	596.680027
	home_value	277281.917295	164269.641816	210211.251606
	interest	0.679432	0.718714	0.692166
	interested_sport	302.169683	293.132506	319.021479
	loan_ratio	60.188590	70.494046	63.402244
	marital	8.609324	5.610025	6.865184
	risk_score	845.736570	798.606236	999.983987

图 3-18 计算结果

通过比较每个簇的属性平均值，我们可以得到每个簇的特征，并且可根据簇的特征制定产品开发或营销策略，如图 3-19 所示。

客户群（簇）	特征	产品侧重
hh=0, hb=0	年轻、家庭成员数少，有较高的还贷压力与较低的风险，不喜欢运动、休闲等活动	消费金融
hh=0, hb=1	年轻、已婚有子，中产阶层，偏爱 汽车俱乐部	子女保障、健康保险
hh=1, hb=0	年轻、未婚、低风险、高贷款率、廉价房产，无特别爱好	性价比、分期付款
hh=1, hb=1	中龄未婚，有赡养压力和还贷压力，廉价房产，爱好广	养老保障、个性化
hh=2, hb=0	高房产价值和较低贷款率的年轻、已婚、有子人群	高端、高值
hh=2, hb=1	已婚、高房产价值、低贷款比率、家庭成员多	高端理财、保险、贵金属

家庭属性 反映客户的家庭成员及财务状况

偏好属性 反映客户对运动、休闲等方面的偏好

图 3-19 营销策略

至此，我们实现了一个比较完整的用 K-means 算法进行客户细分的案例。

第 4 章 信用风险预测模型

本章将介绍信贷全生命周期风险管理中各个环节的风险点,以及信用评分卡的应用。

4.1 信贷全生命周期风险管理

以客户视角来看,客户通过审核获得授信(信贷产品),再到用款,最后还款的整个流程,即为信贷产品的全生命周期。该周期可分为三个环节,即贷前、贷中、贷后,如图 4-1 所示。

申请准入 — 贷前:贷款申请人识别、准入/黑名单规则申请人反欺诈,申请信用评分,贷款初定价

授信审批 — 贷中:行为信用评分、贷款定价及审批额度管理

授信履约 — 贷后:监控预警、催收信用评分、催收策略

图 4-1 信贷产品的全生命周期

4.1.1 贷前阶段

贷前阶段是指某信贷产品从获客到申请准入的客户旅程。贷前阶段的核心在于通过外部数据,借助规则和模型对客户进行画像分析,并识别出"好客户",主要过程包括贷款申请人识别、准入/黑名单规则、申请反欺诈、申请信用评分。

1. 贷款申请人识别

在信贷业务中,确保贷款申请人(以下简称申请人)真实身份的准确性至关重要。AI 生物识别技术和身份验证技术在这方面发挥着关键作用。

AI生物识别技术通过对人的生理特征（如指纹、面部、虹膜等）或行为特征（如步态、签名等）进行识别，具有极高的准确性。这些特征具有唯一性和稳定性，难以被伪造或模仿。在申请人通过手机或电脑进行贷款申请时，可以使用面部识别技术进行身份验证，确保申请人是本人操作。

身份验证技术主要包括二要素验证（即姓名和身份证号码验证。通过与公安系统等权威数据库进行比对，确认申请人提供的姓名和身份证号码是否真实有效，并采集现场人脸照片与权威库内的可信人脸进行比对，确认客户身份，即人脸核身）、三要素验证（在二要素的基础上，增加了手机号码验证。通过向申请人提供的手机号码发送验证码，确认该手机号码为申请人本人所有且正在使用）、四要素验证（进一步增加了银行卡信息验证。申请人需要提供本人名下的银行卡号、开户行等信息，通过与银行系统进行比对，确认银行卡的真实性和归属权）和五要素验证（在四要素的基础上，增加了绑定账户是否为1类户或信用卡账户，确保账户的安全性和合规性）。如果客户选择使用本行账户还款，则只需要三要素，核心系统对账户数据进行校验即可。

例如，在贷款申请过程中，先通过生物识别技术进行初步的身份验证，再进行二要素、三要素、四要素或五要素验证，确保申请人身份的真实性和合法性。同时，金融机构还不断加强技术创新和安全管理，提高身份验证技术的可靠性和稳定性，为信贷业务的健康发展提供有力保障。

2. 准入/黑名单类规则

在信贷业务中，政策类规则、黑名单类规则和高风险类规则对于有效管理风险至关重要。这些规则通常需要结合产品特点、专家经验以及数据表现来制定。

黑名单类规则的构建主要依托对以往不良贷款案例的剖析，将违约客户、欺诈客户等列入黑名单。同时，整合来自政府部门、行业协会、征信机构等的黑名单信息，如失信被执行人名单、行业违规企业名单等。

高风险类规则的制定侧重于分析大量的信贷数据，并从中找出与违约风险相关的因素，如高负债比率、频繁更换工作、信用记录不良等；运用风险评估模型，对客户的风险进行量化评估，从而确定高风险客户的特征和标准。

3. 申请反欺诈

在信贷领域，欺诈行为是金融机构面临的重大挑战之一。关系图谱技术和无监督反欺诈技术为识别团伙类欺诈和异常行为提供了有效的手段。

关系图谱技术是利用申请人及关联人的通信信息（包括电话号码、短信记录、通话时长等）构建关系图谱的。通过分析通信关系，可以发现申请人与其他潜在欺诈者之间的联系。团伙类欺诈通常具有紧密的联系和相似的行为模式。通过关系图谱，可以快速识别出与已知欺诈者有密切联系的申请人，从而提高对团伙类欺诈的识别能力。

无监督反欺诈技术用于收集申请人的多维行为数据，包括交易记录、登录行为、设备信息、地理位置等。这些数据可以反映申请人的日常行为模式和习惯。通过分析异常聚类中的客户行为特征，可以发现潜在的欺诈行为模式，如异常的交易金额、频繁的账户切换、异常的地理位置变化等。

4. 申请信用评分

申请信用评分在信贷业务中起着至关重要的作用。它是金融机构评估申请人信用状况的重要工具，能够帮助金融机构做出更明智的贷款决策。

在信贷业务中，利用信用、资产、消费、社交、行为等多类数据，并结合往期客户的贷款表现来综合判定申请人的信用状况，是一种科学有效的方法。

通过收集并整合多类数据，构建线性模型，综合判定信用状况与差异化审批策略，为授信定价提供参考。

4.1.2 贷中阶段

贷中阶段是指某信贷产品从申请人通过准入，到贷款审批的过程。贷中阶段的核心在于通过银行内部及征信机构的数据，构建行为信用体系，以便提前发现风险，尽可能挖掘客户的潜在收益，增强客户黏性，提升产品综合竞争力，主要工作环节包括行为信用评分、贷款定价及审批和额度管理。

1. 行为信用评分

行为信用评分在特定产品的履约环节中发挥着关键作用。

首先，需要收集客户在履约环节中的各种相关数据，包括贷前信息、还款行为、逾期行为、额度使用状况和外部信用变动状况等。这些数据可以从内部的业务系统、信用报告机构，以及其他外部数据源获取。

然后，对收集到的数据进行整理和清洗，去除异常值和错误数据，确保数据的准确性和完整性。根据业务需求和数据特点，选取合适的指标来构建行为信用评分卡模型。确定每个指标的权重是构建行为信用评分卡模型的关键步骤。

最后，根据确定的指标和权重，计算客户的行为信用评分。评分可以采用线性加权求和的方法，也可以采用更复杂的机器学习算法进行预测。

2. 贷款定价及审批

风险评级和经济能力评估是金融机构在信贷业务中管理风险、确定额度和费率的重要手段。

准确的风险评级是金融机构有效管理信贷风险的基础。通过申请评分对申请人进行风险评级，可以将不同风险程度的客户区分开来，为后续的审批决策、额度设定和定价策略提供依据。通过建立评分模型，对信用历史、收入稳定性、负债水平、就业状况等因素进行量化评估，得出一个综合的风险评分。根据风险评分的高低，将申请人划分为不同的风险等级，如低风险、中风险和高风险等。每个等级对应着不同的风险特征和预期违约概率。

结合客户的收入信息评估其经济能力，是确定贷款额度和还款能力的重要依据。经济能力评估通常考虑客户的收入来源、收入水平、稳定性、负债情况等因素。

差异化定价是通过构建信用/经济能力交叉矩阵，以及将客户的信用风险等级和经济能力评估结果进行交叉组合，可以将客户划分为不同的客群，每个客群对应着不同的风险特征和经济能力水平，确定额度与费率，并兼顾公平性与合理性。

贷款定价审批主要由审批规则引擎运作、决策结果输出和人工干预机制组成。

3. 额度管理

额度管理在信贷业务中至关重要，结合行为评分卡对不同风险等级制定相应的额度管理策略，能够有效平衡风险与业务发展。以下是对不同额度管理策略的详细阐述。

- 提额策略：若行为评分卡显示无风险，那么针对低风险客户，可以考虑主动提额；针对中风险客户，提额需谨慎，也可要求提供额外的担保或抵押物。
- 降额策略：若行为评分卡显示风险较高，那么针对高风险客户，应立即降额甚至冻结额度；若行为评分卡显示风险恶化，那么针对中风险客户可以考虑适当降额。

4.1.3 贷后阶段

贷后阶段是指授信履约，即从客户用信到客户还款的整个过程。还款发生违约、逾期后，需要对逾期客户的风险进行合理管理，并制定差异化策略进行催收的过程。

贷后阶段的主要内容有监控预警、催收信用评分和催收策略。

1. 监控预警

在存量客户监控过程中，利用行为评分卡结果实施差异化监控策略是降低风险、及时避免可能出现逾期行为的关键举措。

行为评分卡通过对存量客户的还款行为、额度使用情况、交易频率等多方面数据进行分析，得出一个量化的风险评分。这个评分能够直观地反映客户当前的风险状况，为后续的监控策略制定提供重要依据。根据行为评分卡的结果，可以将存量客户分为不同的风险等级。一般来说，可以分为低风险、中风险和高风险三个等级。不同风险等级的客户具有不同的风险特征和潜在逾期可能性。

对于低风险客户，可以采取较为宽松的监控策略。中风险客户需要更加密切地监控。除了定期的系统监测，还应增加人工监测的频率。高风险客户是监控的重点对象，需要建立实时监控机制，对客户的每一笔交易和还款行为进行密切关注。例如，利用大数据技术和风险预警模型，及时发现异常交易和潜在的逾期风险。

2. 催收信用评分

催收信用评分在信贷风险管理中起着至关重要的作用。其主要应用流程是数据收集与整理、模型构建与验证、评分计算与风险等级划分、催收策略制定与实施、效果评估与优化。

催收信用评分是一种有效的信贷风险管理工具，它可以帮助金融机构优化催收资源配置、制定个性化催收策略、挽回贷款损失。

3. 催收策略

在信贷业务中，催收策略的制定至关重要，它直接关系到金融机构能否有效地收回逾期贷款，降低损失。根据催收模型的估计结果，在不同的催收阶段实施不同的催收策略，可以将催收资源合理分配，提高催收效率。

根据逾期客户的风险程度和时间，合理选择催收技术手段。对于高风险或逾期时间长的客户，可以采用传统的电话催收或人工催收手段；对于低风险或逾期时间短的客户，以基础的催收手段为主，如短信提醒和AI智能催收方式。

4.2 ABC 卡简介

ABC 卡是信用评分卡的具体分类。信用评分卡是一个比较宽泛的概念，它是用于评估信用风险的统计工具。而 A 卡（申请评分卡）、B 卡（行为评分卡）和 C 卡（催收评分卡）是根据信贷业务的不同阶段和用途划分出来的更具针对性的信用评分卡。

为了便于理解，打个比方，信用评分卡如同交通工具这一广泛的类别，而 ABC 卡就类似于交通工具中的轿车、客车、货车，是更细分且具有特定功能的类型。

本节将简单介绍信用评分卡及其在金融机构中的应用。

4.2.1 信用评分卡简介

信用评分卡技术是一种信用审核工具，其概念在 20 世纪 50 年代就由 FICO 创始人 Bill·Fair、Earl·Isaac 提出。随着 20 世纪 60 年代零售金融中的信用卡业务在美国推广，人们需要一种信用审核工具来应对大量的信用卡申请客户，这种审核工具需要具备标准化与效率性。标准化指应避免人工审批的主观性较强、审批人员素质差异大的问题，所有的信用卡审核需要客观公正，一视同仁。效率性指审核工具能够减少审批成本与审批时间等，更易于制定更加标准化的信贷策略。图 4-2 是一张典型的申请评分卡示例。

Variable	Attribute	Point
基础分		600
年龄	(-,23)	-20
年龄	[23,30)	-5
年龄	[30,45)	15
年龄	[45,+)	-12
婚姻状况	丧偶,离异,缺失	-35
婚姻状况	未婚,已婚无子女	-5
婚姻状况	已婚有子女	32
最早信用卡开立时长	(0,1M)	-31
最早信用卡开立时长	[1,12)	-15
最早信用卡开立时长	[12,24)	5
最早信用卡开立时长	[24,+)	34
近一月征信查询次数	(0,1)	54
近一月征信查询次数	[1,3)	12
近一月征信查询次数	[3,+)	-43
是否有房	有	65
是否有房	无	-35
……	……	……

图 4-2 申请评分卡示例

在图 4-2 中，包含评分卡特征（Variable）、区间（Attribute）与分值（Point）。一般信用评分卡分值越高，代表风险水平越低；分值较低，则代表风险水平较高。某申请人各特征的评分加总得到其信用评分，可用于评估其总体的信用水平。

4.2.2 ABC 卡的应用

20 世纪 80 年代，在欧美国家中，信用评分卡技术已能够较好地运用于信用卡、零售金融、小微金融业务中，同时有关信贷、个人隐私数据相关法律法规使得行业的发展逐步迈向正轨，征信数据逐步完善并用于申请人的信用评估上，而不依赖于专家经验的基于统计回归方法的信用评分卡开始被广泛使用。在此基础上产生了申请评分卡、行为评分卡与催收评分卡，它们被用于不同的信贷业务流程中：申请评分卡（A 卡）用于在客户申请时评估其信用风险，并根据评估结果执行准入与额度策略，进行标准的、精确的风险定价；行为评分卡（B 卡）则在客户履约时持续评估其信用风险，对不同客户采取差异化动态额度管理策略；催收评分卡（C 卡）用于对逾期客户评估其恶化状况，根据结果实施优化的催收策略，降低贷款损失。

回到国内场景中，在 2000 年以后，各大银行依据《巴塞尔协议》的要求，纷纷开发了主要用于信用卡业务的信用评分卡。信用评分卡的概念引入中国后，随着新消费金融、互联网技术、线上支付技术在国内的快速发展，信用评分卡技术很快被作为消费金融客群的信用审核工具，并得到了广泛应用。国内新消费金融的客群大多没有足够的传统征信信息判断信用水平，因此信用评分卡技术更侧重于优化审核效率和注重客户体验。同时，这一技术也强调线上化流程和大数据金融科技的运用。

互联网金融自 2014 年开始爆发式地增长，以人工智能、大数据、机器学习为代表的新一代风控体系逐步发展。风险差异化定价的理念也逐步在实践中得到更多的应用。由于当时大多数互联网金融机构和数据供应商不受严格监管，因此海量的互联网数据、更多的数据维度，以及机器学习等算法在风险管理中得到了广泛应用。

机器学习及深度学习方法在互联网和大数据场景中的热度高、应用多，在部分场景如图像识别、语音识别上效果卓越，而在新消费金融发展之初，大量的消费潜力巨大、金融观念超前且金融需求大的年轻人因信用信息不足无法通过常规途径获取银行或消费金融公司的金融支持，而经典评分卡技术又非常依赖于传统的征信数据。因此通过大量实践，从业者通过大数据、机器学习的方法替代依赖于征信的经典评分卡的方法对这些申请人进行反欺诈、信用评估，这种模型的特点如下：

- 数据方面：不使用或少使用传统的征信数据，转而充分利用市面上可收集或能够购买到的大数据信息。总体上，大多与金融及信用是弱相关关系。
- 模型方面：不再重视可解释性，不强调特征与目标变量之间的强因果关系，而是相关关系，常用算法为梯度提升树或某些深度学习方法，模型为非传统线性模型，预测能力一般优于线性模型，可解释性不及线性模型。此外，由于数据来源广，为充分利用这些数据，模型结构可能会变得非常复杂，例如，通过不同的子模型进行融合的模型。

从实践方面，目前机器学习的信用评分卡模型的热度较高，但在信用评估领域，其流行度依旧不及统计回归类模型，这是因为信用评分的作用在于为不同风险等级的客群进行信贷定价，因此对模型的稳定性、可解释性、复杂度均有特殊的要求，机器学习的信用评分卡模型特点导致其无法全部满足上述条件。因此往往也遭到很多诟病，例如数据源、可解释性、复杂度、工程化等问题。

- 数据源：因各种原因，大数据的数据质量、稳定性、合规性一直存在问题。除一些头部互联网金融（简称"互金"）公司自有数据生态外，大部分市面上的大数据产品的数据质量、稳定性、数据合规性都存在问题，这也导致依赖于大数据的机器学习评分卡模型在数据稳定性上往往表现不好。
- 可解释性：不重视业务及数据分析过程，大多为黑盒模型，因而不易判断模型是否正确地学习到了历史数据中的有用知识，这给模型的调整和监控带来难度，同时也使得模型稳定性不佳，建立模型后往往需要不断重新调整迭代模型。
- 复杂度：在信用评分场景中，征信数据因果关系的体现通常是一种简单的线性关系，而使用非线性的机器学习模型会导致模型过于复杂，以至于拟合了不该拟合的历史趋势，这些趋势多半是噪声，这也是机器学习模型在信用评分中非常容易过拟合的原因。
- 工程化：诸多机器学习及深度学习模型的工程化难度，以及维护难度普遍要高于经典的回归评分卡，例如，融合模型虽然能充分利用大数据，但开发、部署与维护的工作量较大。

在新消费金融领域，除传统征信缺失外，线上信贷产品的小额、分散、期限短特点能够产生足够多的样本和较短的表现期，从而给模型的快速迭代更新创造了条件。因此，以庞大的模型技术团队加以快速的模型迭代几乎成为各大从事线上信贷的消费金融公司或小贷公司的标配。

综上，金融机构更倾向于定义利用大数据和机器学习的信用评分卡模型为替代模型，核心在于替代不完善的征信数据并对特殊的客群提供信用评估方案，是在国内金融行业高速发展、征信体系不完善的大背景下的一种不得已的选择。同时，这种信用评分卡模型也因跟上了近年来大数据、机器学习、深度学习的创新大潮而备受关注，但信贷场景下的信用评分卡模型毕竟为小数据场景，且随着征信体系逐步完善，相应的个人隐私、数据收集，以及有关信贷的法律法规逐步完善，金融机构认为信用评分卡模型（尤其是申请信用评分）依旧会以重视数据分析、可解释性及因果关系的统计回归方法为主流，机器学习模型则为辅助模型，两者可共存，并无冲突。

第 5 章 贷前信用风险预测模型（A 卡）

本章将介绍智能信贷审核流程中各个流程点上风险点的智能化与数字化应用，主要包括贷前环节中的身份验证、信贷准入、反欺诈模型（第 8 章将重点介绍）、信用评估模型及其应用，其中本章会重点介绍申请评分卡模型的开发技术及其在授信定价上的应用。

5.1 智能信贷审批基本框架

线上智能信贷审批基本框架包括如下几个过程。

1）身份验证：线上获客及贷款申请环节难以通过人工直接面对面地验证贷款申请人（简称申请人）的身份情况，必须通过其他方式解决申请人的身份核实问题。目前成熟的验证方式包括身份信息四要素或五要素认证、联系方式验证及 AI 生物识别。

2）信贷准入：根据监管要求、金融产品性质、征信基本要求对申请人进行准入筛选，过滤掉不合适的客户。信贷准入包括合规性准入、产品类准入、黑名单类准入三类。

3）反欺诈：识别异常欺诈嫌疑客户，有效发现身份、材料造假申请，以及团伙骗贷申请。一般通过各类反欺诈规则、异常发现模型、无监督技术或复杂网络等技术手段或方式进行识别与阻拦。

4）信用评估：对申请人的信用水平进行全面评估，量化借款人的还款能力及还款意愿，并为后续借款人的风险定价提供策略参考。

5）差异化定价：根据信用评估结果对申请人进行风险评级并进行差异化定价。

随后申请人将进入授信或放款环节，最终完成合同签订与提现，具体框架如图 5-1 所示。

第 5 章　贷前信用风险预测模型（A 卡）

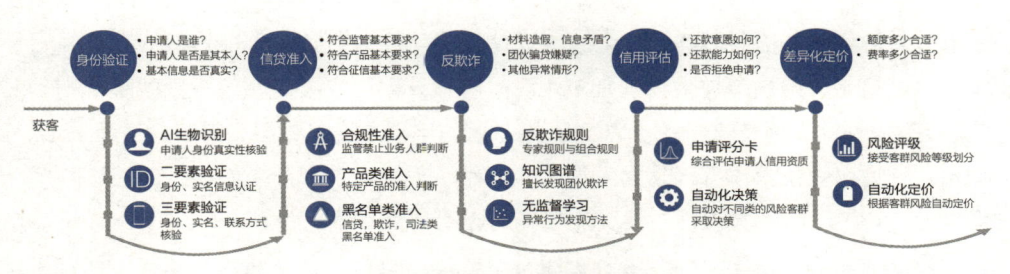

图 5-1　智能信贷审批基本框架

接下来将对各个环节进行详细介绍。

5.1.1　申请人识别

1. 识别方式与技术

下面介绍身份验证、联系方式验证及银行卡验证三种方式。

身份验证经过多年发展已较为成熟，其从传统的人工识别逐步发展为目前流行的动态人脸识别技术，并成为线上智能信贷技术的前置审核基础，申请人身份验证方式汇总如图 5-2 所示。

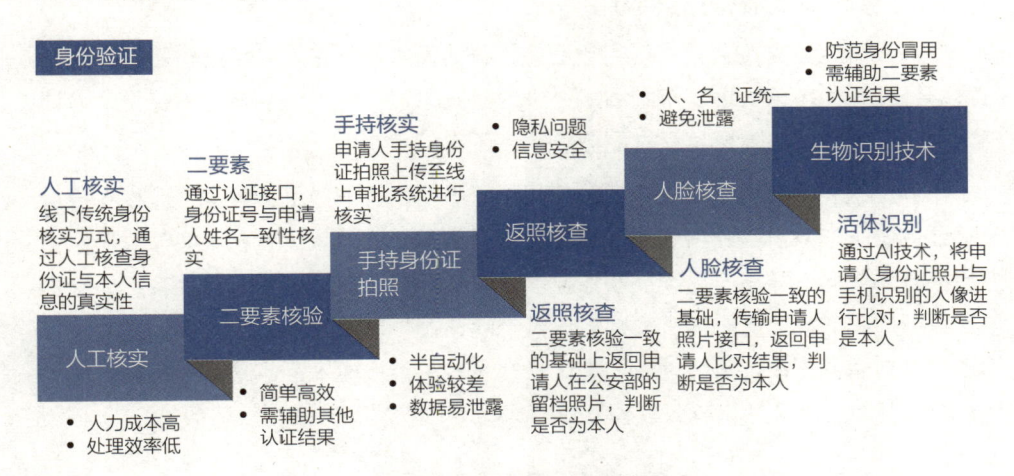

图 5-2　申请人身份验证方式

最早的申请人验证主要依赖人工，是传统线下进行身份验证的一种方式。它通过人工核实身份证与本人信息的真实性，处理效率低、人力成本高且容易内外勾结实施身份欺诈。随之而来的二要素核验方式简单高效，但仅仅通过二要素核验无法直接验证身份伪冒的情形，因此要依赖于其他方式辅助判断申请人的真实性，由此产生了手持身份证拍照与返照核查的方式，但这两种方式因各种问题目前不再流行，取而代之的是人脸核查与生物识别技术。人脸核查即在二要素核验一致的基础上，传输申请人的照片到公安部查询接口，接口返回申请人比对结果，判断是否为本人。此外，生物识别技术也可以辅助进行活体识别，例如动态人脸、指纹、声纹、虹膜等方式，其中动态人脸识别在信贷流程中的应用最为广泛。

联系方式验证主要通过运营商提供的查询接口进行，目的是核实申请人填写联系人和手机号的真实性，为后续匹配第三方数据、客户管理和催收提供参考。在进行身份证号、手机号、姓名三者（即三要素验证）的核查时，需要注意的是，三要素验证的重点在于手机号的真实性，而非身份的真实性，虽然运营商开户要求实名认证，但身份信息并非最新，因此不可以使用运营商三要素验证替代身份验证。

银行卡验证的目的是核实申请人提供的银行卡号的真实性，一般通过银联提供的四要素验证服务接口完成。需注意的是，四要素验证的重点在于银行卡号是否为本人，并非身份真实性。此时的手机号为开卡时在银行预留的手机号，可能与申请人填写的手机号不一致。同理，不可以使用四要素验证替代二要素验证。目前五要素验证较流行且更合规。

2. 在智能审批流程中的应用

上述三种验证方式目前广泛用于智能信贷的审批流程中，其中身份验证、联系方式验证一般为申请人进入审批后所经过的第一关，目的是识别申请人身份并验证申请人是否是本人，验证客户的手机号是否真实。

不同的机构对银行卡验证方式的使用略有不同，有的线上贷款审批流程将银行卡验证也置于与身份验证、联系方式验证相同的第一关，其优点在于能够收集到客户的银行卡信息，并用于后续反欺诈及信用评估环节；缺点在于第一关客户体验稍差且数据成本增加。而有的机构则将银行卡验证置于审批后的放款及提现环节前，相当于将其后置于审批环节之后，其优点在于节约数据成本，但无法利用银行卡的交易及支付信息来评估借款人欺诈及信用风险。

5.1.2 信贷准入

信贷准入是最早的风控关卡之一，目的在于筛选符合监管要求、产品要求、征信要求的客户。准入规则主要针对金融服务申请人，部分严格的要求还需要审查配偶及其家庭成员，准入内容包括合规性准入、产品类准入和黑名单类准入，在细节上，各个机构略有不同。准入类规则触碰即拒绝，一般无回旋余地；规则本身一般简洁有效，不会过于复杂。

1. 合规性准入

监管部门发布的法律法规一般指明了信贷产品大致的客群准入规范，例如，《个人贷款管理办法》第十二条规定：（一）借款人为具有完全民事行为能力的中华人民共和国公民或符合国家有关规定的境外自然人；（二）借款用途明确合法；（三）贷款申请数额、期限和币种合理；（四）借款人具备还款意愿和还款能力；（五）借款人信用状况良好；（六）贷款人要求的其他条件。具体地说，合规性准入一般可包含如下规则。

- 国籍：要求申请人为中国公民（不含港澳台地区），通过实名认证即可完成核实。
- 年龄：一般要求申请人年龄18周岁及以上、65岁周岁及以下，在消费信贷场景中，年龄上限可能更低，如45周岁。
- 户籍或地域：例如，限制户籍为本省本地，这里除部分地域性金融机构的产品外，大多数产品的户籍与地域限制并不严格，尤其是线上化产品。

此外，对申请所在地的限制可分为主动限制与被动限制两种。被动限制是由于营销因素导致的，例如未开展业务的门店、渠道无法进件（以线下为主）。主动限制则是基于风控因素的考虑，对一些高风险区域进行禁入，这些区域的划分与经济发展水平、地区坏账率、地区回收率有关。行业与职业限制包括非法、限制性、高危行业等。例如，部分娱乐业、部分金融行业、学生群体、特殊单位人员等被限制进入。

2. 产品类准入

消费本身的场景化、个性化和多样化使得不同产品的目标场景、目标客户等可能会有较大差异，因此不同产品信贷准入会有不同，准入标准大体可分为：场景准入、渠道准入、材料准入、客群准入。

场景准入指要求在真实的消费场景下，基于商品订单、服务订单、合同所提供的金融服务，例如，大部分购物分期业务需要以真实的交易合同为基础。渠道准入的目的是筛选有资质的合作渠道，避免有渠道风险。例如，在租房分期业务中，消费金融公司一般会慎重挑选合格的房屋提供者。材料准入即特定的信贷产品将特殊的申请资料作为贷款准入标准。例如，公积金贷款、社保贷款中要求提供申请人的社保或公积金缴纳记录等。客群准入指为特定群体提供金融服务的产品，需严格筛选出满足要求的目标客群。例如，信用卡代偿业务需客户持有信用卡；学生类贷款等也是如此。表 5-1 展示了常见的几种产品准入要求。

表 5-1 常见的几种产品准入要求

	产品示例	渠道/零售商准入	场景/材料准入	特殊客群准入
有消费场景	线上购物分期业务	入住商户经营市场、经营状况、信用状况、商户等级等	真实的商品交易订单、非理财投资或虚拟商品、非分阶段付款商品等	参考合规性准入
	线下购物分期业务	企业证照、经营时长、注册资本、经营情况、员工人数等	真实的商品交易订单或相关合同	参考合规性准入
	租房分期业务	基本资质、合作租房平台	租赁合同	合规性准入基础，年龄限制严格
	医美分期业务	除基本资质外，需要医疗机构执业许可，医师资格证等专业资质证明	真实消费且特定的医美项目	参考合规性准入，年龄限制严格
	家居分期业务	基本资质、合作家居平台	真实消费且特定的家居消费项目	参考合规性准入
	……			
无消费场景	公积金贷	无特殊渠道	公积金缴纳证明/授权获取	公积金缴纳满 N 年，月缴公积金指定基数
	社保贷	无特殊渠道	社保缴纳证明/授权获取	社保缴纳满 N 年，社保月缴基数大于指定金额
	信用卡代偿业务	无特殊渠道	信用卡信息	要求持有信用卡
	寿险贷业务	无特殊渠道	符合要求的寿险保单	N 年期特定寿险保单投保人
	Offer贷业务	无特殊渠道	学历证明、符合要求的公司 Offer 证明等	指定大学本科或研究生毕业生，或工作不满指定年份的人群
	……			

3. 黑名单类准入

黑名单类准入是指通过获取内外部数据源，设定准入规则，识别并拒绝信用状况极差的申请人及其关联人。信用状况极差包括严重逾期未还款行为、多头借贷、负面信息等。严重逾期未还款行为一般通过内外部逾期记录筛查、外部黑名单筛查来识别。多头借贷是指共债风险较大的客户，主要通过外部征信数据进行识别。负面信息是指除逾期外其他严重的负面信用行为记录，例如，有犯罪前科、偷税漏税记录等。表 5-2 列出了一些典型的黑名单类准入规则示例。

表 5-2　典型的黑名单类准入规则示例

类别	来源	标识	规则示例	决策
严重逾期未还款行为	人行征信/第三方征信	身份证号	连三累六逾期	拒绝
	人行征信/第三方征信	身份证号	当前逾期账户 >0 且逾期金额 >0	拒绝
	催收信息	身份证号/手机号	命中催收黑名单	拒绝
	内部黑名单	身份证号/手机号……	命中内部黑名单	拒绝
	外部黑名单	身份证号/手机号……	命中外部黑名单	拒绝
	……	……	……	……
多头借贷	人行征信	身份证号	近 N 期查询数 >M 次	拒绝
	人行征信	身份证号	近 N 期查询机构数 >M 次	拒绝
	人行征信	身份证号	未结清贷款笔数/金额 >M 笔/N 元	拒绝
	第三方数据	手机号/身份证号/设备号	近 N 期多头/注册/申请/驳回数 >M 次	拒绝
	内外部数据	设备号	设备中借贷类 App 数 >M 个	拒绝
	……	……	……	……
负面信息	司法黑名单	身份证号	命中司法涉诉、失信、被执行、限高等	拒绝
	公安黑名单	身份证号	命中在逃、吸毒涉毒、犯罪前科等	拒绝

续表

类别	来源	标识	规则示例	决策
负面信息	工商税务黑名单	身份证号	命中欠税黑名单	拒绝
	……	……	……	……

黑名单类准入规则的数据来源一般需要依赖于外部数据，例如，人行征信、第三方征信数据。这些外部数据的来源不同，数据覆盖程度和数据质量不一，表 5-3 列出了不同外部数据的综合情况。

表 5-3 不同外部数据的综合情况

侧重点	原始数据获取	数据来源	特点	数据覆盖程度	数据质量
银行多头借贷/逾期	个人征信报告	各大银行上报	权威	高	高
网贷多头借贷/逾期/黑名单	百行征信	互金平台上报	权威	高	高
	其他征信	平台上报、自身积累、金融类短信解析、交易记录、还款代扣、设备指纹、催收公司等	来源多样，质量参差不齐，合规性存疑，使用时进行测试	中高	一般
	第三方数据				
	自有黑名单	自有高危客户/地址/单位等	需要自己维护，覆盖度差	差	高
负面信息	信息获取	各级法院公示、裁判文书网、司法大数据、汇法网等	权威	高	高
	信息获取	各级税务局欠税公示	权威	高	高
	公安库	代理公司/公安库直连	权威	高	高

在规则的制定上，一般依靠专家经验。规则上线后，会根据实际的贷后表现进行调整。对于较为简单、明确且有共识的黑名单类规则，可直接上线。此外，大部分产品及合规性规则也可采用这种方式。但对于一些效果不太确定，或无法直接确定阈值的规则，可尝试进行 A/B 测试，即设定实验组和对照组，分别指定随机流量进行比较与验证，再根据实际监控结果决定采用哪一种规则更优。

第 5 章 贷前信用风险预测模型（A 卡）

评估标准可分为贷前指标与贷后指标。贷前指标以贷款通过率为主，包括总体贷款通过率、规则通过率、拒绝原因分析、规则稳定性等；贷后指标一般可对比各个不同规则的坏账率、KS 值、精准率、召回率或 F1 分数等。另外，也可结合全生命周期的账龄分析法进行对比监控。图 5-3 是某规则在不同阈值设定下账龄对比的示例[1]。

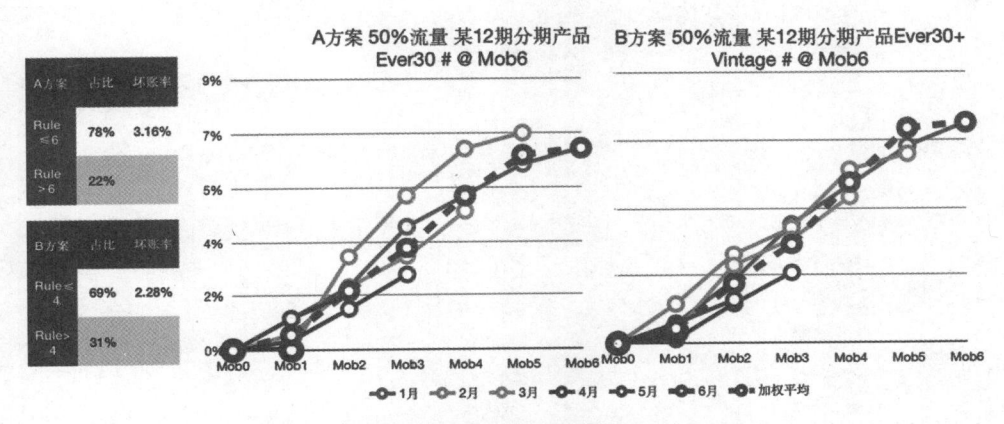

图 5-3　某规则在不同阈值设定下账龄对比示例

5.1.3　申请评分卡

在 4.2 节中介绍了信用评分卡技术的来龙去脉，它是贷前授信阶段重要的一种信用审核工具，用于全面评估申请人的信用风险，从而为贷款审批和授信定价提供重要参考。图 5-4 是一张典型的申请评分卡（以下简称评分卡）。

1　说明：A、B 两个方案各自随机分配 50% 的流量。A 方案的规则阈值大于 6 时拒绝；B 方案的规则阈值大于 4 时拒绝。通过观察 6 个月后 Vintage 时点的坏账率，可发现 A 方案的坏账率高于 B 方案。在拒绝率允许的条件下可选择 B 方案，从而有效降低坏账率。

Variable	Attribute	Point
基础分		600
年龄	(-,23)	-20
年龄	[23,30)	-5
年龄	[30,45)	15
年龄	[45,+)	-12
婚姻状况	丧偶,离异,缺失	-35
婚姻状况	未婚,已婚无子女	-5
婚姻状况	已婚有子女	32
最早信用卡开立时长	(0,1M)	-31
最早信用卡开立时长	[1,12)	-15
最早信用卡开立时长	[12,24)	5
最早信用卡开立时长	[24,+)	34
近一月征信查询次数	(0,1)	54
近一月征信查询次数	[1,3)	12
近一月征信查询次数	[3,+)	-43
是否有房	有	65
是否有房	无	-35
……	……	……

图 5-4 申请评分卡示例

评分卡包含各个评分特征（Variable）的取值区间（Attribute）与相应的风险评分（Point），一般情况下，负分代表信用风险较高，正分代表信用风险较低。某申请人在各个特征上的得分与基础分（也可以没有）加总，得到该申请人的信用评分。在理想情况下，大量申请人的评分与贷款的违约概率或坏账率应为单调关系，如表5-4 中的总评分区间（scorebin）和坏账率（BadRate）的关系所示。

表 5-4　总评分区间和坏账率的关系

scorebin	scoreAvg	N	Bad	Good	CountDis	BadRate	BadDis	GoodDis	WoE	Odds	KS
(-inf,556.0]	534.03	22234	6512	15722	10.33%	29.29%	37.43%	7.95%	1.54978502	0.4142	29.48%
(556.0,577.0]	567.83	21849	3241	18608	10.15%	14.83%	18.63%	9.40%	0.68348973	0.1742	38.71%
(577.0,592.0]	585.25	21616	2196	19420	10.04%	10.16%	12.62%	9.82%	0.25153346	0.1131	41.51%
(592.0,604.0]	598.63	20448	1514	18934	9.50%	7.40%	8.70%	9.57%	-0.09500469	0.0800	40.65%
(604.0,616.0]	610.52	22323	1178	21145	10.37%	5.28%	6.77%	10.69%	-0.45638599	0.0557	36.73%
(616.0,627.0]	622.00	21255	943	20312	9.87%	4.44%	5.42%	10.27%	-0.63870144	0.0464	31.89%
(627.0,639.0]	633.43	22762	753	22009	10.57%	3.31%	4.33%	11.12%	-0.94394211	0.0342	25.09%
(639.0,651.0]	645.38	20304	495	19809	9.43%	2.44%	2.85%	10.01%	-1.2581345	0.0250	17.92%
(651.0,667.0]	658.99	21497	370	21,127	9.99%	1.72%	2.13%	10.68%	-1.61360472	0.0175	9.37%
(667.0,inf]	682.67	20969	196	20773	9.74%	0.93%	1.13%	10.50%	-2.23209529	0.0094	0.00%
Total		215257	17398	197859	100%	8.08%	100%	100%			41.51%

表 5-4 是一个典型的评分表现报告。评分卡模型的总分越高，相应的风险越低，反之，总分越低，风险越高。这表明信用评分是一把标尺，用于衡量不同评分区间申请客群的风险高低。不同风险的客群需要进行差异化的对待。

评分卡中各个特征的风险评分可以通过专家打分法确定，更一般的情况要通过基于历史数据的统计预测模型确定，这也是本节重点介绍的部分。从构建流程上看，信用评分卡的构建与 CRISP-DM 数据挖掘方法论有类似之处，包括业务理解、数据理解、特征工程、模型构建、模型评估与模型监控，本节将按照该过程介绍信用评分卡，并结合案例介绍申请评分卡的构建过程。

1. 业务理解

在业务理解环节，主要需要弄清楚评分卡模型的业务目标，并进行产品调研和可行性分析。

金融机构希望通过评分卡模型更好地控制风险，降低坏账成本，发现细分客群并进行差异化定价，以提高审批效率，降低人工审核成本。因此，评分卡需要具备良好的客户区分能力、风险排序能力和稳定性。同时，通过制定对应的策略，金融机构可以接受优质及次优客群，提高审批通过率，进而提高利润。

在产品调研方面，一般不同产品对应的产品要素不同、客群不同、可用数据源不同，对应的建模方案也不同，因此充分的产品调研是必要的。具体地讲，由于不同产品的目标客群存在差异，因此，需要为各个产品定制不同的申请评分卡模型，例如，对新老客户需要开发不同的评分卡模型，不同流量渠道来源的客群差异较大，也需要开发不同的模型来区别对待。

在可行性分析方面，应预测目前构建评分卡模型的难点，以及构建模型的收益是否大于成本。此外，还需要考虑数据、资源、技术是否能满足基本要求。在数据及样本方面，需要建模的产品是否有足够的样本分析，样本是否具有代表性，是否有足够的贷款表现期，以及建模所用到的内外部数据基本质量是否可靠，是否需要建立专家模型等。此外，还需要评估目前人力和财力是否可以支持构建评分卡。其中，人力包括业务团队、数据团队、模型团队、技术团队等；财力包括支持构建模型的技术开支和数据开支等。评分卡开发完成后，需要提交给技术部门将其部署到业务流程中。IT 技术支持要求能够按照需求部署模型，系统要求具备高稳定性、高灵活性，能够支持大批量决策和实时响应。

此外，评分卡项目涉及面较广，参与人员包括风险主管、模型团队、产品团队、运营团队等。风险主管负责公司各个产品的评分卡实际使用情况，深入理解整体风控政策、审批流程、贷后管理等，以及客群的风险点、评分策略实施方式；模型团队负责构建数据模型，需要深入了解评分卡模型的构建方法，包括统计学、机器学习的原理与实践，并具备一定的业务经验；产品团队负责管理公司产品，深入了解公司的客群和目标市场，在构建评分卡的过程中，确保模型策略与公司整体目标一致；运营团队负责维持客户关系，评分卡策略上线后将直接影响其工作内容。运营团队具有丰富的客户经验，也可提供模型的业务指导。

2. 数据理解

数据理解是指对分析样本进行深入分析，包含建模总体与排除样本定义、时间窗口定义、目标定义等。

（1）建模总体与排除样本定义

建模总体通常为某款信贷产品对应的所有潜在客群，因此要求分析已知样本能够充分代表该客群。在申请评分卡中，建模总体理论上应包括产品的所有潜在客群，但可用的分析样本仅包括已经被接受的申请，如图 5-5 所示。

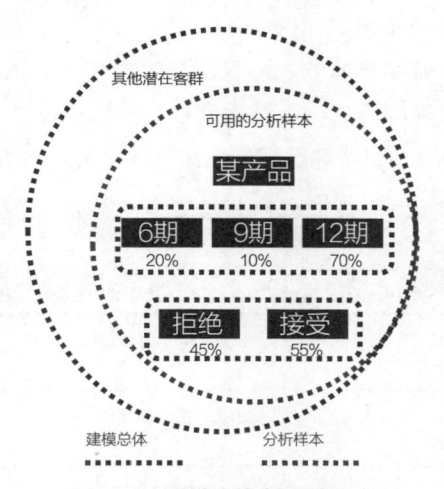

图 5-5 建模总体与分析样本

若仅使用接受样本建模，则可能会出现样本偏差的问题。因此，一般在申请评分卡时需要进行拒绝推断。相关内容将在 5.5 节详细介绍。

在建模过程中，排除样本通常不影响模型结果，但应排除建模范围外的样本，包括特殊样本、欺诈样本和待决样本。特殊样本一般指员工账户、VIP 账户、外国账户、卡挂失账户、不活跃账户、自愿销户或死亡等。欺诈样本一般指材料及身份造假和团伙欺诈类样本，这些样本信息不真实，需要构建反欺诈模型应对。此外，表现期不足或逾期状态介于好与坏之间的样本也不参与建模，相关内容将在后面介绍。

（2）时间窗口定义

使用历史预测未来是评分卡技术的基本方法论，通过时间窗口方式选择合适的建模样本是构建信用评分卡模型中广泛采用的取数方法。图 5-6 展示了时间窗口取数的方法。

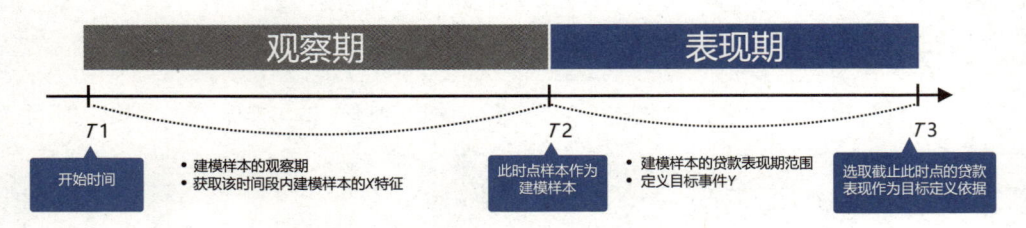

图 5-6　时间窗口取数的方法

在图 5-6 中，$T1$、$T2$ 组成的时间段被称为观察期，在观察期内申请的客户即为建模样本。$T2$ 时间点被称为观察点，观察点用于选择合适的建模样本，而观察期用于提取 X 特征，其回溯期最早到 $T1$ 时间点。$T2$、$T3$ 组成的时间段被称为表现期。此时间段仅用于获取观察期样本的贷后表现，建模样本不能在此阶段中选取。这种取数方式符合因果关系建模逻辑，即在观察期内提取建模样本的 X 特征，在表现期内提取观察期样本的 Y 表现，合并数据后形成建模宽表，其中，X 是原因，Y 是结果。

图 5-7 是以一个月为观察点进行时间窗口滚动实际取数的例子。

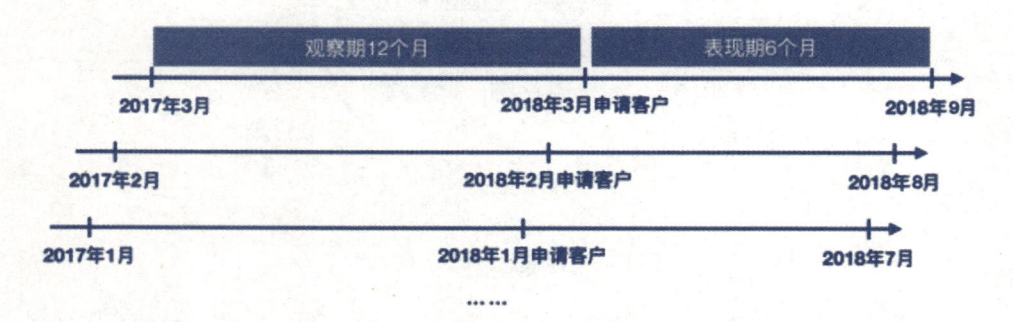

图 5-7　滚动时间窗口取数示例

在图 5-7 中，连续选取 2018 年 1~3 月的申请客户数据作为建模样本，每个样本的表现期均为 6 个月，观察期均为 12 个月。这样取数的优点在于可以保证每月申请客户的观察期与表现期都是一样的，由此产生的 X 与 Y 是相对合理、公平的。

1）观察期。

具体到观察期的设定，消费类信贷一般贷款期限短，客群短期变化大，其观察期可适当调整到 1 年以内甚至更短。过长的观察期会使 X 特征的回溯时间太早而变得无用，从而导致预测结果不准确；过短的观察期获取的 X 特征往往时间太短而预测能力有限。对于申请评分卡，申请客户往往习惯以月度为单位进行区分，观察点一般可以设定为某个月，并以滚动方式取数。

观察期内一般用于获取有关建模样本的内外部 X 特征信息。

从覆盖的维度上看，申请评分卡中这些特征需涵盖申请人的还款能力与还款意愿。还款能力信息一般来源于申请人的贷款申请信息，与申请人的负债水平、资产等级、信贷组合、收入水平、生活稳定性有关；还款意愿信息来源于申请人的征信报告，与其法院记录、可疑行为、还款记录、信贷需求、失信历史等有关。

从数据类型上看，数据可分为静态数据与动态数据两种。静态数据一般指不随时间发生太大变化的信息，如申请人的年龄段、性别、学历、婚姻状况等。动态数据则为观察点回溯一段时间内的信息，多为行为类信息，例如，近 6 个月贷款申请次数、近 12 个月信用卡的平均额度使用率等。回溯的最长时间即为观察期的起始时间。

从数据来源上看，数据可分为内部数据和外部数据。内部数据多指客户填写的申请信息数据和信贷 App 的交互数据；而外部信息多指人行征信或第三方征信信息。在新消费金融领域，外部数据可拓展到大数据的范畴，包括互联网支付数据、运营商数据、设备指纹类、电商平台购物数据等。这些数据与金融场景和信用弱相关，但有时也可提供一定的预测能力。

2）表现期。

表现期设定的原则在于给定合适的时间段，使观察时点样本能够拥有足够的时间将"坏客户"暴露出来，即账龄需达到成熟水平。若时间太短，"坏客户"未全面暴露，一些坏样本则可能会混入好样本中；若时间太长，则会使观察点提前，此时的建模样本可能因为离当前时间太早而丧失代表性。一般情况下，表现期可通过账龄分析（Vintage）来选择。图 5-8 展示了某分期产品历史最大逾期超过 90 天（Ever 90+）的金额账龄分析。

某分期产品Eve90+ Vintage #

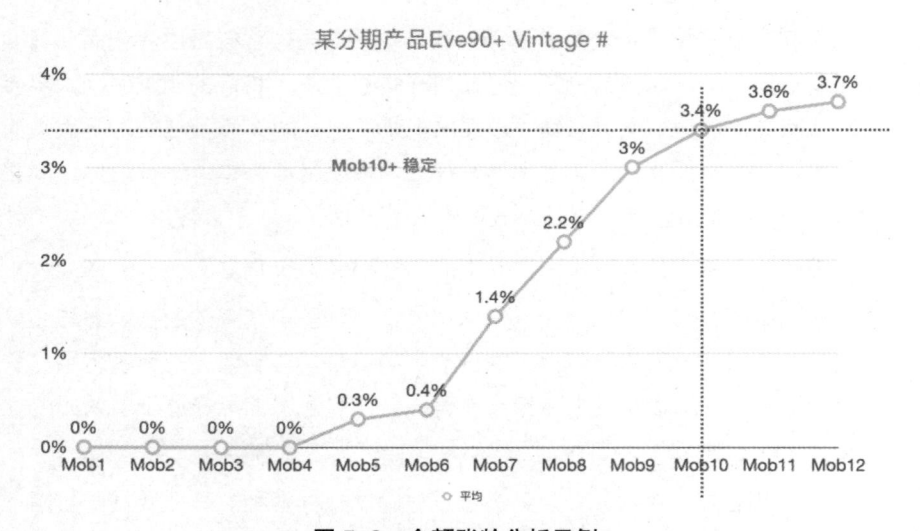

图 5-8 金额账龄分析示例

在图 5-8 中，曲线展示了某时期内各月账龄分析曲线的加权平均结果。可见，该产品的客群在贷后前 6 个月内基本没有太多的"坏客户"暴露，到第 7 个月时，坏账开始显现，坏账率升高至 1.4%，随后几个月，坏账率达到高峰，到第 10 个月，坏账率达到 3.4%。之后两个月，坏账增加速度逐步趋缓。由此可知，前 10 个月的坏账已经暴露得足够多。对于该产品，由于客户的账龄在 10 个月内就已经达到成熟，因此，表现期可选择为 10 个月左右。

（3）目标定义

目标定义即在表现期内确定"好""坏"客户的定义，其目的是确定合适的"好""坏"客户标准，使评分卡模型效果更佳且具有区分度，包括对好（Good）、坏（Bad）、待决（Indeterminated）三类客户的定义。

对于申请评分卡模型来说，"好客户"意味着资质好，即还款及时，基本没有或有少量无关紧要的逾期行为。"坏客户"代表有严重不良贷款表现的客户。待决客户是不确定账户，此类客户一般有逾期贷款表现，但通常程度不严重，难以明确其好坏。

目标定义方式一般可以按照逾期天数来定义，也可按照逾期次数、逾期金额定义。在消费信贷中，由于贷款金额普遍偏低，产品周期较短。因此，常用逾期天数定义"好客户"和"坏客户"，例如，在信用卡业务中，经验上将历史最大逾期天数大于或等于 90 天的客户定义为"坏客户"；而在非信用卡消费信贷中，则经常将历史最大逾期天数大于或等于 30 天的客户定义为"坏客户"。当"坏客户"定义严格时，虽然能提升模型区分度，但可能会导致坏样本数量太少，不足以建模；当"坏客户"定义宽松时，虽然能够增加一定的样本量，但会导致"好""坏"客户的区分度不够，模型效果欠佳。

除了目标定义方式，滚动率（Roll Rate）报告一般也可用于定义"好客户"和"坏客户"。滚动率报告是资产管理或催收部分的绩效报表之一，通常记录了两个周期内各个逾期状态下客户的转移情况，因此又被称为转移矩阵，表5-5为某信用卡业务的滚动率报告。

表5-5 某信用卡的滚动率报告

	逾期状态	\multicolumn{8}{c}{N+1 期}		
		C	M1	M2	M3	M4	M5	M6	M7+	Better	Worse
N 期	C	94.58%	5.44%	0.00%	0.00%	0.00%	0.00%	0.00%	0.00%		5.44%
	M1	53.32%	12.30%	34.38%	0.00%	0.00%	0.00%	0.00%	0.00%	53.32%	34.38%
	M2	28.12%	7.89%	12.34%	51.65%	0.00%	0.00%	0.00%	0.00%	36.01%	51.65%
	M3	7.13%	3.20%	4.16%	8.45%	77.06%	0.00%	0.00%	0.00%	14.49%	77.06%
	M4	6.71%	2.23%	1.45%	1.56%	5.67%	82.38%	0.00%	0.00%	11.95%	82.38%
	M5	5.47%	1.57%	1.32%	1.34%	1.13%	5.50%	83.67%	0.00%	10.83%	83.67%
	M6	3.31%	1.38%	1.12%	1.56%	1.30%	1.20%	4.40%	85.73%	9.87%	85.73%
	M7+	1.34%	0.10%	0.30%	0.40%	0.40%	0.60%	0.14%	96.31%	3.28%	

在表5-5中，记录了从第 N 期到第 $N+1$ 期客户的逾期状态转移情况，其中，N 一般以月份为周期。C代表正常客户，M1代表逾期1~30天，M2代表逾期31~60天，M3代表逾期61~90天，依次类推。在报告中，数据的第一行第一列取值为94.58%，表示第 N 期100%正常的客户在第 $N+1$ 期变成了94.58%，即第 N 期正常客户中有5.44%的客户在第 $N+1$ 期转移到了M1状态，即数据的第一行第二列的取值。数据的第一行末的Worse表示第 N 期正常客户变"坏"的概率为5.44%；同理，数据的第二行第一列的53.32%表示第 N 期逾期状态为M1的客户在第 $N+1$ 期有53.32%的客户还清了全部的拖欠贷款，客户的逾期状态恢复为正常。数据的第二行第二列表示第 N 期逾期状态为M1的客户中有12.30%的客户在第 $N+1$ 期还了一期的拖欠贷款，但依旧拖欠一期贷款未还，所以逾期状态仍旧为M1。数据的第二行第三列表示第 N 期M1状态的客户中有34.38%的客户没有任何还款操作，逾期状态自然在第 $N+1$ 期变为M2状态。因此，数据的第二行中Worse的概率为34.38%。剩余行列的含义与此类似，在此不再赘述。

在表5-5所示的滚动率报告中，关键的Worse列代表了第 N 期每一个逾期状态向"坏"的方向转移的概率。因此可作为定义坏样本的重要参考，将Worse列绘制为折线图，如图 5-9 所示。

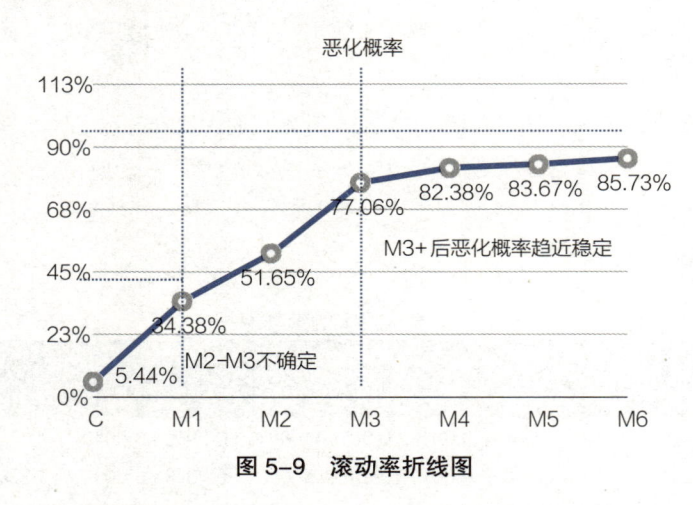

恶化概率

- C: 5.44%
- M1: 34.38%
- M2: 51.65%
- M3: 77.06%
- M4: 82.38%
- M5: 83.67%
- M6: 85.73%

M2-M3 不确定
M3+ 后恶化概率趋近稳定

图 5-9 滚动率折线图

从图 5-9 中可以看到，客户向"坏"方向转移的概率快速增加，这也符合逾期客户的还款规律，即逾期时间越久的客户，其还款可能性越小。可以看到，M3 以后的状态转移概率非常高且逐步趋稳，说明此状态下的逾期客户适合定义为"坏客户"。

注意到 M2 状态的客户转移到 M3 状态的概率为 51.65%，因此可能不太好确定这部分客户是否为"坏客户"，可将这部分客户视为待决客户。M1 状态转移到 M3 状态的概率可以计算为 34.38%×51.53%=17.71%，这部分客户可被定义为"好客户"，其他正常客户可被定义为"好客户"。因此，根据上述滚动率报告，可能的好坏定义方式为：在表现期内，建模样本的客户状态如果出现 M3 或以上的逾期，应被定义为"坏客户"；M2 状态的客户作为待决客户，不参与建模；"好客户"定义为表现期内的正常状态客户与轻微逾期客户（M1 状态）。当然，若希望定义更加严格，则可将 M1 状态客户归类为待决客户，此时"好客户"为表现期内的正常客户。注意，待决客户数量不宜太多，否则会有大量样本被剔除建模范围。

5.1.4 全样本建模与抽样建模

全样本建模即使用时间窗口下的所有样本建模。在这种情况下，要求样本中的坏样本数量足够多。但实际上某些场景下坏样本数量与总样本数量可能会过少。当坏样本数量过少时，可尝试重新设定好坏客户的定义，放宽坏样本定义标准，使坏样本数量增加。此外，还可以通过样本平衡方法建模，例如，通过抽样扩充坏样本数量。常用的方法是对坏样本进行过抽样或对好样本进行欠抽样，同时需要对样本进行加权处理。当总样本数量（包括好样本和坏样本）较少时，还可通过 Bootstrap 抽样的方式构建集成模型进行建模。

5.2 特征工程

特征工程是机器学习和数据分析中至关重要的一步，它涉及对原始数据进行转换、提取和选择，以便更好地表示数据并改善机器学习算法的性能。本节将重点介绍数据来源和构建特征工程的步骤。

5.2.1 数据来源

数据来源主要分为企业内部数据和外部数据两类。这两类数据是构建特征工程的基础和前提。

1. 企业内部数据

企业内部数据包括基本信息、资产收入类信息、产品信息、App 交互信息等。

基本信息通过申请表直接获取，一般能够反映申请人的基础特征与生活稳定性，通常其预测能力一般，例如，申请人年龄、性别、学历、婚姻状况、职业与行业、地域地址等。

资产收入类信息一般也可通过申请表获取，它反映了申请人的还款能力。由于收入信息容易被虚报，因此，一般需要其他资料进行交叉验证。例如，可通过申请人的支付记录、经济能力、税务记录、代发薪情况、职业、行业、常住地等特征构建收入预测模型，从而直接反映申请人的还款能力。对于资产类特征，通常来源于申请信息、征信报告、内部数据等，如房产、车辆信息、公积金及社保缴纳额。如果是银行，则可扩充金融资产类信息，例如最近一段时间的理财和存款余额等。

App 交互信息是指通过手机 App 在线上产生的申请行为，这些行为会在 App 内留下记录，其与征信弱相关，一般在信用评分方面预测能力有限，但它们非常适合反欺诈模型。例如，App 账户注册时长、登录频率、页面操作时长、交互行为记录等。

在新消费金融领域，金融机构可通过自行开发网络爬虫技术来抓取客户信息，以此作为信用评分与申请反欺诈的数据来源。其通过授权，获取申请客户的通讯录、通话详单、特定产品的相应数据。例如，网银交易流水、社保和公积金、信用卡账单等。这些数据经过处理后，可生成有用的特征，直接与客户的还款能力关联，但这种数据的合规性非常差，有个人隐私暴露风险，因此不再流行。

2. 外部数据

外部数据以征信数据为主，其他类型的外部数据可统称为大数据或替代数据，其作用是替代人行征信空白客户（即人民银行征信系统中没有记录的客户）的征信情况。外部数据可分为征信数据、运营商数据、交易支付数据、设备指纹类数据。

征信数据主要分为人行征信、百行征信与第三方征信。人行征信经过多年的发展，其个人征信报告数据能够覆盖全国4亿人，主要使用者为银行及持牌金融机构，数据质量好，能够全面反映申请人的综合资质。因此，只要申请客户有详细的人行征信记录，其信用状况就可以得到很好的评估。具体地说，人行征信中的个人信息、信贷使用记录、查询记录、逾期记录、账户性质等信息能够很好地度量申请人的还款能力和还款意愿。百行征信已完成企业征信业务经营备案，成为国内拥有个人征信和企业征信双业务资质的市场化征信机构。第三方征信是指无个人征信牌照的第三方大数据公司所提供的非人行覆盖客群的征信记录，经过多年发展，这些征信数据能够提供大部分消费信贷人群的信用记录，也有较好的预测能力。例如，大数据公司根据多家互金平台的申请记录；一些第三方支付公司通过其交易记录解析出申请人的多平台借贷记录；一些短信代发公司提供多平台还款、催收记录；一些催收公司则提供被催收记录等。不过，这些第三方征信数据质量参差不齐，数据合规性存疑，因此在使用时仍需慎重。

运营商数据主要由三大运营商提供，其积累了申请人多年的手机使用状况，覆盖率较高，例如，手机在网时长、在网状态、话费套餐使用情况、手机网络使用情况、手机基站定位信息等，这些信息能够反映申请人的生活稳定性并提供一定的预测能力，是一种不错的替代数据。

交易支付数据一般来源于有支付牌照的支付公司，其包含申请人在各个支付渠道下的交易和记录，一般用于精准营销，但也可用于申请信用评分。例如，银联的交易支付数据，其典型的如异常、失败和特殊的交易记录能够侧面反映申请人的还款能力及还款意愿，具备一定的预测能力。此外，其他一些第三方支付公司也提供类似的数据服务，但覆盖率不高。

设备指纹类数据是指使用指纹技术产生的一系列数据，它能够唯一标识一个设备，类似设备的"身份证"。设备指纹类数据即通过汇总单一设备的行为记录并反映申请人所持设备的行为使用历史。这些数据更多地用于反欺诈，但也不乏一些数据能够用于信用评分，例如设备的操作系统、金融类 App 列表信息等。

由于申请评分卡通常依赖于外部数据，因此，合理地判断与使用外部数据的综合情况是必要的。从总体上看，使用外部数据应注意数据质量、数据应用场景、数据稳定性、数据可解释性和数据成本。

数据质量指在评估外部数据本身质量的好坏时，应注重覆盖率、准确率、排序能力。对评分卡模型来说，当然希望入模特征能够覆盖尽可能多的申请人；准确率即对已覆盖的样本观察其贷后表现，匹配出越多"坏客户"的特征越好；排序能力指坏客户率按序排列的能力。数据质量与 WoE（证据权重）和特征取值高度相关。

数据应用场景指根据数据业务的含义与特点确定其具体应用场景。例如，黑名单类数据一般覆盖率低，但精准率高，因此适合作为规则使用；而信贷使用类数据覆盖率高，精准率则有限，其更适合用于评分卡中。一般对于好坏客户的区分能力强、覆盖率较低，但有强区分能力的特征，倾向于作为风控策略使用；而对于覆盖程度高、区分能力较强或一般的特征组合适合构建评分卡。

数据稳定性直接影响风控策略的效果与通过率，应综合多方面考虑，例如，API 接口的稳定性，即外部数据能够实现实时、快速、稳定传输；数据合规性，即尽可能地了解清楚数据获取的途径，保证数据的使用合规、合理、合法。此外，还应注意数据稳定性（即外部数据本身），在客群条件不变的情况下，应尽可能在连续的时间段内保持数据分布的稳定。

数据可解释性指的是外部数据的解释能力，这对于业务使用是非常有利的。当外部数据是原始的行为数据时（常见于各种联合建模项目中），建模人员能够通过获取的原始数据完成变量加工。此时建模人员对原始数据的意义和特征的加工逻辑非常清楚，但在普遍情况下，外部数据多为加工后的特征，其解释能力一般或较差。因此，应注意了解这些特征的含义与构造逻辑。若遇到黑箱特征或综合分类特征，则应慎重使用。

数据成本是指接入外部数据所产生的费用。线上消费类信贷通常量大、额度小。数据成本是一笔不小的开支。因此，应合理选择性价比优质的数据源，将数据成本控制在合理范围内。

5.2.2 数据加工

申请评分卡的数据加工包括数据预处理与特征衍生、数据清洗、特征筛选、分箱与特征分析报告 4 个部分。

1. 数据预处理与特征衍生

申请评分卡所需的数据分散在各个业务系统中，即使在数据仓库中，这些数据也分布于各个不同的表中。其中，有的原始表为行为类数据，需要进行特征衍生。此外，外部征信数据往往以 JSON 报文形式存储在数据库中，这需要进行解析处理。总之，将内外部数据进行整理、衍生并处理成分析型宽表是数据预处理与特征衍生环节所要完成的工作。图 5-10 展示了在构建某循环类贷款的申请评分卡时，如何使用内外部数据构建宽表的示例。

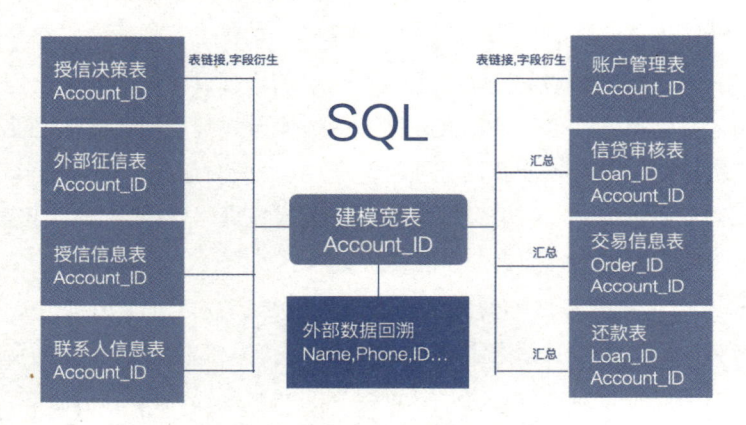

图 5-10 建模宽表构建示例

在图 5-10 中，授信决策表包括申请人的申请时间、决策结果、拒绝原因等；外部征信表包括授信决策用到的外部征信信息、第三方数据等；授信信息表指授信时客户填写的申请信息表，包括客户基本信息；联系人信息表是授信时申请人填写并核实的联系人基本信息表；账户管理表是申请人授信通过后的账户信息，包含账户开立日期、账户状态等；信贷审核表包括申请人获取贷款的期限、金额等要素信息；交易信息表记录了客户账户的用款及提现行为，包括提现订单信息、提现金额等；还款表记录了客户账户的履约还款表现信息，包含客户的历史还款状况等信息。

静态信息通常比较容易获取，而动态信息一般指的是在行为类数据表（拉链表）中的数据。这些数据包括信用卡的额度使用记录、征信数据中的申请信息记录、还款数据中的还款记录等，该类数据中的每一行通常代表某账户的一次行为记录，包括行为类型、行为时间、行为度量等。图 5-11 展示了信用卡使用记录数据，这是一种典型的行为数据示例。它展示了某一客户某信用卡账户一年时间内的余额、还款和消费记录，其中账单月为行为时间；信用卡余额、账单消费额、还款额均为行为度量指标，而是否拖欠则属于行为类型。

标识	行为时间	行为度量		行为类型
账户号	账单月	信用卡余额	账单消费额	还款额	是否拖欠

账户号	账单月	信用卡余额	账单消费额	还款额	是否拖欠
1	201801	66848.17	121870.9	0	1
1	201802	188719	50136.81	187897	0
1	201803	50958.84	63462.02	0	1
1	201804	114420.9	79049.79	114421	0
1	201805	79049.65	15602.56	0	1
1	201806	94652.21	42576.49	94653	0
1	201807	42575.7	75700.21	40285	0
1	201808	77990.91	65581.16	0	1
1	201809	143572.1	0	114904	0
1	201810	28668.07	64947.91	28669	0
1	201811	64946.98	91759.46	56026	0
1	201812	100680.4	119476.6	100681	0

图 5-11　信用卡使用记录数据

根据图 5-11 中的行为时间、行为度量、行为类型产生出三类特征，即行为近度、行为频度、行为量度，对应数据库营销中的 RFM 相关概念，但这种特征衍生方式不仅仅限于营销场景，还可作为通用场景下的行为特征衍生模板。行为近度指行为距现在的时间差，例如，由申请记录产生的最近一次贷款申请距今天数。行为频度指在一定的时间范围内行为出现的次数，例如，最近 7 天内同一设备的多平台申请次数。行为量度指行为的度量指标在一定时间范围内的汇总结果，例如，由征信报告产生的近 12 个月所有信用卡平均额度使用率的最大值。此外，根据不同的行为类型切分数据，可产生不同类型的行为记录，例如，最近一次贷款申请距今天数中可分为最近一次银行贷款申请距今天数、最近一次小贷贷款申请距今天数、最近一次互金贷款申请距今天数等。RFM 特征构造框架被广泛用于营销及风控场景下各种行为数据的特征衍生中，其解释能力强，构造方法多，当行为数据足够复杂时，可衍生多达成千上万个特征，是较好的一种人工特征工程方法。

具体在构造三类特征时，涉及时间切片的选择、聚合统计量的选择等。在时间切片方面，对于频度与量度指标，注意时间切片最远不要超过观察期的起始时间点。时间切片的设定组合应视具体的产品类型、特征含义而定，不宜过多，否则会产生严重的共线性。例如，征信申请查询记录的时间切片一般为近 30 天、90 天、180 天等，而设备指纹类的申请查询记录主要用于反欺诈，其时间切片以短期的 7 天、15 天、

30天居多；在聚合统计量方面，一般用于量度类指标，可以是均值、中位数、分位数、最大和最小值、标准差、变异系数等。不同的统计量代表不同的含义，最大和最小值通常代表一段时间内行为极端程度的量度，例如，信用卡客户近半年来的最大额度使用率；均值偏向于中心水平，例如，近一年客户储蓄账户的余额平均值；分位数或排序更多地强调量度的次序而非本身的取值；标准差与变异系数则更多地强调行为的稳定性，例如，近一年客户信用卡账户余额的标准差。

比率、占比、趋势也经常被用于特征衍生。相较于原始量度特征，这类特征的稳定性通常更好。例如，比率类特征可以是客户借贷类App数量占总App数量的比例，其中，借贷类App为原始值，占比则是衍生的比率特征。收入负债比、存贷比、账户出入账比率等都是典型的比率数据。趋势类特征与时间有关，例如，近一个月信用卡消费趋势，等于当月的信用卡消费额除以上一个月的信用卡消费额。

2. 数据清洗

在整理好建模宽表后，需要进行探索性的数据分析（EDA）。通过EDA，可生成数据质量报告，该报告用于检查所有的数据有无异常情况。连续特征的数据质量报告样例如表5-6所示。

表5-6 连续特征的数据质量报告样例

VarName	N	Mean	Median	Sd	Min	Q0.2	Q0.4	Q0.6	Q0.8	Max	Missing Rate
Var1	10000	72437.38	0	176516.3	0	0	0	0	105805	2405701	36.94%
Var2	10000	31299.61	0	74069.73	0	0	0	0	43852.4	790000	36.94%
Var3	10000	2.001663	1	3.429027	0	0	1	1	3	40	0.00%
Var4	10000	1.318869	1	2.112972	0	0	0	1	2	33	0.00%
Var5	10000	1.01729	1	0.948824	0	0	1	1	1	9	0.00%
Var6	10000	1.253699	1	0.991388	0	1	1	1	2	9	0.00%

在表5-6中，包括特征名（VarName）、频数（N）、均值（Mean）、中位数（Median）、标准差（Sd）、最小值（Min）、20%~80%分位数（Q0.2~Q0.8）、最大值（Max）、缺失率（Missing Rate）。从连续特征的数据质量报告中可看出各个特征的分布情况，可快速识别各个特征是否存在极端值、错误值和缺失值等。

分类特征的数据质量报告如表5-7所示，包括特征名（VarName）、频数（N）、类别（Value）、频数占比（FreqPer）、累积频数（CumFreq）、累积占比（CumPer）等。其中，累积频数与累积占比通常适用于有序分类特征。从分类特征报表中可看出分类特征各水平的占比与频数。

表 5-7　分类特征的数据质量报告样例

VarName	N	Value	Freq	FreqPer %	CumFreq	CumPer%
Var10	10000		2130	21.30	2130	21.30
Var10	10000	A	4567	45.67	6697	66.97
Var10	10000	B	1221	12.21	7918	79.18
Var10	10000	C	782	7.82	8700	87.00
Var10	10000	D	653	6.53	9353	93.53
Var10	10000	E	647	6.47	10000	100.00

根据数据质量报告的结果进行数据清洗，包括错误值、重复值、极端值、缺失值的处理。错误值一般为在某个特征的含义下不符合逻辑的值，例如，年龄为100岁、占比类特征取值超过100%、逾期天数为负数等，这些错误通常是由数据定义或衍生逻辑错误引起的，需要排查原因并纠正错误。重复值指 ID 类字段出现重复，原因是在原始数据进行表连接时，没有注意 ID 的唯一性与一致性，需要纠正。极端值往往需要检查是否存在错误，若无错误，则可暂时保留。缺失值应弄清楚缺失值指代的编码与缺失的原因，例如，0、-999 等可能指代缺失值，缺失值较高通常是因为特征衍生时没有足够的行为记录。在申请评分卡中，一般采用分箱方法来处理极端值和缺失值，相关内容将在后续章节中介绍。

3. 特征筛选

当 X 特征数量较多时，可先按照一定的准则对特征的预测能力进行初步筛选，目的是在不做太多数据处理的前提下快速剔除预测能力极差的特征，以便后续分箱与 WoE 转换时能减少部分工作量。在构建申请评分卡时，如果特征数量不多，则可以不进行特征初筛。

特征初筛可使用多种方法，这里介绍缺失率筛选、方差筛选、唯一值筛选、统计方法筛选和模型法筛选 5 种方法。

- 缺失率筛选指给定缺失率阈值，剔除缺失率过高的特征。通常情况下，当特征的缺失率过高时，能提供的预测能力有限。
- 方差筛选通常适用于连续特征。当连续特征方差过低时，说明分布过于集中，可能无法提供足够的预测能力。
- 唯一值筛选适用于分类特征。当分类特征某一类别频数占比非常大时，也预示着特征预测能力有限。
- 统计方法筛选主要包括卡方分析和方差分析。信用评分是一个典型的二分类问题。因此，当特征为连续变量时，可用方差分析；当特征为分类变量时，可用卡方分析。通过利用统计检验结果中的 P 值，我们可过滤掉不显著的特征。

- 模型法筛选是指利用集成树模型来评估特征的重要性，并根据这些重要性结果过滤重要性极低的特征。

4. 分箱与特征分析报告

分箱是将观测数据离散化为多个分段或组。在申请评分卡中，分箱被普遍使用，这是因为信用评分场景对模型稳定性的要求要高于其他场景。分箱可以应对缺失值与极端值对模型的影响，缺失值可被单独视为一箱，极端值则会被分箱的特定值覆盖。当然，分箱过程中会损失一定的信息量，但箱内值的波动不会影响模型结果。图 5-12 为某连续特征分箱后的结果示例，对于分类特征，则可保持默认。

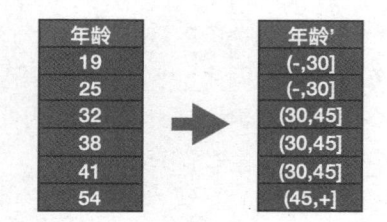

图 5-12　某连续特征分箱的结果示例

在图 5-12 中，年龄被离散化为最小、30、45 和最大，显然，年龄的离散化方案不止这一种，还可以分得更细或更粗，如图 5-13 所示。

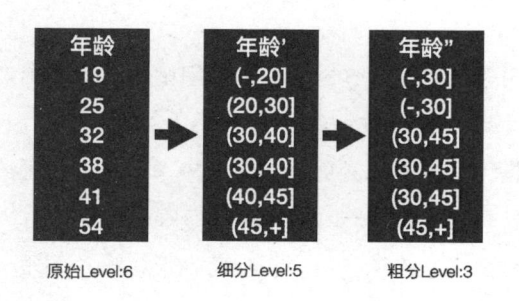

图 5-13　不同的分箱方法

从信用评分角度看，分箱有细分箱与粗分箱两种。细分箱是指尽可能细致地将连续特征分成多个段，以避免损失太多的信息量。因此，细分箱结果产生的特征重要性可直接用于特征筛选。粗分箱则强调在细分箱的基础上进行人工调整和合并，形成更有业务意义且分箱数更少、更稳定的组合,以满足模型的要求。

通过结合分箱结果与目标变量信息,我们可以绘制特征分析报告,观察特征分段与违约概率之间的关系。表 5-8 展示了特征 Var 的细分箱特征分析报告,表 5-9 展示了该特征的粗分箱特征分析报告。

表 5-8 特征 Var 的细分箱特征分析报告

Var	N	NDistr	Good	Bad	BadDistr	GoodDistr	BadRate	WoE	IV
NA	4519	38.26%	4157	362	21.94%	40.91%	8.01%	0.6230247	0.118175
0	1987	16.82%	1850	137	8.30%	18.21%	6.89%	0.78508	0.077739
1	1650	13.97%	1387	263	15.94%	13.65%	15.94%	-0.1551356	0.003553
2	1423	12.05%	1129	294	17.82%	11.11%	20.66%	-0.47237219	0.031688
3	892	7.55%	700	192	11.64%	6.89%	21.52%	-0.52429502	0.024893
4	421	3.56%	324	97	5.88%	3.19%	23.04%	-0.61184745	0.016461
5	400	3.39%	297	103	6.24%	2.92%	25.75%	-0.75887683	0.025193
6	345	2.92%	218	127	7.70%	2.15%	36.81%	-1.27757201	0.070927
>6	175	1.48%	100	75	4.55%	0.98%	42.86%	-1.53019791	0.054496
Total	11812		10162	1650	100.00%	100.00%			0.4231259

表 5-9 特征 Var 的粗分箱特征分析报告

Var	N	NDistr	Good	Bad	BadDistr	GoodDistr	BadRate	WoE	IV
NA	4519	38.26%	4157	362	21.94%	40.91%	8.01%	-0.62302474	0.118175
[0,2]	3637	30.79%	3237	400	24.24%	31.85%	11.00%	-0.27305772	0.020784
(2,4]	2315	19.60%	1829	486	29.45%	18.00%	20.99%	0.492564	0.056429
(4,6]	821	6.95%	621	200	12.12%	6.11%	24.36%	0.6848663	0.041162
(6,+)	520	4.40%	318	202	12.24%	3.13%	38.85%	1.3640963	0.124312
Total	11812	100.00%	10162	1650	100.00%	100.00%			0.360861

在细分箱特征分析报告中,包括 Var(特征名)、N(频数)、NDistr(频数占比)、Good(好样本数)、Bad(坏样本数)、BadDistr(坏样本占总坏样本比例)、GoodDistr(好样本占总好样本比例)、BadRate(坏样本率)、WoE(证据权重)、IV(信息价值)。粗分箱特征分析报告展示了不同区间下的样本数量及坏样本率,从中可以较为清楚地观察到特征与坏样本率的关系。从表 5-9 中可清楚地看到,随着特征取值增加,坏样本率会逐步增加。

报告的最后两项为 WoE(证据权重)与 IV(信息价值)。其中,IV 的计算公式如下。

$$\text{IV(Var)} = \sum_{i}^{n} (\text{BadDistr}_i - \text{GooddDistr}_i) \ln\left(\frac{\text{BadDistr}_i}{\text{GooddDistr}_i}\right)$$

- **GooddDistr**：分箱特征的箱 i 中好样本占总好样本的比例。
- **BadDistr**：分箱特征的箱 i 中坏样本占总坏样本的比例。
- i：分箱特征的某分箱或水平。
- n：分箱特征的总分箱数。

IV 利用目标特征的信息，衡量了单变量预测能力的度量。从 IV 的计算公式可以看出，首先计算各个箱的 IV 值，再加总就是特征的 IV 值。IV 值本身非负，要求分箱内的好坏样本数非 0，IV 作为信用评分卡特有的单特征预测能力量度，被广泛用于特征筛选中。对于申请评分卡，IV 值的大小与特征预测能力的经验值如下。

- 当 IV ≤ 0.02 时，代表特征无预测能力。
- 当 IV>0.02 且 IV ≤ 0.10 时，代表特征有较弱的预测能力。
- 当 IV>0.10 且 IV ≤ 0.30 时，代表特征有中等预测能力。
- 当 IV>0.30 且 IV ≤ 0.60 时，代表特征有较强的预测能力。
- 当 IV>0.60 时，应检查特征的含义与构造逻辑是否有错。

注意，当 IV 值非常大时，可能是特征所对应的数据掺杂了未来的信息，也可能是特征衍生逻辑有问题。总之，应慎重对待，防止出错。

此外，IV 值的高低往往与分箱数有关，一般细分箱的 IV 值要高于粗分箱的 IV 值，例如，在表 5-8 中，在该特征细分箱的 IV 值约为 0.42，在表 5-9 中，该特征粗分箱的 IV 值约为 0.36。通常的做法是在细分箱条件下，计算所有分箱特征的 IV 值，并进行一次特征筛选，以过滤掉 IV 值小于 0.02 的特征。

对于粗分箱，显然需要具备一定的标准，好的粗分箱应考虑以下几点。

- **相似与相异**：即箱内样本相似，箱外样本相异，并且单箱样本占比不宜过低。从经验上看，粗分箱中样本比例不低于 5%。
- **可解释性**：在评分卡模型中，特征需要具备一定的业务可解释性。当箱内坏样本率或 WoE 与变量值之间呈单调关系时，其可解释性往往最好。例如，在表 5-9 中，假定 Var 代表近 6 个月贷款审批查询次数。根据分析报告结论，随着查询次数增加，违约概率逐步提升。审批查询次数衡量了申请人的信贷需求程度。在正常情况下，大部分申请人的查询次数不会太高，表明其信贷需求也比较正常，但当短期需求较大且获取不了其他机构的贷款批准时，就会导致其查询次数增加，这从侧面反映了申请人的资质较差，信用状况不好。因此该特征的单调关系具备一定的业务可解释性。当然，在某些特殊情况下，即使非单调关系也具备一定的可解释性，我们可放宽条件，认为其仍是合适的。

- 分箱个数限制：即粗分箱最终分箱个数应合理，若太多，就会使模型的稳定性变差，太少则预测能力差且数据分布过于集中。从经验上看，一般为5~10箱最好。

从分箱方法看，分箱可以分为无监督分箱与有监督分箱两类，无监督分箱典型的如等频、等宽、聚类分箱。细分箱一般可采用等频分箱。有监督分箱又称最优分箱，它使用指定的算法与目标变量信息进行自动最优分箱，典型的如决策树分箱与卡方分箱两种方法，下面重点介绍这两种方法。

①决策树分箱：即对单个特征构造决策树模型，以最优化分箱后的 IV 值为目标，具体的决策树分箱算法过程如下。

> 给定某特征 X，目标变量 Y，有最大分箱数限制和分箱最低样本占比限制。
> 若特征 X 属于连续型，则分箱过程如下。
> 对特征 X 排序并确定分割点，选择增益最大的分割点为最优的分箱点。
> 若特征 X 属于分类型，则分箱过程如下。
> 步骤 1：按照特征 X 的各类别对应的坏样本率进行排序，并确定分割点，选择增益最大的分割点为最优的分箱点。
> 步骤 2：根据步骤 1 确定的分割点，将特征 X 划分为左右子树，再重复步骤 1 的过程，继续寻找最优的分割点，直到满足以下任意终止条件。
> ①分箱数超过预设的最大分箱数限制。
> ②箱内样本占比的最小值低于预设的分箱最低样本占比限制。
> ③分割无法提供足够的增益。
> 输出：分箱结果。

决策树分箱利用目标变量的信息，采用自上而下的分箱方法，通过选择增益指标最优的分割点来完成分箱（增益指标可以是传统决策树的基尼系数（Gini）或信息熵，也可以是 IV 或 KS 统计量的增益）。预设的分箱限制条件可灵活设定，以满足不同的需求。

②卡方分箱：这种方法来源于统计学中的卡方分析。其基本思想是，若相邻区间的好坏样本分布相似，则说明可合并此区间；若差异较大，则不能合并这些区间。在卡方分析中，分布差异的大小是通过卡方值及其对应的值来衡量的。卡方分箱的两种情况如图 5-14 所示。

分布差异大,不合并		
χ^2	Good	Bad
区间1	462	231
区间2	631	227

$\chi^2 = 8.383 > 2.71$

分布相似,合并		
χ^2	Good	Bad
区间3	562	163
区间4	665	161

$\chi^2 = 1.913 \leq 2.71$

图 5-14　卡方分箱的两种情况

在图 5-14 中，左图展示了某特征在区间 1 和区间 2 的卡方分析结果。可以看出，好坏样本的分布有明显差异，卡方值较大，所以倾向于不合并这两个区间；在右图中，区间 3 和区间 4 的卡方分析结果显示好坏样本的分布无明显差异，说明两个区间可以合并。在自由度为 1 的卡方分布下，P（卡方值 $\leq$ 2.71）约为 0.9，因此，2.71 可作为一个阈值判断差异是否显著，如图 5-15 所示。

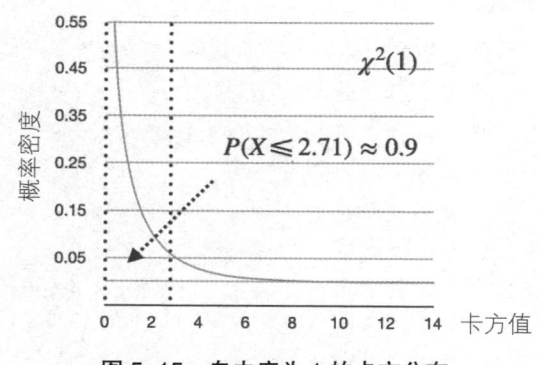

图 5-15　自由度为 1 的卡方分布

依次类推，卡方分箱就是先对数据进行切分，再通过卡方分析不断合并差异较小的类别，卡方分箱的算法过程如下。

> 给定某特征 X，目标变量 y，有最大分箱数限制和分箱最低样本占比限制。
> 若特征 X 属于连续型，则分箱过程如下。
> 步骤 1：对特征 X 排序，等分数据为 N 份。
> 步骤 2：计算相邻两箱的卡方值，并合并卡方值小于预设阈值的箱。
> 若特征 X 属于分类型，则分箱过程如下。
> 步骤 1：按照特征 X 的各类别对应的坏样本率进行排序，每个类别被视为一箱。
> 步骤 2：计算相邻两箱的卡方值，并合并卡方值小于预设阈值的箱。
> 步骤 3：重复步骤 2，直到满足以下任意终止条件。

① 分箱数超过预设的最大分箱数限制。
② 箱内样本占比的最小值低于预设的分箱最低样本占比限制。
③ 所有的卡方值均大于阈值。
输出：分箱结果。

卡方分箱利用目标变量信息，采用自下而上的分箱方法，但相较于决策树分箱而言，其计算量往往较大。

在粗分箱的过程中，我们可以使用最优分箱技术。如果分箱结果不理想，就需要人工调整分箱。

（1）WoE 编码

WoE 最初是信用评分卡中使用的一种特有的特征编码方式，后来被推广为一种通用的分类特征编码方式。WoE 用于衡量单一特征某个分箱的好坏倾向，并利用了目标变量的信息。WoE 值的正负一般与坏样本率相关，且要求分箱内好样本和坏样本的数量都不能为零。WoE 的计算公式如下。

$$\text{WoE}(\text{Var}_i) = \ln\left(\frac{\text{BadDistr}_i}{\text{GoodDistr}_i}\right)$$

- GooddDistr 表示分箱特征的箱 i 中好样本占总好样本的比例。
- BadDistr 表示分箱特征的箱 i 中坏样本占总坏样本的比例。
- i 表示分箱特征中某个分箱。

对分箱后的离散化数据进行 WoE 编码，实际上是使用目标信息先预处理一遍数据。这种编码方式将所有的建模数据转换为连续变量，从而使其不再受缺失值和异常值的影响。信用评分卡将使用 WoE 编码后的数据构建模型。图 5-16 展示了某特征进行 WoE 编码前后的对比情况。

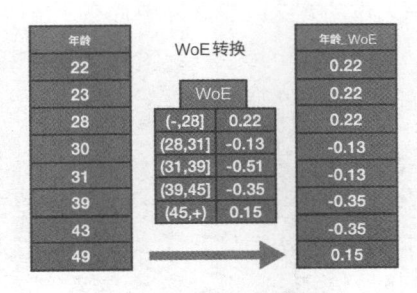

图 5-16　WoE 编码

（2）相关性分析

在构建传统的信用评分卡模型时，必须在建模前妥善处理那些相关性较强的特征。相关性意味着两个或多个变量之间共享了大量相同的信息。虽然在评分卡模型中特征之间存在一定的相关关系是正常的，但如果相关性过高，则可能导致数据冗余，从而增加开发和数据处理的成本。此外，对于统计回归模型来说，如果模型中的变量存在严重的共线性，则可能会导致回归系数估计不准确，并使模型容易过拟合。特征之间过度相关的原因可能有很多，例如业务含义相似的特征、内部存在逻辑关系的特征，以及在特征衍生过程中，时间回溯较为接近的特征等。

相关性分析的目的是识别建模数据中高度相关的特征，并对其进行适当的处理，以降低建模数据中的内部相关性。常用的方法包括利用相关系数矩阵和方差膨胀系数（VIF）来检测和处理数据中的高相关性问题。图 5-17 展示了相关系数矩阵的一个示例。

	Var1	Var2	Var3	Var4	Var5
Var1	1				
Var2	0.32	1			
Var3	0.15	0.28	1		
Var4	0.04	0.03	-0.66	1	
Var5	0.03	0.23	-0.76	0.83	1

图 5-17　相关系数矩阵示例

通常使用 Pearson 或 Spearman 相关系数来衡量特征之间的相关性。一般而言，当特征组合的相关系数超过 0.6 时，认为它们具有较高的相关性。在处理这些高度相关的特征时，可以根据 IV 值来筛选出更重要的特征。此外，还可以采用变量聚类的方法来解决共线性问题。

VIF 是另一种处理相关性的方法。当数据中存在严重的共线性问题时，就会导致系数估计的区间增大，从而增加不稳定性。因此，可以构建 VIF 来衡量某个变量是否存在严重的共线性问题，如图 5-18 所示。

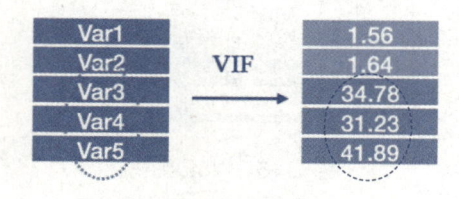

	VIF
Var1	1.56
Var2	1.64
Var3	34.78
Var4	31.23
Var5	41.89

图 5-18　VIF 方差膨胀系数

在图 5-18 中，Var3、Var4、Var5 这三个特征的 VIF 值非常大，说明其内部相关性较大，一般认为，当 VIF<10 时，特征不存在严重共线性问题，严格时可依据要求将阈值降低，当某特征 VIF 值偏高时，一定存在另一个或多个特征 VIF 值偏高。

（3）逐步回归

逐步回归是一种传统的特征选择方法，它基于最优子集选择的思想，结合了前向选择和后向消除的策略，通过优化回归模型的 AIC 或 BIC 来寻找最合适的特征子集。具体地说，在逐步回归过程中，根据 AIC 或 BIC 在模型复杂度和精确度之间做出合理的权衡。迭代过程通常先采用后向消除法，尝试移除一些不适合包含在模型中的特征，然后采用前向选择法，尝试重新加入之前被移除的特征。这个过程不断迭代，直到 AIC 或 BIC 不再显著降低。

5.3 模型构建与评估

本节重点介绍 Logistic 回归模型、评分刻度与分值分配，以及模型评估的构建流程。

5.3.1 Logistic 回归模型

Logistic 回归模型是广义的一种线性模型，它通过 sigmoid 函数将线性模型产生的预测值转换为 0~1 之间的拟合值，适合处理二分类问题。该模型经过多年应用后，显示出其较好的稳定性，因此被广泛地用于信用评分卡模型的构建，如图 5-19 所示。

$$h_\theta(x) = \frac{1}{1+e^{-z}} = \frac{1}{1+e^{-\theta^T x}}$$

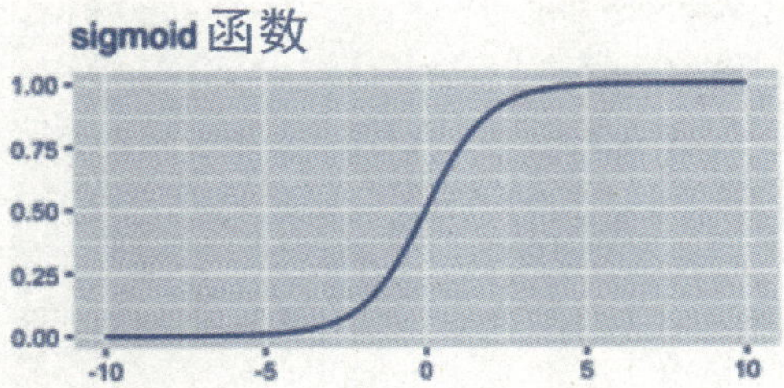

图 5-19 Logistic 回归模型

使用 Python 的 statsmodels 库可方便地进行 Logistic 回归建模，产生的模型报告样例如图 5-20 所示。

全局报告样例-Python statmodels

Dep. Variable:	Var20	No. Observations:	1000
Model:	Logit	Df Residuals:	986
Method:	MLE	Df Model:	13
Date:	Fri, 14 Feb 2020	Pseudo R-squ.:	0.2525
Time:	17:45:41	Log-Likelihood:	-456.59
converged:	TRUE	LL-Null:	-610.86
Covariance Type:	nonrobust	LLR p-value:	3.91E-58

变量报告样例--Python statmodels

	coef	std err	z	P>|z|	[0.025	0.975]	VIF
Intercept	-0.8589	0.084	-10.173	0	-1.024	-0.693	
Var0_woe	0.7918	0.109	7.256	0	0.578	1.006	1.181435
Var1_woe	0.7248	0.173	4.197	0	0.386	1.063	1.24043
Var2_woe	0.6869	0.158	4.356	0	0.378	0.996	1.123432
Var3_woe	0.9809	0.219	4.484	0	0.552	1.41	1.05277
Var5_woe	0.8233	0.202	4.07	0	0.427	1.22	1.086316
Var4_woe	0.9451	0.214	4.422	0	0.526	1.364	1.228626
Var12_woe	0.7194	0.238	3.028	0.002	0.254	1.185	1.104444
Var7_woe	2.4166	0.611	3.952	0	1.218	3.615	1.097115
Var9_woe	1.5935	0.649	2.454	0.014	0.321	2.866	1.043802
Var8_woe	0.9246	0.418	2.211	0.027	0.105	1.744	1.115054
Var13_woe	0.8578	0.338	2.534	0.011	0.194	1.521	1.055742
Var14_woe	0.59	0.285	2.072	0.038	0.032	1.148	1.041008
Var6_woe	0.5783	0.286	2.022	0.043	0.018	1.139	1.100003

图 5-20 Logistic 回归模型报告样例

Logistic 回归模型报告分为全局报告与变量报告两种。

全局报告提供了建模数据信息、模型总体显著性（LLR p-value）、模型全局统计量（如 Log-Likelihood）等信息，其中，针对模型总体显著性的检验，其原假设是指假定模型的所有回归系数取值均为 0，其检验结果越小越好。

变量报告提供的信息量包括回归系数（coef）、标准误差（std err）、系数进行显著性检验的 Z 值（z）、P 值（$P>|z|$）、95% 置信区间上下限（[0.025,0.975]）及 VIF 值。回归系数即模型系数的参数估计值，注意，在进行 WoE 转换后，若原始数据无太强的共线性，那么系数应均为正值，若出现负数，则说明可能存在共线性。标准误差是指在 95% 置信水平下，系数估计值约为 3 倍标准误差范围，这与之后的置信区间对应。Z 值为系数进行 Z 检验的统计量，这里可根据 Z 值大小判断变量对模型的重要性，若某变量的 Z 值非常高，则说明模型非常依赖于该变量。注意，P 值为系数 Z 检验的显著性，一般要求小于 0.05。可根据要求提高 P 值的入模标准，例如，显著性 $\leq$ 0.001。95% 置信区间的上下限表示系数的 95% 置信区间，若变量是显著的，则 0 值不包含于区间内。VIF 为方差膨胀系数，其相应的特征显示有无严重共线性。

5.3.2 评分刻度与分值分配

评分卡模型建立后，为方便使用，通常会将评分卡模型的结果转换为评分分值，这涉及刻度转换和分值分配。

1. 刻度转换

刻度转换是指按照一定规则将评分缩放至指定的区间内，刻度转换公式如下。

$$Score = A - B \cdot \ln(\frac{p}{1-p})$$

其中，A 是一个补偿常数；B 是一个刻度常数；p 表示违约概率。

上述公式表示在一组确定的补偿与刻度下，给定一个违约概率，就可以将其转换为信用评分。其中，$p/(1-p)$ 被称为发生比或赔率（Odds）。在信用评分系统中，一般随着分值降低，客群的信用风险会升高，相应的 Odds 也会增大，而分值较高时，客群的信用风险较低，相应的 Odds 也较小。也就是说，评分（Score）的升高或降低应对应于 Odds 的变化，图 5-21 显示了这种变化。

Score	BadRate	Odds	ln(Odds)
660	0.62%	1:160	-5.08
640	1.23%	1:80	-4.39
620	2.44%	1:40	-3.69
600	4.76%	1:20	-3.00
580	9.09%	1:10	-2.30
560	16.67%	1:5	-1.61
540	28.57%	1:2.5	-0.92
520	44.44%	1:1.25	-0.22
500	61.54%	1:0.625	0.47

图 5-21 评分与违约概率、Odds 的关系

在图 5-21 中，当 Score 为 500 分时，违约概率最高；当 Score 为 660 分时，违约概率最低。若 Odds 翻倍，那么 Score 会变化 20 分，随着违约概率降低，Score 会逐步升高。由此假定在指定的 Odds 下总分为 $Score_0$，当 Odds 翻倍时，Score 的变化量记为 PDO，即 Odds 增长一倍对应的 Score 增长范围，PDO 设定得越大，则 Score 越分散，反之，Score 分布越集中。在此基础上，可求出如下刻度转换公式相应的 A、B 值。

$$\begin{cases} Score_0 = A - B \cdot \ln(Odds) \\ Score_0 + PDO = A - B\ln(2Odds) \end{cases} \Longrightarrow \begin{cases} B = PDO/\ln(2) \\ A = Score_0 + B \cdot \ln(Odds) \end{cases}$$

综上，给定一个 Odds，对应总分 $Score_0$ 和 Odds 翻倍对应的 PDO，即可求解出 A、B，并产生经刻度转换后的信用评分。

2. 分值分配

评分经过刻度转换后，还需要将其分配到各个特征中生成评分卡。这里需要设定一个基础分（BaseScore），代表对应于回归方程常数项的分数，公式如下。

$$BaseScore = A - B \cdot \beta_0$$

根据其不同的 WoE 值，再对各个特征进行分值分配，公式如下。

$$Score_x = -B \cdot WoE_{xi} \cdot \beta_x$$

其中，x 表示评分卡内某特征；β 是回归系数。

总分将由基础分与评分卡的各个特征得分相加得出，公式如下。

$$Scpre = BaseScore + \sum Score_x$$

下面举例说明，假如给定 Odds=1/19，$Score_0$=600，PDO=50，回归方程如下。

$$\ln(Odds) = -0.8473 + 1 \cdot x_1$$

那么，根据刻度公式可求出 A、B 值与基础分，公式如下。

$$\begin{cases} B = 50/\ln(2) = 72.13475 \\ A = 600 + 50/\ln(2) \cdot \ln(1/19) = 387.6036 \end{cases}$$

$$\text{BaseScore} = 387.60 - 72.13 \cdot (-0.84) = 448.72$$

特征 x_1 的评分分配根据其 WoE 值与回归系数确定，如图 5-22 所示。

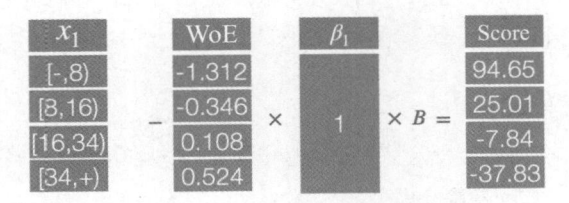

x_1	WoE	β_1		Score
[-,8)	-1.312			94.65
[8,16)	-0.346	1	× B =	25.01
[16,34)	0.108			-7.84
[34,+)	0.524			-37.83

图 5-22　特征分值分配

由此可制作出如图 5-23 所示的评分卡。

特征	区间	评分
基础分		449
X_1	[-,8)	95
X_1	[8,16)	25
X_1	[16,34)	-8
X_1	[34,)	-38

图 5-23　评分卡

5.3.3　模型评估

1. 入模特征

在标准信用评分卡中，首先需要评估特征个数是否充足。可根据产品、客群和评分卡的用途大致评估入模特征的个数是否合适。一般来说，使用经典 Logit 回归构建的评分卡模型，合适的特征数量为 10~15 个。如果特征过少，则模型评分分布可能过于集中；如果特征过多，那么模型就会变得过于复杂，稳定性也会较差。

其次，申请评分卡应尽量避免存在重要性过高的特征。若有此类特征，则说明评分卡过于依赖该特征。一旦模型上线后该特征的预测能力下降，就可能带来严重后果。另外，还需评估入模特征的合规性、稳定性、可解释性，以及数据成本是否符合要求。

最后，评分卡的特征应尽量涵盖所有与信用风险相关的维度。在理想情况下，应包含还款能力及还款意愿的度量特征。对消费信贷而言，由于产品偏向小额短期，因此模型可能更侧重于还款意愿相关的特征。

此外，对于大数据类特征，它们属于替代数据的范畴，是对经典评分卡的一种补充，适合应对征信空白的客群。大数据特征的可解释性普遍不强，主要强调相关关系而非因果关系。在使用时，应特别注意特征的合规性和稳定性，必要时可单独对大数据类特征进行建模。

2. 模型综合能力

评分卡模型的综合能力包括预测能力和稳定性。从预测能力看，通过预测结果与实际情况的差异对比来衡量模型的预测能力。一般可用 ROC 曲线、KS 值等指标进行评估。而稳定性则可通过 PSI 指标来衡量，包括评分稳定性和特征稳定性。

（1）样本内评估

这里需要注意两种方式使用的样本不同。预测能力评估采用样本内评估，也就是使用建模样本内的测试（Test）集数据来评估模型效果。因为在样本内对比时，训练（Train）集数据与测试集数据具有相同的表现期和目标变量（Y）定义，因此适合用于评估模型的预测能力，如图 5-24 所示。

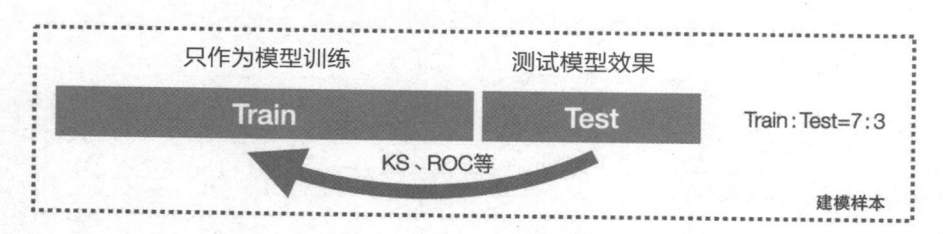

图 5-24　样本内评估

ROC 曲线又称接收者操作特征曲线。ROC 曲线通过在不同的切分点（cut-off）计算模型的召回率和特异度，并以 1-特异度（假阳性率）为横轴、召回率（真阳性率）为纵轴绘制而成，如图 5-25 所示。

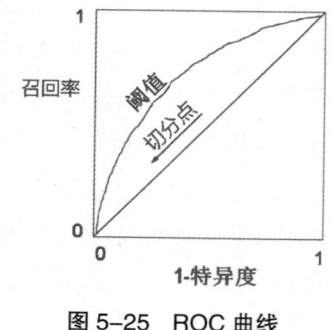

图 5-25　ROC 曲线

ROC 曲线体现了模型对"好客户"和"坏客户"的预测覆盖程度。首先,当切分点取 0 时,模型将全部客户预测为"坏客户",此时"坏客户"的召回率为 1,"好客户"的召回率为 0,对应图 5-25 中右上角的点;当切分点取 1 时,模型将全部客户预测为"好客户",此时"坏客户"的召回率为 0,"好客户"的召回率为 1,对应图 5-25 中左下角的点。当切分点取值在 0 到 1 之间变化时,相应的"好客户"和"坏客户"的召回率会不断变化,形成图 5-25 中的曲线。若进行随机预测,则"好客户"和"坏客户"的召回率会呈线性变化,对应图 5-25 中的对角线。

因此,使用曲线下面积(AUC)来衡量模型的预测能力。AUC 值越大,说明模型的预测效果越好;反之,AUC 值越小,说明模型的预测效果越差,如表 5-10 所示。

表 5-10 AUC 值区间表示的模型效果

AUC 值区间	效果
0~0.5	效果极差
0.5~0.7	效果较低
0.7~0.85	效果一般
0.85~0.95	效果良好
0.95~1.0	效果太好(模型可能有问题)

KS 统计量用于评价模型对"好客户"和"坏客户"的区分能力。它首先将模型预测的"坏客户"概率按降序排列并进行分段,然后在每一段内统计"好客户"和"坏客户"的累计占比。其中,"好客户"和"坏客户"累计占比差异最大的值即为模型的 KS 统计量,如表 5-11 所示。

表 5-11 KS 值区间表示的模型能力

KS 值区间	模型能力
0~0.2	模型无判断能力
0.2~0.4	模型勉强能够接受
0.4~0.5	模型具有一定的区分能力
0.5~0.6	模型具有很好的区分能力
0.6~0.75	模型具有非常好的区分能力
0.75~1	模型存在异常

（2）样本外评估

在进行模型的稳定性评估时，由于样本内的数据通常是基于原始建模数据抽样得到的，为更好地验证模型的稳定性，可以使用最近的申请数据。这些数据虽然没有符合表现期要求的因变量 y，但仍然可用于稳定性评估。此类样本被称为跨时间验证样本（OOT），而这种验证方式被称为样本外验证，如图 5-26 所示。

图 5-26　样本外评估

PSI 又被称为群体稳定性系数，其目的是验证入模数据随时间变化的稳定性指数。比较建模数据的 X 数据分布和跨时间条件下 X 数据的分布差异可以得到稳定性指数。一般模型需要拥有足够的稳定性，以达到使用要求。

这里使用 PSI 统计量判断评分的稳定性，其公式如下。

$$PSI = \sum (ActualDistr - ExpectDistr) \cdot \ln\left(\frac{ActualDistr}{ExpectDistr}\right)$$

其中，ActualDistr 表示验证集数据的评分分布；ExpectDistr 表示建模样本的评分分布。

PSI 与模型稳定性的关系如表 5-12 所示。

表 5-12　PSI 与模型稳定性的关系

PSI 值区间	模型稳定性
0.25 以上	模型稳定性较差
0.25~0.1	模型稳定性一般
0.1 以内	模型稳定性好

表 5-13 是一份典型的 PSI 稳定性报告。

表 5-13　PSI 稳定性报表

分数	建模样本评分分布	验证集数据评分分布	PSI
(-inf,550.0)	10.33%	9.93%	0.0002
[550.0,570.0]	10.15%	9.65%	0.0003

续表

分数	建模样本评分分布	验证集数据评分分布	PSI
(570.0,590.0)	10.04%	11.49%	0.0020
[590.0,600.0]	9.50%	11.50%	0.0038
[600.0,620.0]	10.37%	9.11%	0.0016
(620.0,630.0)	9.87%	9.34%	0.0003
(630.0,640.0)	10.57%	9.34%	0.0015
(640.0,650.0)	9.43%	10.70%	0.0016
[650.0,660.0]	9.99%	9.88%	0.0000
(660.0,inf)	9.74%	9.04%	0.0005
合计			0.0118

PSI 也可由总评分拓展到每个入模特征上。如果在样本外评估过程中发现 PSI 结果偏高，则表明某些特征的稳定性可能存在问题。在这种情况下，应深入分析其原因，并进行适当调整。

5.4 模型监控

当评分卡模型实际上线后，需要时刻监控模型的综合表现，防止模型不稳定或预测能力变差。模型监控可分为前端监控和后端监控两部分。

5.4.1 前端监控

前端监控指的是在模型上线后能够立即监控的指标，包括业务通过率监控、模型稳定性监控和特征稳定性监控。这种监控方式也被称为事前监控。

1. 业务通过率监控

模型上线后，可能会影响现有的信贷审核通过率。因此，需要预估模型上线后的通过率，并在上线后定期监控通过率的变化情况。理想情况下，通过率应与预估值大致相似并保持稳定。如果通过率出现异常，则可能表明申请评分卡模型存在问题。此时，需要结合模型监控结果，分析内外部原因。图 5-27 展示了一个业务通过率监控报告示例。

图 5-27　业务通过率监控报告示例

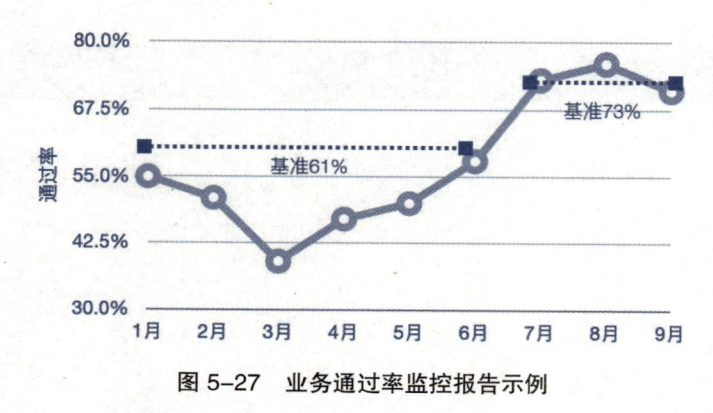

在图 5-27 中，通过率以月份为单位进行监控（在进件量较大时，可细化至周或天）。1 月至 6 月预估的基准平均通过率为 61%，但实际通过率明显较低且波动较大。部分月份的通过率过低，导致获客成本增加至难以承受的水平。分析原因后发现，模型使用了某些稳定性较差的特征。3 月时，某些渠道的客群质量较差，因此调整了获客渠道。7 月上线了新模型，预估基准平均通过率为 73%，实际通过率与之相近且较为稳定。

2. 模型稳定性监控

通过率出现异常时通常预示着模型的稳定性出现问题。模型稳定性监控的意义在于监控模型在上线后各个时期总评分的稳定性变化情况，通过 PSI 指标衡量，如表 5-12 所示，这里不再赘述。

在模型上线初期，通过比较建模时使用的跨时间验证样本的评分分布与监控期间的评分分布，可以判断模型总评分的稳定性。表 5-14 展示了一个评分分布监控示例。

表 5-14　评分分布监控示例

评分（Score）	跨时间验证样本率（OOT）	分布情况（Distr）%							
		1月	2月	3月	4月	5月	6月	7月	8月
(-inf,550.0]	10.33%	11.41%	15.93%	10.90%	12.56%	12.33%	16.35%	21.58%	19.87%
(550.0,570.0]	10.15%	12.08%	9.01%	8.69%	11.16%	8.56%	8.11%	8.00%	8.54%
(570.0,590.0]	10.04%	7.97%	14.63%	16.85%	14.51%	5.33%	15.82%	10.92%	12.97%

续表

评分 （Score）	跨时间 验证样 本率 （OOT）	分布情况（Distr）%							
		1月	2月	3月	4月	5月	6月	7月	8月
(590.0,600.0]	9.50%	7.18%	13.76%	13.75%	6.77%	7.93%	5.38%	8.70%	14.64%
(600.0,620.0]	10.37%	7.13%	8.69%	6.82%	8.26%	5.65%	8.26%	10.22%	8.47%
(620.0,630.0]	9.87%	12.24%	6.92%	7.34%	12.76%	13.21%	9.84%	13.19%	6.76%
(630.0,640.0]	10.57%	9.05%	10.79%	6.27%	9.63%	14.63%	7.45%	5.69%	9.96%
(640.0,650.0]	9.43%	12.49%	7.61%	8.38%	9.81%	13.73%	13.63%	4.78%	5.78%
(650.0,660.0]	9.99%	12.72%	6.88%	8.75%	8.09%	6.71%	6.13%	5.61%	5.87%
(660.0,inf]	9.74%	7.74%	5.78%	12.26%	6.45%	11.93%	9.03%	11.32%	7.13%
PSI OOT		0.0552	0.1084	0.1071	0.0619	0.1242	0.1325	0.1887	0.1588

表 5-14 展示了模型上线后各个月份与建模时使用的跨时间验证样本（OOT）的评分分布差异情况。可以看出，尽管各个月份的 PSI 值都有一定的变化，但这些变化均在可接受的范围内。除此之外，通过分布流图也可以较为清晰地观察到分布的变动情况，如图 5-28 所示。

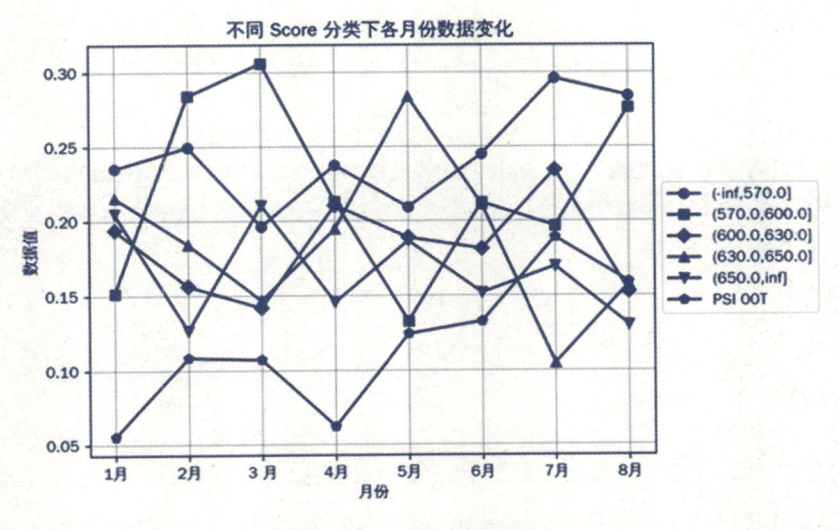

图 5-28 评分分布流图

在图 5-28 中，各个评分区间分布的变化更为直观。模型在各个月份的表现基本稳定，如果出现某个区间的分布极端变化，就会清晰地显示出来。评分分布的变化一般可以分为三种：向高分段偏移、向低分段偏移、随机偏移，相应的通过率也会受到影响。评分分布产生巨大变化通常是因为客群发生变化，也可能是模型特征本身发生了变化。

1）客群变化：可能预示着某一时间的获客渠道、风控政策、产品调整或宏观环境发生了变化，导致客群质量与之前相比有较大变化。此时应注意调整模型或重新制定建模方案。

2）数据源：如果评分卡模型所使用的数据源发生了变化，例如使用了外部不稳定的数据源或 API 接口产生错误导致数据源无效等，那么应立即启用备用模型方案或调整模型。

3. 特征稳定性监控

评分稳定性反映了总评分的稳定性，同时，对于各个模型特征的稳定性也应进行监控。特征稳定性监控可以使用 PSI 指标，在经典回归评分卡中也可以使用 CSI 指标（特征稳定性指数）。CSI 指标与特征评分分值和分布变化有关，可以有正负值。它通常用于比较同一模型特征分布变化对总分的影响。CSI 指标的计算方法如下。

$$\text{CSI} = \sum (\text{ActualDistr} - \text{ExpectDistr}) \cdot \text{Point}$$

其中，ActualDistr 表示验证集数据评分分布；ExpectDistr 表示建模样本评分分布；Point 表示特征评分分值。

表 5-15 展示了某特征的 CSI 稳定性监控报告样例。

表 5-15 某特征的 CSI 稳定性监控报告样例

特征 X	特征评分分值	建模样本评分分布	验证集数据评分分布	CSI
[-,24]	13	24%	27%	0.39
(24,29]	4	19%	21%	0.08
[30,45]	-7	31%	39%	-0.56
(45,+]	-20	26%	13%	2.6
合计		100%	100%	2.51

当 CSI 为正值时，表明特征分布的变化会导致总分向高分段偏移；当 CSI 为负

值时，表明总分向低分段偏移，其绝对值的大小代表偏移的程度。从表 5-15 中可以看出，CSI 有正值，也有负值。例如，当某个特征的点数（Point）为 −7 时，CSI 为负值，这意味着该特征的分布变化对总分的影响是负向的，即评分向低分段偏移。尽管该特征的 CSI 为负，但如果该特征总体的 CSI 为正，则说明该特征的变化对评分的总体影响仍然是正向的，即评分向高分段偏移。

在实际应用中，CSI 通常用于评估同一模型中特征分布变化对总分的影响，而不适用于不同模型之间的对比。与 PSI 类似，CSI 的基准分布可以是 OOT 分布。当总评分的 PSI 变动较大时，可以通过监控 CSI 来判断变动的原因，以便进一步调整模型。表 5-16 展示了某一观察时点的评分卡所有特征的 CSI 及 PSI 报告。

表 5-16 评分卡所有特征的 CSI 及 PSI 报告

特征	分箱	基准期		监控期		
		评分	分布	分布	CSI	PSI
Var_01	[-,24]	13	24%	22%	-0.276	0.002
	(24,29]	4	19%	24%	0.203	0.012
	[30,45]	-7	31%	30%	0.051	0.000
	(45,+]	-20	26%	24%	0.444	0.002
	Total				0.422	0.016
Var_02	Group1	17	34%	45%	1.851	0.030
	Group2	5	21%	30%	0.439	0.031
	Group3	-3	16%	9%	0.209	0.040
	Group4	-7	17%	12%	0.372	0.020
	Group5	-15	13%	5%	1.257	0.087
	Total				4.129	0.208
Var_03	Missing	-1	8%	6%	0.025	0.009
	[0,1)	12	45%	46%	0.147	0.000
	[1,2)	-1	21%	21%	0.000	0.000
	[2,4)	-6	15%	11%	0.240	0.012
	[4,+)	-14	11%	16%	-0.742	0.021
	Total				-0.330	0.043
……	……	……	……	……	……	……

综上，业务通过率监控报告、模型稳定性监控报告、特征稳定性监控报告三者互为补充，可提供模型稳定性的综合状况。

5.4.2 后端监控

在评分卡模型上线后，当贷款的后期表现满足表现期要求时，可以通过观察这些后期表现来监控模型的预测能力。这种类型的监控被称为后端监控（也被称为事后监控）。后端监控的内容包括评分准确性监控、特征准确性监控和资产质量监控。

1. 评分准确性监控

评分准确性监控指的是模型上线后，将其预测结果与实际贷款表现进行对比的过程，它包括对 KS 和 AUC 等指标的监控。KS 指标的参考范围如表 5-17 所示。

表 5-17　KS 的参考范围

KS 值区间	说明
0.75~1	区分能力完美，疑似有误
0.6~0.75	区分能力非常强
0.4~0.6	区分能力强
0.2~0.4	区分能力一般，模型可用
0~0.2	区分能力弱，模型不可用

AUC 的参考范围如表 5-18 所示。

表 5-18　AUC 的参考范围

AUC 值区间	说明
0.9~1	完美，疑似有误
0.85~0.9	预测能力好
0.7~0.85	预测能力较好
0.5~0.7	预测能力较差
0~0.5	比随机预测还差

图 5-29 展示了每个月监控的 KS 和 AUC 曲线图。

第 5 章 贷前信用风险预测模型（A 卡）

图 5-29 KS 和 AUC 曲线图

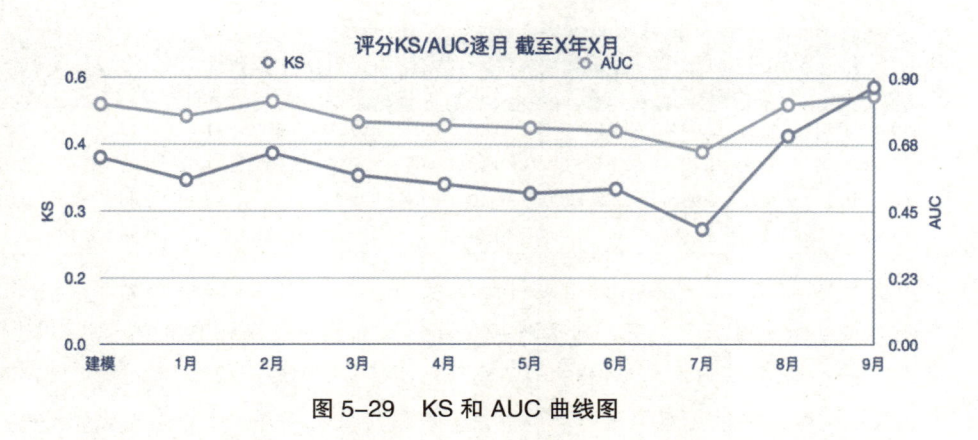

从图 5-29 中可以查看各个月份的 KS 和 AUC 指标。当这些指标出现波动或值较低时，说明模型在当月的表现不佳，应寻找原因并调整模型。

在进行 KS 及 AUC 监控时，应注意以下几点：

- 相同的对比口径：对比 KS 及 AUC 时，应确保上线后各个月份的目标变量 Y 的定义在表现期与建模时一致。建模时的 KS 或 AUC 通常为应用策略后（剔除模型拒绝样本后的 KS 或 AUC）的对比，否则对比是不公平的。在实践中，通常会遇到坏样本不足、表现期不足等问题，此时可适当放宽样本定义口径进行粗略对比。

- 模型上线后的波动：模型上线后，KS 或 AUC 可能会产生一定的波动。一般随着上线时间的推移，由于客群及宏观因素的不确定性增加，模型的 KS 及 AUC 可能会开始下降，这代表评分卡模型的使用有效期即将结束。

除了监控评分的 KS 和 AUC，监控各个时期的模型表现报告也能进一步观察模型的准确性及排序状况，如表 5-19 所示。

表 5-19 评分表现报告

评分	建模 Ever30+@Mob6						监控 Ever30+OMob6					
	分布	坏账率	WoE	KS	AUC	Odds	分布	坏账率	WoE	KS	AUC	Odds
(-inf,550.0]	10.33%	29.29%	1.55	0.29	0.01	0.41	9.93%	31.20%	1.46	0.25	0.01	0.45
(550.0,570.0]	10.15%	14.83%	0.68	0.39	0.04	0.17	9.65%	17.12%	0.67	0.33	0.04	0.21
(570.0,590.0]	10.04%	10.16%	0.25	0.42	0.06	0.11	11.49%	13.45%	0.39	0.39	0.06	0.16
(590.0,600.0]	9.50%	7.40%	-0.10	0.41	0.07	0.08	11.50%	9.75%	0.03	0.39	0.08	0.11
(600.0,620.0]	10.37%	5.28%	-0.46	0.37	0.09	0.06	9.11%	6.32%	-0.45	0.35	0.08	0.07
(620.0,60.0]	9.87%	4.44%	-0.64	0.32	0.09	0.05	9.34%	5.32%	-0.64	0.31	0.08	0.06
(630.0,640.0]	10.57%	3.31%	-0.94	0.25	0.10	0.03	9.34%	4.33%	-0.84	0.25	0.09	0.05

续表

评分	建模 Ever30+@Mob6						监控 Ever30+OMob6				
	分布	坏账率	WoE	KS	AUC	Odds	分布	坏账率	WoE	KS	AUC	Odds
(640.0,650.0]	9.43%	2.44%	-1.26	0.18	0.10	0.03	10.70%	3.21%	-1.14	0.17	0.11	0.03
(650.0,660.0]	9.99%	1.72%	-1.61	0.09	0.10	0.02	9.88%	2.10%	-1.61	0.09	0.10	0.02
(660.0,inf]	9.74%	0.93%	-2.23	0.00	0.10	0.01	9.04%	1.09%	-2.29	0.00	0.10	0.01
Total		8.08%		0.42	0.77			9.55%		0.39	0.76	

表 5-19 对比了监控期和建模期评分的预测能力差异。在理想情况下，相同的表现期和目标变量 Y 定义下，建模时各个评分区间的坏账率和 WoE 趋势应一致且呈线性变化。如果坏账率和 WoE 的趋势出现严重偏差，则说明模型的排序能力下降，无法对不同客群的信用水平进行准确评估。在这种情况下，应考虑及时调整或重建评分卡模型。

2. 特征准确性监控

与模型稳定性监控类似，特征准确性的变化同样需要被监控，以便及时发现导致模型准确性下降的具体原因。特征准确性监控报告如表 5-20 所示。

表 5-20　特征准确性监控报告

特征 X	建模			监控		
	坏账率	分布	WoE	坏账率	分布	WoE
[-.24]	7%	24%	-1.45	9%	27%	-1.29
(24,29]	13%	19%	-0.76	18%	21%	-0.50
[30,45]	27%	31%	0.15	41%	39%	0.66
(45,+]	45%	26%	0.94	33%	13%	0.31
合计		100%			100%	

表 5-20 对比了建模期与监控期中某个特征的坏账率和 WoE。在理想情况下，这两个时期的相应指标不应有太大差异。然而，表 5-20 中显示特征 X 在 30~45，以及 45 以上的两个区间内，其坏账率和 WoE 在建模期与监控期之间发生了变化。特别是，特征 X 在 45 以上的客群的风险反而比 30~45 区间的客群要低。这种情况应该被分析，以确定其原因和对模型总分稳定性的潜在影响。

3. 资产质量监控

对于分期类消费信贷产品，可以使用账龄报告来监控和对比模型上线前后资产质量的变化，从而观察模型的效果。通常情况下，模型上线后应维持或降低当前的坏账率。通过对比模型上线前后的账龄报告结果，可以评估模型对整体资产质量的影响是否符合预期。此外，可以将建模时的账龄报告作为基准，通过观察后续报告与基准的差异来评判模型的效果，如图 5-30 所示。

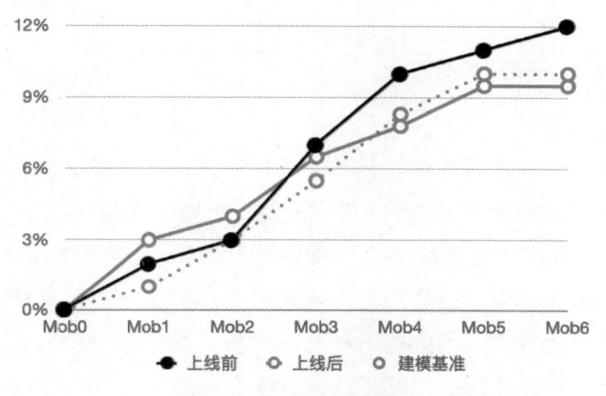

图 5-30 账龄监控示例

在图 5-30 中，红色虚线表示使用建模数据预估的账龄曲线，红色实线表示实际上线后的账龄曲线。两者之间的差异不大，说明申请评分卡模型的表现符合预期。黑色线代表上线前的账龄曲线，其整体略高于上线后的曲线，进一步说明申请评分卡模型已经产生了效果，即上线后的资产质量整体上优于上线前。

当然，除了对比不同时间段的资产质量，还可以对比模型不同风险等级或评分分段的客群，观察这些客群在相同时间段内是否能够被模型有效区分，从而评估模型进行有效风险分群的能力。图 5-31 展示了申请评分卡模型产生的不同风险等级客群的资产质量差异。

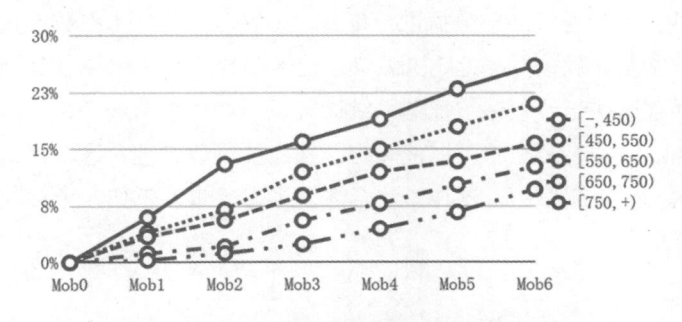

图 5-31 不同风险等级的资产质量

在图 5-31 中，评分较低的区间代表风险较高的客群。可以看到，上线后这些客群的风险明显具有区分度，其中风险较高的客群的坏账率最高，而其他风险等级的坏账率则逐步降低。从整体看，风险区分能力符合预期。如果在图 5-31 中各个客群的账龄曲线出现交叉或纠缠在一起，说明申请评分卡模型在各个客群上的区分度存在问题，需要进行调整。

5.5 拒绝推断

尽管拒绝样本没有贷后表现，但作为建模总体的一部分，它们不容忽视。当申请通过率过低时，应将拒绝样本纳入建模范围。因此，需要采用一些方法来推断拒绝样本的好坏，并利用这些推断结果与接受样本结合，以建立申请评分模型。注意，在贷款表现未知的情况下，任何推断方法都存在不确定性。尽管研究者们已经提出了多种拒绝样本推断方法，但这些方法基本无法完全消除不确定性，且通常没有特别好的方式来评估拒绝推断的效果。

拒绝推断的方法有很多，这里介绍外部数据推断和模型推断两种方法。

5.5.1 外部数据推断

将拒绝样本直接推断为"坏客户"的方式，在某种程度上确实显得过于简单、粗暴，并且这种推断的有效性在很大程度上依赖于旧风控策略的精准性。然而，在实际操作中，旧风控策略通常难以达到足够精准的程度，这限制了这种方式的应用。因此，有人提出允许一部分拒绝样本进入观察期，以监测其贷后表现，但这会增加信贷发放机构的风险成本。

最合理的方式是通过外部数据进行推断，即参考拒绝样本在其他机构类似产品同期或早期的贷款表现，并据此定义好坏。这要求拒绝样本需要在其他金融机构有申请记录，并且这些记录能够被征信系统所记录。在理想情况下，如果所有拒绝样本都有贷后表现数据，那么就可以消除拒绝推断的不确定性，这在理论上是最好的拒绝推断方法。但在实践中，这种方法会遇到很多困难，例如，大多数被拒绝的客户没有征信记录。

5.5.2 模型推断

模型推断的基本思路是：首先利用已知好坏的样本来构建模型（KGBModel），然后使用该模型对拒绝样本进行评分。根据拒绝样本的评分结果进行好坏推断，最后将这些推断出的拒绝样本与接受样本一起重新建模（AGBModel）。推断过程如图 5-32 所示。

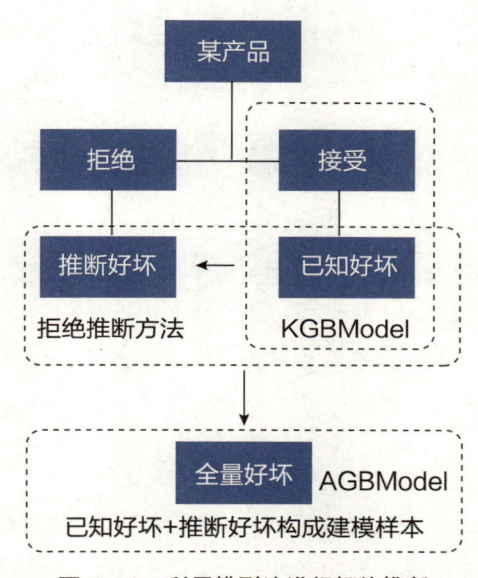

图 5-32 利用模型法进行拒绝推断

利用模型法进行拒绝推断的核心是使用 KGB 评分来推断拒绝样本的好坏。这种方法的优点在于，当 KGB 模型表现良好时，它能够通过已知样本的表现来为拒绝样本提供较为可靠的推断参考，并且易于实施，从而避免了简单推断方法可能遇到的问题。然而，如果 KGB 模型的效果不佳，推断结果的参考价值就会降低，并且可能受到主观性因素的影响。

在使用 KGB 评分进行推断时，可以采用多种方法，包括硬截止法（Hard Cutoff）、随机指派法（Random Assignment）和模糊法（Fuzzy）。

1. 硬截止法

硬截止法首先利用接受样本构建模型（KGBModel），然后预测拒绝样本的违约概率或评分。接着，设定一个违约概率或评分阈值来区分好坏客户。最后，使用包括拒绝样本和接受样本在内的全量数据重新建模（AGBModel），如图 5-33 所示。

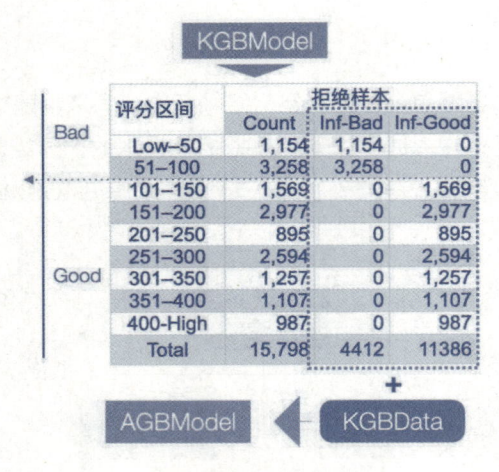

评分区间	拒绝样本		
	Count	Inf-Bad	Inf-Good
Bad			
Low–50	1,154	1,154	0
51–100	3,258	3,258	0
Good			
101–150	1,569	0	1,569
151–200	2,977	0	2,977
201–250	895	0	895
251–300	2,594	0	2,594
301–350	1,257	0	1,257
351–400	1,107	0	1,107
400–High	987	0	987
Total	15,798	4412	11386

图 5-33 硬截止法

显然，硬截止法需要设定一个违约概率来区分样本的好坏。在实践中，这个违约概率的确定往往比较主观，通常要求拒绝样本的预测坏客户率高于接受样本的坏客户率。硬截止法假定低分段客群全部为坏客户，而高分段则全部为好客户，这种假设往往过于绝对。因此，产生了另一种定义方式，即随机指派法。

2. 随机指派法

与硬截止法类似，随机指派法也旨在保持拒绝样本在 KGB 评分分段下的违约概率与接受样本一致或略高。不同之处在于，随机指派法根据违约概率随机确定相应区间内的好坏样本，并据此建立 AGB 模型。这种方法的示意图如图 5-34 所示。

在实际操作中，我们首先使用接受样本来构建模型，然后对拒绝样本进行评分。具体步骤如下：首先，分析接受样本中不同评分区间的客群违约概率。接着，根据接受样本中相应区间的坏样本率，设定拒绝样本相应的评分区间的坏样本率。例如，在图 5-34 中，如果接受样本在 50 分以下的坏样本率为 40%，那么拒绝样本在相同评分区间的坏样本率也设定为 40%。然后，在拒绝样本中随机指派 50 分以下评分区间的 40% 为坏样本，剩下的 60% 为好样本。

当然，由于拒绝样本的整体风险通常高于接受样本，因此在确定拒绝样本相应区间的坏样本率时，可以在接受样本的坏样本率基础上增加一个比例（通常为 1 到 4 倍）。例如，拒绝样本中 50 分以下的坏样本率可以设定在 50% 左右。

Score Band	接受样本			拒绝样本		
	Count	Bad	Bad%	Count	Inf-Bad	Inf-Good
Low~50	1,460	590	40.0%	1,154	461	693
51~100	1,545	430	28.0%	3,258	912	2,346
101~150	1,434	255	18.0%	1,569	282	1,287
151~200	2,382	224	9.0%	2,977	267	2,710
201~250	2,300	125	5.0%	895	44	851
251~300	2,990	100	3.0%	2,594	77	2,517
301~350	3,490	89	2.5%	1,257	31	1,226
351~400	3,963	72	2.0%	1,107	22	1,085
400~High	4,559	59	1.0%	987	9	978
Total	1,944	22,179	8.0%	15,798	2,105	13,693

拒绝样本

ID	Score	Inf-Bad%	Inf-Bad
1	23	40%	1
2	31	40%	0
3	44	40%	0
4	47	40%	1
5	49	40%	0
……	……	……	……

图 5-34 随机指派法

3. 模糊法

模糊法与随机指派法类似，但引入了权重的概念。该方法首先复制原始拒绝样本，并分别赋予其好和坏的标签，同时调整这些拒绝样本的权重，然后将它们与 KGB 样本一起用于构建 AGB 模型。图 5-35 展示了模糊法的一个例子。

在图 5-35 中，对于 ID=1 的样本，我们根据接受样本的评分区间估计 31 分的坏样本率为 40%，因此我们也将拒绝样本中的坏样本率设定为 40%（增加比例 Increase=1）。此时，我们将数据分别标注为好和坏，并赋予相应的权重，其中坏样本的权重为 40%，好样本的权重为 60%。这个过程对所有样本重复进行。之后，我们将调整权重后的拒绝样本与接受样本合并，构建 AGB 模型。在这个过程中，接受样本的权重都设为 1。在建模时，需要使用加权的 Logit 回归方法。

KGBModel 的拒绝样本打分与预测概率，Increase=1					
ID	Score	Bad%	is_Bad	Weight	W_adj
1	31	40%	1	1	0.4
1	31	40%	0	1	0.6
2	76	28%	1	1	0.28
2	76	28%	0	1	0.72
3	144	18%	1	1	0.18
3	144	18%	0	1	0.82
4	178	9%	1	1	0.09
4	178	9%	0	1	0.91
5	234	5%	1	1	0.05
5	234	5%	0	1	0.95
……	……	……	……	……	……

图 5-35　模糊法示例

5.5.3　拒绝推断结果的验证

拒绝推断的结果通常没有好的办法直接验证。拒绝样本的评分分布与接受样本的评分分布需要具备一定的差异性，如图 5-36 所示。

在度量两个分布的差异时，可以直接进行评分分布对比，或者使用 PSI、相对熵（K-L 散度）等指标。

在实践中，由于拒绝样本的贷后表现未知，因此验证接受评分在拒绝样本上的预测能力是非常困难的。如果旧风控策略允许少量拒绝样本豁免（目的是验证策略效果），这部分样本将有明确的贷后表现。然而，由于样本数量通常较少，因此，它们不适合用来构建 AGB 模型。

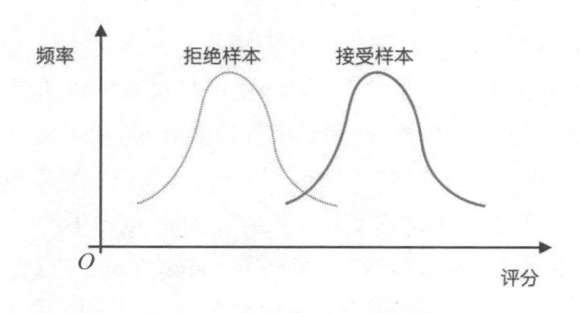

图 5-36　接受样本评分与拒绝样本评分

可以利用 KGB 模型为这些样本打分，观察样本的排序情况、坏账率、Odds 等指标，然后将这些结果与拒绝推断的结果进行对比。据此，可以重新调整拒绝推断方法或指派坏账率的增加值（Increase），以达到合适的水平。

5.6 案例 1：某消费金融公司申请评分卡构建

本案例将基于国外某消费金融公司的公开数据，详细介绍申请评分卡模型的构建过程。

5.6.1 场景介绍

数据来源于国外某消费金融公司的个人消费类贷款产品，涉及的客群大多拥有信用记录。目前，需要在贷款准入节点构建评分卡，以评估客群的信用风险，并为贷中审批和授信定价提供参考。原始数据包括客户的申请数据、第三方数据、外部征信数据和历史申请信息等 4 类信息，现已完成宽表的构建。数据集共包含 3 万条记录，涵盖 122 个特征。

5.6.2 数据清洗

1. 实体一致性

为确保数据的实体一致性，需要保证行列索引的唯一性，以避免数据重复的问题。在实际操作中，每一行数据都应有唯一的行标识，而每一列都应有明确的名称。因此，在 Python 中使用 Pandas 库读取数据后，首先应检查行列索引是否唯一，如果发现不唯一，则需要进行相应的处理。

在本案例中，数据应具有唯一的行标识（如订单编号）和列标识。如果数据中出现重复的 ID 或列名称，则需要进行去重处理。具体做法是根据行列索引进行检查，并消除原始数据中的实体重复问题。一旦发现重复的行或列，应保留首次出现的行或列，删除其余重复的行或列。以下是示例代码[1]。

```
import pandas as pd
dat=pd.read_csv('creditdata_small.csv')
dat=dat.set_index('ID')
dat=dat.loc[: ,~dat.columns.duplicated()]
dat=dat.loc[~dat.index.duplicated(),: ]
```

2. 列类型分配

在结构化数据中，每一列都有特定的数据类型，简单来说，可以分为数值型、分类型、日期型等。数值型特征可以直接用于计算，而其他类型的数据则需要进行特殊处理。通常，无论是从数据库还是本地载入的初始数据，某些列的类型可能需要重新分配，以满足分析和建模的需求。例如，学历、教育程度等信息，可能在某些情况下以数值编码形式存储，但在分析时应该转换为字符型。

Python 的 Pandas 库中的数据框基于 NumPy 的数据类型（dtype）并进行了扩展和封装，适合进行数据分析的结构化数据类型主要分为以下三大类。

- 数值型：pandas 类型为 float、int、bool、timedelta、category（ordered）等列，这些类型可以直接转换为 float 类型进行数值计算。
- 分类型：pandas 类型为 string、object、category（unordered）等列，这些类型不能直接进行数值计算。
- 日期型：pandas 类型为 datetime、datetimetz 等列，这些类型可以通过间接的特征变换（如计算特征差）进行数值计算。

对不同的列类型进行分配并转换为上述三大类型。在本案例中的数据除去索引列 ID 类共 120 列，其中，数值列 114 列、分类列 6 列，代码如下[2]。

```
dtypes_dict={
```

---

[1] 在默认情况下，pandas.DataFrame 的自动生成索引不会重复。但在某些情况下，如果需要设定一个特定的列作为索引来标识行，则可能会遇到列名重复的问题。这通常发生在使用 pandas.concat、pandas.DataFrame.rename，或者从数据库中提取数据时对多表连接的公共字段未进行重命名的情况下。在进行行列去重处理时，需要注意，该函数假设在行或列标识相同的情况下，相应的数据是重复的。如果存在行或列标识相同但数据内容不同的情况，请谨慎使用此函数。

[2] 说明：dtypes_dict 参数是一个字典格式。字典的键可以是 "float"（表示需要转换为浮点型的列）或 "str"（表示需要转换为字符型的列）。每个键对应的值是一个列名列表。如果某个键被省略，这意味着对应的列不需要转换为该类型。在使用这个参数时，需要确保指定的列可以成功转换为所要求的类型；例如，如果尝试将字符列转换为数值列而失败，程序将报错并终止。在上述代码中，需要将 6 个指定的列转换为字符型，而其他未特别指定的列将默认转换为浮点型（float）。

```
        'str': ['GENDER', 'FLAG_OWN_CAR', 'HOUSING_TYPE',
'FLAG_OWN_REALTY','EDULEVEL','MARRIAGE'],
        'float':[i for i in dat.columns if i not in
['GENDER', 'FLAG_OWN_CAR', 'HOUSING_TYPE','FLAG_OWN_REALTY',
'EDULEVEL','MARRIAGE']]
    }
    for i in dtypes_dict['str']:
        dat[i]=dat[i].astype('str')
    for i in dtypes_dict['float']:
        dat[i]=dat[i].astype('float')
```

3. 数据质量报告

在进行初步的数据分布异常探查时，我们希望绘制各种特征的频数、频率和分布图表。然而，在实践中，由于特征数量众多，绘图和分析的工作量过大。因此，需要生成基于表格的数据质量报告，以检查宽表数据是否存在问题。根据原始数据产生数据质量报告，实现代码如下[1]。

```
import toad
toad.detect(dat).T
```

数值特征的数据质量报告样例如图 5-37 所示[2]。

	Bureau_Var704	Bureau_Var96	Bureau_Var272	Bureau_Var1089	Bureau_Var312	Bureau_Var807	Bureau_Var616
type	float64	float64	float64	float64	float64	float64	float64
size	30000	30000	30000	30000	30000	30000	30000
missing	47.23%	14.32%	78.55%	23.08%	44.00%	71.48%	28.01%
unique	6585	9778	1286	1035	3256	2393	30
mean_or_top1	737497.369858	959450.711966	1587.828753	0.188931	172653.201508	32198.753173	3.592517
std_or_top2	900279.969692	1669671.079256	6059.855665	0.242543	166709.730708	98177.11451	2.946322
min_or_top3	0.0	0.0	0.0	0.0	0.0	-76863.96	1.0
1%_or_top4	23464.8	19713.24	0.0	0.0	0.0	0.0	1.0
10%_or_top5	82633.5	84507.3	0.0	0.0	22500.0	0.0	1.0
50%_or_bottom5	465120.0	450000.0	0.0	0.108	135000.0	0.0	3.0
75%_or_bottom4	956531.25	1044000.0	0.0	0.292	225000.0	11417.76	5.0
90%_or_bottom3	1660500.0	2241900.0	4849.8118	0.504	360000.0	100633.9725	7.0
99%_or_bottom2	4050000.0	8737287.84	22991.85	0.979	744750.0	450000.0	14.0
max_or_bottom1	18144000.0	36589500.0	215770.5	1.662	3825000.0	2089184.31	48.0

图 5-37　数值特征的数据质量报告样例

---

1 说明：toad.detect 可用于产生数据质量报告。
2 说明：该报告进行了转置处理，其中包含列的类型（type）、样本量（size）、缺失率（missing）、唯一值（unique）、分位数等信息。具体对照请见图 5-38。

分类特征的数据质量报告样例如图 5-38 所示。

列名	含义
type	类型
size	样本量
missing	缺失率
unique	唯一值行数
mean_or_top1	均值或频数最多的列水平
std_or_top2	标准差或频数第二多的列水平
min_or_top3	最小值或频数第三多的列水平
1%_or_top4	1% 分位数或频数第四多的列水平
10%_or_top5	10% 分位数或频数第五多的列水平
50%_or_bottom5	50% 分位数或频数倒数第五多的列水平
75%_or_bottom4	75% 分位数或频数倒数第四多的列水平
90%_or_bottom3	90% 分位数或频数倒数第三多的列水平
99%_or_bottom2	99% 分位数或频数倒数第二多的列水平
max_or_bottom1	最大值或频数倒数第一多的列水平

图 5-38　分类特征的数据质量报告样例

图 5-38 展示的报告是建模过程初步分析的结果，可以保存在 Excel 中，作为建模文档的一部分。分析人员可以通过该报告查看数据的基础情况，重点检查字段分布是否符合预期、是否存在错误值，以及是否有缺失率异常的情况。如果发现异常，则应分析其原因，并在后续的数据清洗过程中进行处理。

4. 数据清洗的主要工作

在构建宽表的过程中，原始数据已经接受了一定程度的数据清洗。然而，在完成宽表构建后，我们仍需根据数据质量报告的分析结果，对那些不合理的字段进行进一步的数据清洗。数据清洗的主要工作包括处理错误值、缺失值和极端值。

（1）处理错误值

错误值的处理涉及错误值的识别和纠正。在数据质量报告阶段，我们通过检查各个特征的分布异常来识别错误值。例如，在本案例中，工作时长（DAYS_EMPLOYED）变量的分布显示出异常，其最小值和均值均为负数，而从分位数的情况来看，有近 20% 的行出现了负值，如图 5-39 所示。

第 5 章 贷前信用风险预测模型（A 卡）

	DAYS_EMPLOYED
type	float64
size	30000
missing	0.00%
unique	6826
mean_or_top1	-62601.530233
std_or_top2	140272.942901
min_or_top3	-365243.0
1%_or_top4	-365243.0
10%_or_top5	-365243.0
50%_or_bottom5	1238.5
75%_or_bottom4	2787.25
90%_or_bottom3	4923.1
99%_or_bottom2	10863.22
max_or_bottom1	16836.0

图 5–39　异常特征的数据质量报告

对于这类特征，应该进行问题溯源。问题可能出在数据整合环节，也可能是数据本身的质量问题。在处理这些问题时，如果发现是数据整合环节出错，则需要对错误进行修正。如果是数据本身的质量问题，则可以选择删除有问题的行，或者进行简单的替换。本案例中将这些错误值替换为缺失值，代码如下。

```
import numpy as np
dat['DAYS_EMPLOYED']=dat['DAYS_EMPLOYED'].map(lambda x:np.nan if x<0 else x)
```

其他特征可依次类推，这里不再赘述。

（2）处理缺失值

缺失值的处理包括确定缺失值的识别方式和选择合适的缺失值填补策略。在 Python 中，数值特征的缺失值可以用 float('nan') 或 numpy.nan 来表示。对于分类特征，需要指定一个特定的值来代表缺失值。缺失值的填补策略应根据实际情况来定。对于评分卡模型中的缺失值，可以选择不作处理，将其单独作为一项；而对于需要填补的模型，如果缺失值占比较小，则可以使用均值或中位数进行填补，或者采用算法来填补。当缺失值比例较高时，可以创建一个新的特征来表示缺失值的存在，替代原始特征；如果缺失值比例非常高，则表明该特征的信息量不足，可以考虑移除该特征。在本案例中，由于是开发评分卡，因此我们不对缺失值进行过多的处理，只是对缺失值的表示进行简单替换，示例代码如下[1]。

1　说明：missing_values 是一个列表，用于指定不同数据类型列的缺失值代表。这里分别指定数值型（number）列和对象型（object）列的缺失值，并在数据处理过程中分别对这两种类型的缺失值进行替换。

```
missing_values_num=[np.nan,np.inf,-np.inf]
missing_values_obj=[np.nan,'nan','','special','missing']
dat=pd.concat([dat.select_dtypes(include='number').
replace(missing_values_num,np.nan),dat.select_
dtypes(exclude='number').replace(missing_values_
obj,'missing')],axis=1)
```

（3）处理极端值

极端值的处理通常使用盖帽法。盖帽法的相关内容见 2.5.1 节，这里不再赘述。

5. 数据分区

在数据清洗完成后，需要对数据进行分区，以确保训练集数据和测试集数据能够按照一定的比例随机划分。这里直接使用了 sklearn 库中的 train_test_split 函数进行随机分区，并采用分层抽样的方法来保证训练集数据和测试集数据中目标特征的分布一致性。训练集数据与测试集数据的比例设定为 2:1，代码如下。

```
from sklearn.model_selection import train_test_split
X_train, X_test, y_train,
y_test=train_test_split(dat.drop('TARGET',1),dat.
TARGET,test_size=0.33,random_state=1223,stratify=dat.TARGET)
```

5.6.3 特征初筛

在 5.2.2 节已经介绍过特征初筛的目的和适用场景。这里 bm.preSelector 实现了类似的功能，能够快速过滤掉不重要的特征，调用代码与参考的初筛参数设定如下[1]。

```
X_train_tmp1=toad.selection.drop_empty(X_
train,threshold=0.9)
X_train_tmp2=toad.selection.drop_var(X_train_
tmp1,threshold=0)
X_train_1=toad.selection.drop_iv(X_train_tmp1,y_
train,threshold=0.02)
X_test_1=X_test[X_train_1.columns]
```

本案例中的原始数据有 119 个特征，经筛除后保留了 108 个特征。

---

[1] 说明：上述初筛过程的步骤如下。
① 缺失值筛选：缺失率高于此定义值的列将被筛除。
② 方差变异性筛选：方差低于此定义值的列将被筛除。
③ IV 筛选：特征分箱后，IV 值低于此客户定义值的列将被筛除。

5.6.4 分箱与 WoE 编码

1. 自动分箱

在 5.2.2 节中介绍了分箱的相关内容,而 bm.binSelector 模块提供了这些分箱方法和算法的集成以及特征筛选功能。以下代码展示了如何实现决策树的最优分箱[1]。

```
bins = toad.transform.Combiner()
bins.fit(X_train_1,y_train, method = 'dt',n_bins=5,min_
samples = 0.05)
```

以特征 Age 为例,其分箱切分点信息和分箱图如图 5-40 所示[2],代码如下。

```
from toad.plot import bin_plot,badrate_plot
bin_plot(bins.transform(X_train_1),x='Age',target=y_
train)
```

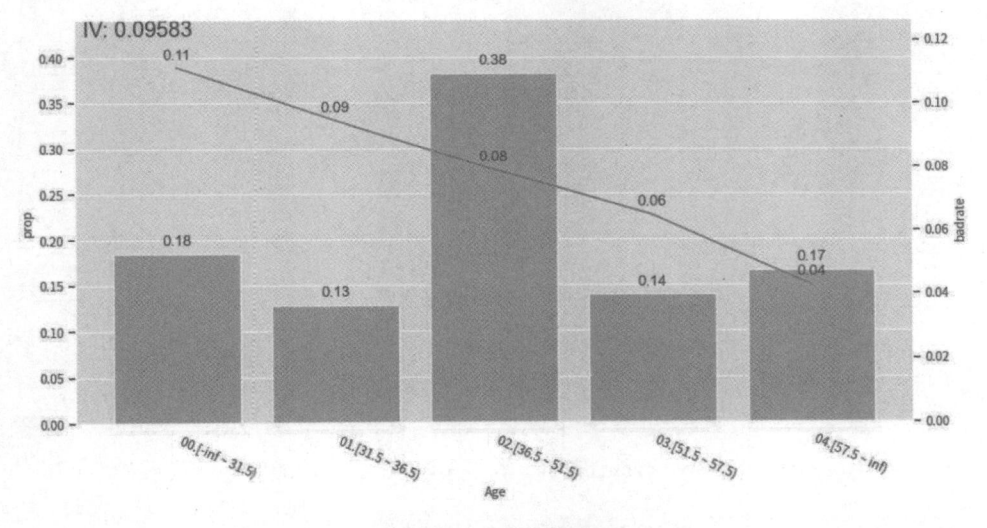

图 5-40 分箱图

2. 分箱调整

等频和自动分箱等方法都可以作为细分箱的策略,但其结果通常只作为参考。在实际操作中,由于需要考虑稳定性、可解释性和单调性等因素,某些特征的分箱

---

1 说明:参数 method="dt" 为决策树分箱,还可选择 chi(卡方分箱)、freq(等频分箱)、min_samples 为单一分箱的最小箱内样本占比限制,n_bins 为自动分箱的最大分箱数限制。
2 说明:图 5-40 是一个典型的双 y 轴图,横轴为分箱标签,左纵轴为分箱占比,以柱状图展示;右纵轴为分箱下的坏样本率,以折线图展示;图左上为 IV 值信息。

可能还需要进行人工调整。如果特征数量较多，那么人工调整将需要大量的时间和精力。

在本案例中，以训练集数据为主进行分箱调整，如图 5-41 所示，代码如下[1]。

```
rule = {'Age': [36.5, 51.5, 57.5]}
bins.update(rule)
bin_plot(bins.transform(X_train_1,la bels=True),x='Age',target=y_train)
```

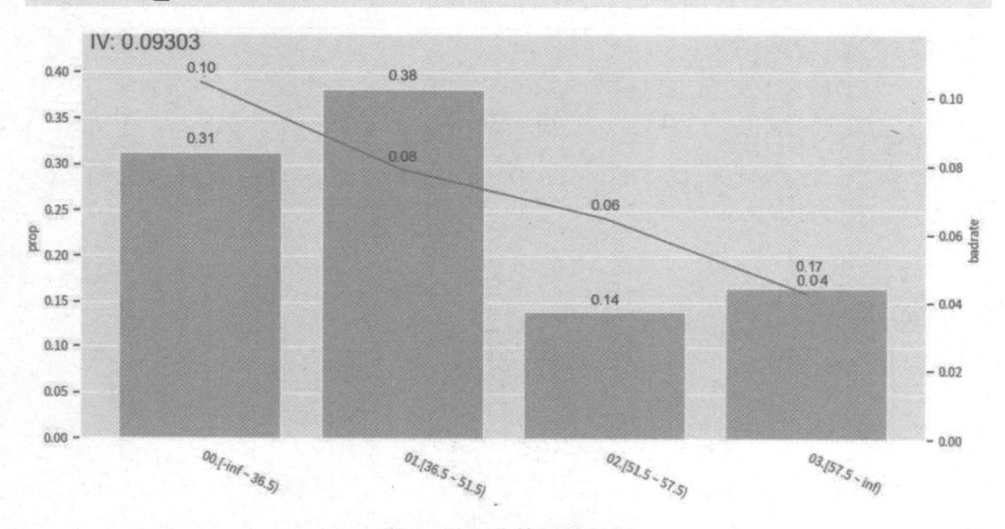

图 5-41　分箱调整示例

3. WoE 编码

分箱确定后，根据分箱结果进行 WoE 编码，在 5.2.2 节中介绍了 WoE 编码的概念与内容。toad.transform.WoETransformer 提供了 WoE 编码功能，示例代码如下[2]。

```
woe = toad.transform.WoETransformer()
X_train_woe = woe.fit_transform(bins.transform(X_train_1), y_train)
X_test_woe = woe.transform(bins.transform(X_test_1))
```

---

[1] 说明：原变量 Age 的分箱为 31.5、36.5、51.5、57.5，这里将分箱调整为 36.5、51.5、57.5，即合并 [-Inf,31.5) 和 [36.5, 51.5) 两个分箱，通过重新设定分箱字典结构，同时使用 bins.update 方法更新分箱点，再进行绘图，可看到分箱已经进行了调整，第一箱为 [-Inf,31.5)。

[2] 说明：使用 toad.transform.WoETransformer 方法进行 WoE 转换，其 WoE 值为基于之前的分箱结果计算得出，这里计算了训练集数据 WoE 编码值的结果，再根据此编码映射对测试集数据进行编码，两份数据分别存储为 X_train_woe 与 X_test_woe。

5.6.5 相关性分析与特征聚类

在 5.2.2 节中介绍了特征数据相关性的问题。在实践中，有多种方法可以处理这种相关性。toad.selection.drop_corr 函数提供了一种基于 sklearn 层次聚类的列聚类算法实现，用于筛选高相关特征组中的变量。通过使用特征聚类，可以提供相关性较强的特征组信息，从而使建模者能够清晰地了解各个特征在不同组中的情况，代码如下[1]。

```
X_train_woe_1=toad.selection.drop_corr(X_train_woe,y_train,threshold=0.7)
X_test_woe_1=X_test_woe[X_train_woe_1.columns]
```

至此，我们完成了特征初筛、分箱与特征聚类，过滤掉了大量无用的、内部相关性较高的特征。在实践中，建议每一步筛选均保留筛选的记录，方便进行模型修改。

5.6.6 逐步回归

1. 逐步回归

在 5.3.3 节中介绍了 Logit 回归的基本内容。此外，toad.selection.stepwise 函数提供了一种实现统计学上的逐步回归方法，用于进行变量筛选，代码如下[2]。

```
X_train_woe_2 = toad.selection.stepwise(X_train_woe_1,y_train, direction = 'both', criterion = 'aic')
X_test_woe_2 = X_test_woe_1[X_train_woe_2.columns]
```

2. 逻辑回归建模

使用 sklearn 的回归算法库进行回归建模，代码如下。

```
from sklearn.linear_model import LogisticRegression
model = LogisticRegression()
model.fit(X_train_woe_2,y_train)
```

---

[1] 说明：toad.selection.drop_corr 方法可根据设定的相关性阈值（threshold=0.7），完成高相关性特征组的特征筛选。默认情况下，将选择高相关特征组中 IV 值最高的变量，以达到相关性筛选的目的。
[2] 说明：toad.selection.stepwise 是逐步回归在 Python 中的实现，其中，direction = 'both' 表示使用向前向后法进行筛选，criterion = 'aic' 表示使用 aic 指标平衡模型表现与模型复杂度。

3. VIF 诊断

逐步回归结果还需进行 VIF 诊断，以便查看有无残存的共线性问题。toad.selection.VIF 模块在拟合完模型后会产生属性 vif_info，其能够输出模型中各个特征的 VIF 值，如图 5-42 所示，代码如下。

```
toad.selection.VIF(X_train_woe_2)
```

```
Bureau_Var128      1.037939
Bureau_Var1061     1.063951
Previous_Var22     1.083139
Bureau_Var21       1.298959
Bureau_Var1069     1.165025
OWN_CAR_AGE        1.035518
DAYS_EMPLOYED      1.064694
Score1             1.116110
IP_Var24           1.036622
Previous_Var545    1.048987
Score2             1.092290
Score3             1.268695
GENDER             1.073368
EDULEVEL           1.055083
dtype: float64
```

图 5-42　VIF 的结果

在图 5-42 中的特征 VIF 值均小于 2，说明模型无明显的共线性。

4. PSI

入模变量的 PSI 可以使用 toad.metrics.PSI 方法统计得出，如图 5-43 所示，代码如下。

```
toad.metrics.PSI(X_train_woe_2, X_test_woe_2)
```

```
Bureau_Var128      0.000174
Bureau_Var1061     0.000245
Previous_Var22     0.000143
Bureau_Var21       0.000275
Bureau_Var1069     0.001130
OWN_CAR_AGE        0.000746
DAYS_EMPLOYED      0.000543
Score1             0.000184
IP_Var24           0.000430
Previous_Var545    0.000112
Score2             0.000839
Score3             0.000358
GENDER             0.000008
EDULEVEL           0.000061
dtype: float64
```

图 5-43　PSI 的结果

在图 5-43 中的特征在训练集数据与测试集数据上的 PSI 较低，说明无明显变量分布变动情况。

5.6.7 模型评估

至此，本案例已完成建模工作，下面进行模型评估，根据 5.3.3 节的介绍，我们把模型评估分为入模特征评估和样本内评估[1]。

1. 入模特征评估

我们可以从特征的统计指标、入模特征情况两方面来评估入模特征的合理性。从模型结果的统计指标看，VIF、PSI 也无异常；从综合情况看，本案例中的入模特征分为外部综合分、还款能力、还款意愿三类。

（1）外部综合分

外部综合分包括 Score1（外部信用分 1）、Score2（外部信用分 2）、Score3（外部信用分 3）。

（2）还款能力

1）人口统计：Gender（性别）、Edylevel（教育程度）。

2）资产及收入：Own_Car_Age（拥有车时长）。

3）稳定性：Days_Employed（受雇佣时长）。

（3）还款意愿

1）信贷历史：Bureau_Var128（授信金额标准差_所有）、Bureau_Var1061（平均授信使用率_在贷_信用卡）、Bureau_Var21（近 15 个月客户贷款数_在贷）、Bureau_Var1069（近 15 个月客户贷款数_在贷）。

2）查询记录：Previous_Var545（消费金融类贷款申请通过的总金额）、Previous_Var22（近 24 个月贷款申请次数）。

3）还款行为：IP_Var24（近 24 个月贷款最大逾期天数）。

该模型基本上涵盖了与信用风险相关的主要因素，但仍存在一些不足之处。例如，模型中关于资产和收入的特征不足，可以考虑收集更多关于不动产和收入的相关信息；负债类特征也不够充分，可以进一步挖掘更多的负债类特征；直接将金额类特征纳入模型可能会带来未来的不稳定性；模型可能过于依赖外部综合评分等问题。另外，入模特征可能缺少一些满足监管要求的特征。这些问题可以通过引入新的数据源、重新选择入模特征、进行特征衍生，以及模型迭代等方式来加以完善。

---

[1] 说明：由于本案例无较新的样本，样本外评估（稳定性评估）在这里未做演示，但在实际应用中往往需要 进行样本外评估。

2. 样本内评估

在本案例的建模过程中，数据被随机分为训练集数据和测试集数据两部分。测试集数据在任何建模过程中都没有被使用，其目的是评估模型构建的效果。评估的重点在于模型的准确性指标，特别是 ROC 曲线和 KS 曲线。为了绘制 ROC 曲线和 KS 曲线，我们需要调用相应的基础数据，代码如下[1]。

```
import sklearn.metrics as metrics
fpr_train, tpr_train, _ = metrics.roc_curve(y_train, model.predict_proba(X_train_woe_2)[:,1])
fpr_test, tpr_test, _ = metrics.roc_curve(y_test, model.predict_proba(X_test_woe_2)[:,1])
```

绘制 ROC 曲线的代码如下[2]。

```
from matplotlib import pyplot as plt
plt.plot(fpr_train,tpr_train,label = 'train LR: AUC = %0.2f'%metrics.auc(fpr_train, tpr_train)),color='black',linestyle='_'
plt.plot(fpr_test,tpr_test,label = 'test LR: AUC = %0.2f'%metrics.auc(fpr_test, tpr_test)),color='black',linestyle='--'
plt.plot([0,1],[0,1],'k--')
plt.xlabel('False positive rate')
plt.ylabel('True positive rate')
plt.title('ROC Curve')
plt.legend(loc = 'best')
```

绘制 KS 曲线的代码如下[3]。

```
th_tr=[i/len(tpr_train) for i in range(len(tpr_train))]
th_te=[i/len(tpr_test) for i in range(len(tpr_test))]
plt.plot(th_tr,tpr_train),color='black',linestyle='_'
plt.plot(th_tr,fpr_train),color='black',linestyle='_'
plt.plot(th_te,tpr_test),color='black',linestyle='--'
plt.plot(th_te,fpr_test),color='black',linestyle='--'
plt.plot(th_tr,abs(fpr_train-tpr_train),label = 'train ks = %.4f'%max(abs(fpr_train-tpr_train)),color='black',linestyle='_'
plt.plot(th_te,abs(fpr_test-tpr_test),label = 'test ks = %.4f'%max(abs(fpr_test-tpr_test))),color='black',linestyle='--'
```

---

[1] 说明：这里使用 sklearn.metrics 中的函数 roc_curve 生成绘制 ROC 曲线与 KS 曲线的基础数据。
[2] 说明：使用绘图库 matplotlib 绘制 ROC 曲线。
[3] 说明：使用绘图库 matplotlib 绘制 KS 曲线。

```
plt.xlabel('Population')
plt.ylabel('Bad/Good Cumsum Population%')
plt.title('KS Curve')
plt.legend(loc = 'best')
```

结果如图 5-44 所示[1]。

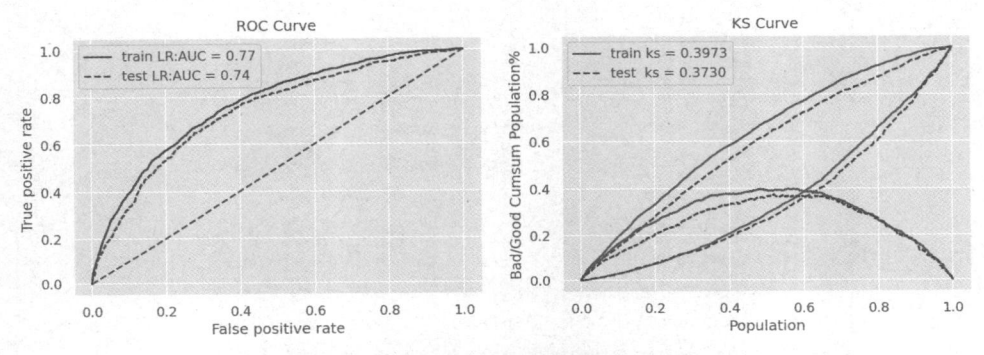

图 5-44　ROC 曲线与 KS 曲线

5.6.8　评分卡的制作

评分卡的制作过程主要包括刻度转换与分值分配、评分表现报告两部分。

1. 刻度转换与分值分配

假定本案例的模型经过讨论后被认定为可行，下一步应生成评分卡，以便进行工程化。在 5.3.2 节中介绍了评分卡刻度转换与分值分配的原理，toad.ScoreCard 模块可以实现这些功能，包括刻度转换与分值分配。以下是使用该模块进行调用的示例[2]。

```
card = toad.ScoreCard(
    combiner = bins,
    transer = woe,
    base_score = 600,
```

---

[1] 说明：该模型的区分能力与覆盖率基本能够达到申请评分卡模型的标准，而训练集数据的结果与测试集数据相差不大，模型无明显的过拟合情况。

[2] 说明：利用 toad.ScoreCard 函数可生成评分卡。combiner 为之前的分箱对象，transer 指 WoE 编码对应的对象，base_score 为基础分，base_odds 指基础分对应的发生比，PDO 为评分间隔。card.export 可输出评分卡明细至对象 sc 中，sc 为 pandas 数据框，记录了变量、变量分箱与对应的评分，如图 5-45 所示。

```
        base_odds = 35,
        pdo = 50,
)
card.fit(X_train_woe_2,y_train)
sc=card.export(to_frame=True)
sc.head(10)
```

	name	value	score
0	Bureau_Var128	[-inf ~ 18391.3818359375]	23.50
1	Bureau_Var128	[18391.3818359375 ~ 76194.96484375]	65.33
2	Bureau_Var128	[76194.96484375 ~ 365998.8125]	39.79
3	Bureau_Var128	[365998.8125 ~ 741011.09375]	23.26
4	Bureau_Var128	[741011.09375 ~ inf]	57.05
5	Bureau_Var1061	[-inf ~ -0.0025000000605359674]	39.90
6	Bureau_Var1061	[-0.0025000000605359674 ~ 0.4675000011920929]	54.79
7	Bureau_Var1061	[0.4675000011920929 ~ 0.7094999849796295]	23.30
8	Bureau_Var1061	[0.7094999849796295 ~ 0.9335000216960907]	33.27
9	Bureau_Var1061	[0.9335000216960907 ~ inf]	11.59

图 5-45　评分卡结果（部分）

该结果即为评分卡实施的依据，可导出为 Excel 存档以备用。若希望对全体数据评分，调用代码如下。

```
X_train_woe_2['score']=card.predict(X_train_woe_2)
X_test_woe_2['score']=card.predict(X_test_woe_2)
```

2. 评分表现报告

通过生成评分表现报告，我们可以对建模得到的评分卡结果进行评估并存档。评分表现报告的结构与特征分析报告相似，能够为训练集数据和测试集数据生成评分表现报告。toad.metrics.KS_bucket 模块能够提供不同分组的特征分析报告生成功能详细的调用代码如下[1]。

```
scorepf=toad.metrics.KS_bucket(X_train_woe_2['score'],
y_train,bucket=10,method='quantile')
```

拟合数据集后，对象 scorepf 存储了不同样式的评分表现报告，代码如下。

```
print(scorepf)
```

---

[1] 说明：toad.metrics.KS_bucket 方法可生成评分表现报告，其中 bucket=10，代表切分 10 箱，method = 'quantile'，代表使用分位数分箱。

输出结果如图 5-46 所示[1]。

	min	max	bads	goods	total	bad_rate	good_rate	odds	bad_prop	good_prop	...	cum_bad_rate_rev	cum_bads_prop
0	339.425397	377.689816	72.0	821.0	893.0	0.080627	0.919373	0.087698	0.045312	0.044352	...	0.079055	0.045312
1	379.449120	386.805584	173.0	4653.0	4826.0	0.035847	0.964153	0.037180	0.108874	0.251364	...	0.078982	0.154185
2	388.966870	404.500267	104.0	1541.0	1645.0	0.063222	0.936778	0.067489	0.065450	0.083248	...	0.093457	0.219635
3	408.195789	415.552253	56.0	2501.0	2557.0	0.021901	0.978099	0.022391	0.035242	0.135109	...	0.097362	0.254877
4	417.713539	426.477288	49.0	910.0	959.0	0.051095	0.948905	0.053846	0.030837	0.049160	...	0.116318	0.285714
5	426.829307	447.047075	264.0	2855.0	3119.0	0.084643	0.915357	0.092469	0.166142	0.154233	...	0.123102	0.451857
6	447.154282	472.888205	187.0	1765.0	1952.0	0.095799	0.904201	0.105949	0.117684	0.095349	...	0.142763	0.569541
7	473.270659	497.225750	265.0	1801.0	2066.0	0.128267	0.871733	0.147140	0.166772	0.097294	...	0.164859	0.736312
8	497.282622	656.301547	419.0	1664.0	2083.0	0.201152	0.798848	0.251803	0.263688	0.089892	...	0.201152	1.000000

9 rows × 22 columns

图 5-46　训练集数据和测试集数据评分表现报告（部分）

列名	含义
min	评分最小值
max	评分最大值
bads	边际坏样本量
goods	边际好样本量
total	边际样本量
bad_rate	边际坏样本率
good_rate	边际好样本率
odds	对数发生比
bad_prop	边际坏样本量占比
good_prop	边际好样本量占比
total_prop	边际样本量占比
cum_bad_rate	累积坏样本率
cum_bad_rate_rev	倒序累积坏样本率

图 5-47　数据质量报告的维度说明

---

2 说明：在报告中，前两列分别显示每个分箱的评分最小值和最大值，而后续的列则展示了每个分箱的统计指标。其中，不带"cum"前缀的列表示边际指标，而带有"cum"前缀的列表示累积统计指标。例如，"bar_rate"列表示各分箱的边际坏样本率，通常评分最高的分箱会有最高的坏样本率。这份报告可以作为评估模型表现的重要参考。各列的详细含义见图 5-47。

列名	含义
cum_bads_prop	累积坏样本占比
cum_bads_prop_rev	倒序累积坏样本占比
cum_goods_prop	累积好样本占比
cum_goods_prop_rev	倒序累积好样本占比
cum_total_prop	累积样本占比
cum_total_prop_rev	倒序累积样本占比
ks	KS
lift	LIFT
cum_lift	累计 LIFT

图 5-47 数据质量报告的维度说明（续）

5.6.9 模型文档

至此，本案例已经完成了整个建模过程。读者可以从数据清洗、宽表构建、特征筛选、分箱 WoE 编码、逐步回归、模型评估到评分卡制作等环节，全面了解评分卡开发的全过程。在整个过程中，许多中间结果需要被记录和存档。以下是较为重要的模型中间结果，这些结果需要整理成模型文档，以便进行审查和总结。

1）建模总结：包括模型设定、适用的产品或客群、取数逻辑、模型效果等。

2）数据字典：对数据特征进行说明与解释。

3）数据定义的相关文档：包括 Vintage 报告、RollRate 报告等。

4）数据质量报告：包括所有备选特征的数据质量报告。

5）特征分析报告：以最终分箱报告为主。

6）特征筛选过程报告：记录特征初筛、分箱筛选、特征聚类筛选、逐步回归筛选，以及最终入模特征的筛选过程和依据。

7）模型报告：包括 Logit 回归模型结果、VIF 诊断结果、ROC/AUC 等指标。

8）模型评估报告：包括入模型特征分析报告、样本内评估报告、样本外评估报告、评分表现报告等。

9）建模代码与建模数据：提供构建整个模型的 Python 代码和训练集数据，确保能够复现模型结果。

5.7 案例 2：制作 Vintage 报告

在 5.4.2 节主要介绍了 Vintage 报告在申请评分卡模型中数据定义环节的应用，在本案例中，将重点介绍 Vintage 报告的生成逻辑与代码实现。

5.7.1 Vintage 相关业务报表

在信贷数据库中存储了信贷业务系统各个节点与流程的重要数据。其中有两张表与 Vintage 分析直接相关，分别是客户合同信息表（customer_detail）和还款明细表（repayment_sum_month），它们记录了客户签署贷款合同的相关信息。

在模拟某分期贷款的信贷数据库（risk）中，本案例使用虚构数据生成了客户合同信息表和还款明细表，并将其存储在本地 MySQL 数据库中。客户合同信息表的内容如图 5-48 所示，代码如下。

```
select * from risk.customer_detail limit 5;
```

合同 ID	客户编号	客户名称	合同期限	放款日期	到期日期	合同金额	性别	年龄	婚姻状况
0005f28cc32945ecbf10cbdda50396b5	1808867960	王倩	18	2018-08-08	2020-02-16	50000.00	女	33	已婚
000d5719bfee496c87b0680d224fc136	1711231404	裴金凤	6	2017-11-23	2018-05-23	36000.00	女	42	已婚
002837ccb279426fa0f8b45c370a4fef	1809259131	王理伟	12	2018-09-26	2019-09-28	68000.00	男	43	已婚
006a6fra8cde4e9bb5a1afde3136978b	1802864889	林绍滢	12	2018-02-06	2019-02-06	272000.00	男	43	已婚
007075347e284f3395b670e0886cc9a8	1806195568	彭瑞军	6	2018-06-20	2018-12-20	86000.00	男	44	已婚

5 rows in set (0.00 sec)

图 5-48 客户合同信息表

该表记录了客户签订贷款合同时的合同情况，包括合同期限、放款日期、合同金额等重要信息，是静态数据。

客户还款明细表为动态数据，记录了每一天所有客户还款的实时情况，还款明细表一般会按照一个期限不断更新。在实践中，通常按天更新并不断积累数据，每一个客户都有截至最新时间点前每一天的历史还款信息。为方便将还款明细表更新频率换为月，该表记录了每个月末所有客户的历史还款信息，包括数据生成时间（观测月）、客户当期还款的期数、应还金额、剩余本金等，且根据其历史还款情况，还款明细表追加逾期类字段，如当前逾期金额、当前逾期天数、历史最大逾期天数、历史最大逾期金额等字段。

图 5-49 展示了在模拟的还款明细表内一笔正常分期贷款的还款记录，代码如下。

```
select 合同ID,观测月,放款月,分期数,剩余期数,剩余本金,应
还金额,逾期本金,逾期期数,当前是否逾期,当前最大逾期天数 from
repayment_sum_month
    where 合同ID='fe7f0548742a44d99ecf832ce8d64b33'
```

合同ID	观测月	放款月	分期数	剩余期数	剩余本金	应还金额	逾期本金	逾期期数	当前是否逾期	当前最大逾期天数
fe7f0548742a44d99ecf832ce8d64b33	2018-07	2018-07	18	18	160000.00	160000.00	0.00	0	0	0
fe7f0548742a44d99ecf832ce8d64b33	2018-08	2018-07	18	17	151111.11	160000.00	0.00	0	0	0
fe7f0548742a44d99ecf832ce8d64b33	2018-09	2018-07	18	16	142222.22	160000.00	0.00	0	0	0
fe7f0548742a44d99ecf832ce8d64b33	2018-10	2018-07	18	15	133333.33	160000.00	0.00	0	0	0

图 5-49 客户还款明细表

表 5-49 显示剩余本金为 160000 元,共分 18 期偿还,还款从 2018 年 8 月开始。表中的 4 条还款记录代表了截至 2018 年 10 月的 4 个月内,客户每月的还款情况。由于剩余本金不断减少,表明客户一直在正常按期还款。因此,在后续的逾期记录中,并没有该客户的任何逾期记录。

下面来看一笔逾期分期贷款的还款记录,如图 5-50 所示,代码如下。

```
select 合同ID,观测月,放款月,分期数,剩余期数,剩余本金,应
还金额,逾期本金,逾期期数,当前是否逾期,当前最大逾期天数 from
repayment_sum_month
    where 合同ID='751bffadd5f346438ac81e4a9890120c';
```

合同ID	观测月	放款月	分期数	剩余期数	剩余本金	应还金额	逾期本金	逾期期数	当前是否逾期	当前最大逾期天数
751bffadd5f346438ac81e4a9890120c	2017-12	2017-12	12	12	40000.00	40000.00	0.00	0	0	0
751bffadd5f346438ac81e4a9890120c	2018-01	2017-12	12	11	36666.67	40000.00	0.00	0	0	0
751bffadd5f346438ac81e4a9890120c	2018-02	2017-12	12	10	33333.34	40000.00	0.00	0	0	0
751bffadd5f346438ac81e4a9890120c	2018-03	2017-12	12	9	30000.01	40000.00	0.00	0	0	0
751bffadd5f346438ac81e4a9890120c	2018-04	2017-12	12	8	26666.68	40000.00	0.00	0	0	0
751bffadd5f346438ac81e4a9890120c	2018-05	2017-12	12	7	23333.35	40000.00	0.00	0	0	0
751bffadd5f346438ac81e4a9890120c	2018-06	2017-12	12	6	20000.02	40000.00	0.00	0	0	0
751bffadd5f346438ac81e4a9890120c	2018-07	2017-12	12	5	16666.69	40000.00	0.00	0	0	0
751bffadd5f346438ac81e4a9890120c	2018-08	2017-12	12	4	13333.36	40000.00	0.00	0	0	0
751bffadd5f346438ac81e4a9890120c	2018-09	2017-12	12	3	10000.03	40000.00	0.00	0	0	0
751bffadd5f346438ac81e4a9890120c	2018-10	2017-12	12	3	10000.03	40000.00	3333.33	1	0	4

图 5-50 某逾期客户的还款明细

从图 5-50 可以看出,该客户在 2018 年 10 月未还当期应还贷款,因此产生了当前的逾期,此时剩余本金与上月相比不变,逾期本金变为当前累积的未还金额,后续的逾期标示则变为 1。

综上,这两张表一般为制作 Vintage 报告的原始数据,读者务必熟悉其业务逻辑。

5.7.2 Vintage 报告的制作

Vintage 分析用于反映在某一截止日期之前一段时间内发放的贷款合同,在还款期间各个观测月的坏账情况。Vintage 分析有多种口径,汇总的固定期限可以是月、季或年等,而放款合同的期限则根据实际需要来确定。汇总后的坏账率可以通过不同的度量标准来计算,例如,逾期金额与放款总额的比值,或者逾期合同数与总合

同数的比值。逾期的具体定义可以是历史上逾期 N 天以上（Ever $N+$），也可以是当前逾期 N 天以上（Now $N+$）。此外，还可以根据不同客群分别绘制 Vintage 分析图，如男性和女性客群的 Vintage 报告。

总之，Vintage 报告可以根据业务需求进行多种形式的变化。本案例主要介绍最基本的 Vintage 制作方法，即以当前逾期 0 天以上为口径，按月份绘制的全量 Vintage 放款金额报告。考虑到基础业务报表通常存储在业务数据库中，本案例采用 SQL 与 Python 结合的方式来制作 Vintage 报告。

1. 使用 Python 3 连接 MySQL 数据库

在 Python 3 中，可以使用 pandas、pymysql 和 sqlalchemy 这三个库方便地访问 MySQL 数据库。这里假设业务数据库位于本地（在实际应用中，可以根据需要修改为远程地址），建立数据库连接的示例代码如下。

```
import pandas as pd
import pymysql
import sqlalchemy
query="""
show databases;
"""
risk = sqlalchemy.create_engine('mysql+pymysql: //root:12345678@localhost: 3306/?charset=utf8')
data=pd.read_sql(query,risk)
print(data)
```

如果连接成功，那么在 data 中将包括当前 MySQL 中数据库的列表。

2. 使用 SQL 完成 Vintage 计算

在实践中，由于还款明细表数量巨大，直接使用 Python 读取全量还款明细到本地不合适。因此直接使用 SQL 先在数据库中生成 Vintage 报告，再导出到 Python 中备用。

Vintage 的基本逻辑分为以下两点。

第 1 点：在一个时间节点汇总统计某期产品的每一个放款月的总放款量，将其作为逾期率的分母。该数据可方便地在客户信息表（customer_detail）中进行分组汇总得出，代码如下。

```
select 合同期限,substr(放款日期,1,7) 放款月,sum(合同金额)
```

```
放款金额,count(1) 放款量
               from risk.customer_detail
               where 放款日期>='2017-11-01'
               and 放款日期<='2018-04-30'
               group by 合同期限,substr(放款日期,1,7)
```

上述 SQL 语句提取了从 2017 年 11 月 1 日到 2018 年 4 月 30 日不同期限产品每个月的总放款金额、放款量，产生的中间数据如图 5-51 所示。

	合同期限	放款月	放款金额	放款量
0	6.0	2017-11	10019000.0	97
14	12.0	2017-11	726000.0	14
11	3.0	2017-11	3832000.0	36
15	12.0	2017-12	1845000.0	27
6	6.0	2017-12	12942000.0	125
8	3.0	2017-12	4558000.0	46
9	12.0	2018-01	2025000.0	25
12	3.0	2018-01	7462000.0	63
5	6.0	2018-01	14815000.0	148
7	6.0	2018-02	6106000.0	67
1	12.0	2018-02	1695000.0	13
17	3.0	2018-02	2055000.0	22
10	3.0	2018-03	2339000.0	23
13	12.0	2018-03	1206000.0	11
2	6.0	2018-03	12482000.0	120
4	6.0	2018-04	11741000.0	122
16	12.0	2018-04	930000.0	7
3	3.0	2018-04	5250000.0	42

图 5-51 不同期限产品每月的放款信息

第 2 点：在特定的时间节点，我们需要对每个放款月后的连续几个月（如第一个月为 mob1，第二个月为 mob2，依次类推，直到第 N 个月为 mobN）进行汇总。对于每个月末，我们将该放款月所有合同产生的逾期 0 天以上的剩余本金作为分子，分母则是前面计算出的相应期限产品的放款总额。以 6 期贷款期限为例，首先在还款明细表中生成一个 mob 字段，用以辅助判断每一笔记录应属于哪个观察期（mob）。接着，计算每一笔合同在每个观察期的逾期 0 天以上的剩余本金，SQL 语句如下。

```
select 分期数,放款月,
    sum(case when mob=1 and 当前最大逾期天数>0 then 剩余本
```

```
金 else 0 end） as mob1,
        sum（case when mob=2 and 当前最大逾期天数 >0 then 剩余本
金 else 0 end） as mob2,
        sum（case when mob=3 and 当前最大逾期天数 >0 then 剩余本
金 else 0 end） as mob3,
        sum（case when mob=4 and 当前最大逾期天数 >0 then 剩余本
金 else 0 end） as mob4,
        sum（case when mob=5 and 当前最大逾期天数 >0 then 剩余本
金 else 0 end） as mob5,
        sum（case when mob=6 and 当前最大逾期天数 >0 then 剩余本
金 else 0 end） as mob6
    from （ select m.分期数,m.剩余本金,m.放款月,m.观测月,m.
当前最大逾期天数,
            case when substr(m.观测月,1,4)=substr(m.放款月,1,4)
then substr（m.观测月,6,2）-substr（m.放款月,6,2）
            when substr(m.观测月,1,4)=substr(m.放款月,1,4)
+1 then 12+substr（m.观测月,6,2）-substr（m.放款月,6,2）
                else 0 end as mob
            from risk.repayment_sum_month m） a
    group by 分期数,放款月
```

注意，因为我们要看贷款期限为 6 个月产品的 Vintage，所以上述 SQL 语句中的观测月只取到 6 个月。若要查看其他期限的产品，则需要在此修改 SQL 语句至合理的观察期。

SQL 产生的数据结果如图 5-52 所示。

	分期数	放款月	mob1	mob2	mob3	mob4	mob5	mob6
3	3.0	2017-10	0.0	0.00	0.00	0.00	0.00	0.00
4	12.0	2017-10	0.0	0.00	0.00	0.00	0.00	0.00
5	6.0	2017-10	0.0	0.00	0.00	0.00	0.00	0.00
0	6.0	2017-11	0.0	0.00	0.00	212000.00	212000.00	772000.00
1	3.0	2017-11	0.0	0.00	409000.00	61000.00	0.00	0.00
2	12.0	2017-11	0.0	0.00	0.00	0.00	0.00	0.00
6	6.0	2017-12	0.0	0.00	0.00	0.00	0.00	132000.00
7	3.0	2017-12	0.0	45000.00	140000.00	0.00	0.00	0.00
8	12.0	2017-12	0.0	0.00	153083.33	125249.99	153083.33	153083.33
11	12.0	2018-01	0.0	0.00	0.00	0.00	75833.35	0.00
10	3.0	2018-01	93000.0	0.00	0.00	94000.00	94000.00	94000.00
9	6.0	2018-01	135000.0	390000.00	255000.00	390000.00	617000.00	1125000.00

图 5-52　SQL 产生的数据结果

下一步需要对这些数据按照期限和放款月份进行汇总,再除以相应期限产品每月的总放款金额,从而得到 Vintage 报告。此时我们可以将 Vintage 的基本逻辑中的 SQL 语句进行整合,生成最终的 Vintage 报告,整合后的 SQL 语句如下。

```
query="""
select c.放款月,round(sum(放款金额/10000),2) 放款金额,
        case when sum(放款金额)>0 then round(sum(mob1)/sum(放款金额),4) else null end as mob_1,
        case when sum(放款金额)>0 then round(sum(mob2)/sum(放款金额),4) else null end as mob_2,
        case when sum(放款金额)>0 then round(sum(mob3)/sum(放款金额),4) else null end as mob_3,
        case when sum(放款金额)>0 then round(sum(mob4)/sum(放款金额),4) else null end as mob_4,
        case when sum(放款金额)>0 then round(sum(mob5)/sum(放款金额),4) else null end as mob_5,
        case when sum(放款金额)>0 then round(sum(mob6)/sum(放款金额),4) else null end as mob_6
    from(
        select 分期数,放款月,
            sum(case when mob=1 and 当前最大逾期天数>0 then 剩余本金 else 0 end) as mob1,
            sum(case when mob=2 and 当前最大逾期天数>0 then 剩余本金 else 0 end) as mob2,
            sum(case when mob=3 and 当前最大逾期天数>0 then 剩余本金 else 0 end) as mob3,
            sum(case when mob=4 and 当前最大逾期天数>0 then 剩余本金 else 0 end) as mob4,
            sum(case when mob=5 and 当前最大逾期天数>0 then 剩余本金 else 0 end) as mob5,
            sum(case when mob=6 and 当前最大逾期天数>0 then 剩余本金 else 0 end) as mob6
        from (select m.分期数,m.剩余本金,m.放款月,m.观测月,m.当前最大逾期天数,
            case when substr(m.观测月,1,4)=substr(m.放款月,1,4) then substr(m.观测月,6,2)-substr(m.放款月,6,2)
```

```
                    when substr(m.观测月,1,4)=substr(m.放款
月,1,4)+1 then 12+substr(m.观测月,6,2)-substr(m.放款月,6,2)
              else 0 end as mob
         from risk.repayment_sum_month m) a
         group by 分期数,放款月) b
              join (select 合同期限,substr(放款日期,1,7) 放款
月,sum(合同金额) 放款金额,count(1) 放款量
              from risk.customer_detail
              where 放款日期>='2017-11-01' and 放款日期
<='2018-04-30'
              group by 合同期限,substr(放款日期,1,7)) c
on b.分期数=c.合同期限 and b.放款月=c.放款月
              where 合同期限=6
              group by c.放款月
"""
```

再通过 Python 读取该 SQL 语句执行后的结果,代码如下。

```
import pandas as pd import pymysql import  sqlalchemy

risk=sqlalchemy.create_engine('mysql+pymysql://root:
12345678@localhost:3306/?charset=utf8')
data=pd.read_sql(query,risk)
print(data.sort_values('放款月')
```

上述代码生成的 Vintage 报告如图 5-53 所示。

	放款月	放款金额	mob_1	mob_2	mob_3	mob_4	mob_5	mob_6
0	2017-11	1001.9	0.0000	0.0000	0.0000	0.0212	0.0212	0.0771
4	2017-12	1294.2	0.0000	0.0000	0.0000	0.0000	0.0000	0.0102
3	2018-01	1481.5	0.0091	0.0263	0.0172	0.0263	0.0416	0.0759
5	2018-02	610.6	0.0000	0.0000	0.0079	0.0079	0.0079	0.0457
1	2018-03	1248.2	0.0000	0.0000	0.0263	0.0263	0.0433	0.1672
2	2018-04	1174.1	0.0000	0.0000	0.0272	0.0451	0.0547	0.1369

图 5-53 Vintage 报告(逾期金额),单位:万元

读者可举一反三,试着制作 12 期产品的 Vintage 报告。

5.8 申请评分卡应用

金融机构主要将申请评分卡应用于模型及决策流、风险策略和额度策略等方面。

5.8.1 模型及决策流

在实际操作中，金融机构不仅会针对不同产品的客群开发不同的评分卡，而且对同一产品的客群也会开发多个评分卡，原因如下。

（1）数据源覆盖

人行征信覆盖的客群有限，尤其在消费信贷领域更为明显。因此，会构建基于征信的评分卡和大数据评分卡，以相互补充，最终实现共同决策或独立决策。

（2）客群细分

对同一产品的客群进行细分，构建不同的评分卡。例如，随着业务的发展，复贷客群的比例可能逐渐增加，当新旧客群差异显著时，通常倾向于构建不同的评分卡以区别对待，相应的授信定价策略也会有所不同。

（3）模型对比

在构建模型时，由于数据源的不同，可能会开发多个模型。为了比较这些模型的效果，需要同时部署多个模型。

（4）备用模型

备用模型是为了防止主模型出现问题而无法正常工作时，可以立即切换，以确保业务不受影响。虽然备用模型的效果通常不如主模型，但它提供了更好的稳定性和可靠性。

因此，在评分卡模型实际部署上线时，通常会形成不同的决策形式，这种结构被称为决策流。例如，常见的有双模型并行综合决策流、串行决策流（如主策略与备用策略决策流），以及针对不同渠道和不同客群的决策流（如客群细分决策流）等。图 5-54 展示了几种常见的决策流示例。

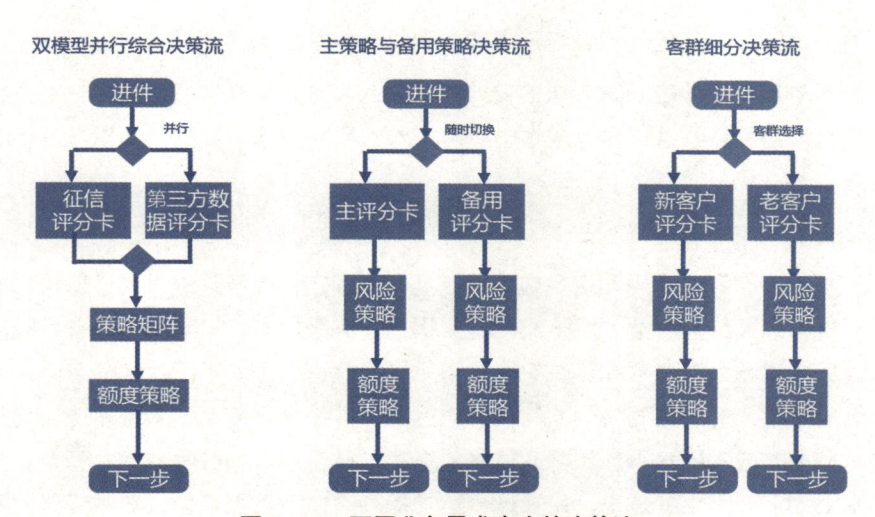

图 5-54　不同业务需求产生的决策流

在双模型并行综合决策流中，征信评分卡和第三方数据评分卡会同时对一个申请人进行信用评分，产生的两个评分将共同用于决策制定。在主策略与备用策略决策流中，两个评分卡呈串行关系：当一个评分卡失效时，可以随时切换到另一个评分卡。在这种方式下需要注意，两张评分卡的风险策略和额度策略的结果需要进行校准，即两种策略的通过率或坏账率需要调整至一致的水平，并同时确保两种策略下的通过率与坏账率都是可以被接受的。在针对客群细分决策流中，不同的客群使用不同的评分卡，每张评分卡分别对各自的客群进行风险评估，并执行相应的风险和额度策略。同样，在这种方式下也应该进行策略校准。

5.8.2　风险策略

风险策略主要包括设定合适的切分点和风险评级两个方面。

1. 设定合适的切分点

在使用评分卡时，通常需要确定一个合适的评分作为切分点。评分在切分点以下的客群将被拒绝，而评分在切分点以上的客群将被批准或进行进一步的人工审核。因此，需要制定合适的评分卡策略，特别是针对评分在切分点以下的客群。

显然，制定评分卡策略的重点包括两个方面：一是制定合适的通过率，二是接受合理的坏账率。当业务重心在于拓展市场时，通常会优先考虑通过率，同时拒绝一小部分风险极高的申请人。然而，在风控政策偏向保守或资产质量恶化的情况下，将优先考虑坏账率,例如,保证坏账率降低到符合要求的水平,同时适当降低通过率。

合适的风险策略应同时考虑信贷产品的收入和成本。在消费信贷中,金融机构的利润通常由利息收益、资金成本、运营成本、风险成本、坏账计提以及其他成本等组成,即:

利润 = 利息收益 - 资金成本 - 运营成本 - 风险成本 - 坏账计提 - 其他成本

一般而言,利息水平和资金成本等因素相对固定,而风险成本和运营成本的高低会直接影响最终的收益。风险成本主要指的是坏账成本,运营成本则包括获客成本、数据成本和人力成本等。在智能信用风控模型框架下,不同的切分点会产生不同的风控策略,这些策略将影响信贷的通过率和坏账率,而这两者基本上决定了运营成本和风险成本的水平。随着通过率的提高,获客成本和数据成本会降低,而风险成本则会上升。也就是说,如果过分追求提高通过率,则可能会忽视坏账对利润的负面影响;相反,如果过于严格控制坏账,则可能会忽略获客和数据成本对利润的影响。因此,一个合适的风险策略应该同时考虑这两个方面。当评分模型运行良好时,提高切分点通常会降低通过率并减少坏账率,这会导致运营成本上升而风险成本下降。理论上,应该存在一个最优的切分点,可以使最终利润最大化,如图 5-55 所示。

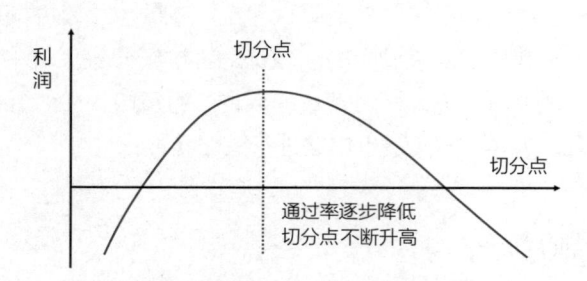

图 5-55 利润最大的风险策略示例

这一最优切分点能够使利润最大化,基于此点制定的风控策略被认为是最佳的。

在实际操作中,利润的计算涉及信贷产品的设计与定价,而风控策略的实施可能会对其他业务部门产生影响。因此,通常需要风险管理团队、市场团队、运营团队、产品团队等多个部门共同协作,以制定出合适的风险策略。

2. 风险评级

在制定好风控策略之后,为了方便部署模型、制定额度,以及进行后续管理,需要对客户风险进行评级。在制定风险评级时,将参考评级内估计的坏账率和赔率等指标。具体的分级标准包括坏账率、级别数量，都应与实际的业务情况紧密相关。合理设定级别的数量至关重要：如果设定的级别过多，则可能导致风控决策过程变得复杂，稳定性差，且不利于管理；如果级别过少，则无法有效区分不同风险等级的客户。此外，各个评级的参考坏账率也应根据实际业务情况进行制定。总体上，应确保各个评级下客群对应的坏账率存在一定差异，同时保证评级内客群的坏账率差异不大。

表 5-21 展示了某评分卡的客群评级结果。

表 5-21 客群评级示例

评级	说明	分段	占比	坏账率	赔率	决策结果
T1	风险极低	[750,High)	8%	1.48%	1.50%	通过
T2	风险低	[680,750)	12%	4.44%	3.00%	通过
T3	风险中	[590,680)	25%	8.89%	6.00%	通过
T4	风险高	[450,590)	21%	13.33%	9.00%	通过
T5	风险极高	[Low,450)	34%	17.78%	12.00%	拒绝
Total（去掉 T5）				5.35%		

5.8.3 额度策略

在产品设计初期，金融机构通常会考虑为单个客户提供大致的授信额度范围。在此基础上，授信额度可以根据评分卡所确定的信用风险水平以及其他相关因素进行细化调整。除了风险水平，金融机构还会根据实际需求，参考其他因素来确定授信额度，例如客户的还款能力和客户价值等。

1. 还款能力

在制定授信额度时，需要综合考虑申请人的还款能力，包括收入、资产水平和负债比等因素。尽管在消费信贷场景中，收入和资产类信息通常难以核实，但我们可以通过分析客户的消费记录、纳税记录、交易数据、地理位置、职业，以及社交信息等进行大致推测，如表 5-22 所示。

表 5-22　额度策略 1

风险等级	收入水平				
	高收入	中高收入	中等收入	中低收入	低收入
低	12000	12000	10000	7500	5000	5000
较低	12000	12000	10000	7500	5000	5000
中	9000	9000	9000	7500	3000	3000
较高	7500	7500	7500	5000	3000	3000
高	6500	5000	3000	3000	2000	2000

2. 客户价值

在制定授信额度时，金融机构会综合考虑申请人的信用风险和客户价值，以合理分配不同的授信额度，这在 B 卡额度的制定中尤为常见。客户潜在价值通常通过价值模型、重购模型等进行评估。在消费信贷场景中，客户价值的衡量与预测收入相似，可以通过分析客户的消费信息、职业、地理位置、复贷可能性等因素来大致推测，如表 5-23 所示。

表 5-23　额度策略 2

风险等级	客户价值				
	高价值	中高价值	中等价值	中低价值	低价值
低	12000	12000	10000	7500	5000	5000
较低	12000	12000	10000	7500	5000	5000
中	9000	9000	9000	7500	3000	3000
较高	7500	7500	7500	5000	3000	3000
高	6500	5000	3000	3000	2000	2000

在申请阶段，由于信用评估的准确性不如贷后管理阶段高，金融机构在实践中通常会采取较为保守的额度策略。当申请人进入贷中管理阶段后，金融机构将能够获取更多的信用信息，以构建行为评分卡模型。相关内容将在第 6 章中介绍。

第 6 章　贷中信用风险预测模型（B 卡）

贷款申请通过后，就进入贷中客户管理阶段。此阶段从客户获取授信开始，经历提现消费，直至到期还款。贷中管理的核心任务是风险防控与收益提升，其中风险防控尤为重要。在一些还款周期较长或具有循环额度的产品中，客户在用款期间会持续产生行为信息，也可能出现逾期情况。此时，金融机构能够获取完整的客户账户行为数据，从而更精准地实施客户信用评估，有效衡量信用风险水平。基于此，可以更精细化地制定客户维护策略，例如续卡及续贷策略、额度调整策略、风险监控策略、流失客户管理策略等。本章将主要介绍消费信贷场景下贷中管理的信用风险模型。

6.1 行为评分卡

行为评分卡模型是指在存量客户管理阶段，持续对客户的信用风险进行评估，并为账户额度调整、续卡续贷、风险监控等业务决策提供参考的工具。作为一种信用评分卡，其关联因素主要涉及客户的还款能力和还款意愿。行为评分卡在建模流程和模型选择上与申请评分卡类似，但在模型的业务理解、数据定义与数据使用方面存在明显区别。在具体算法的选择上，行为评分卡仍以经典统计回归为主，同时也会涉及一些机器学习方法的实验与应用。

6.1.1　业务理解

行为评分卡与贷中账户管理紧密相连。对于一些账期极短、还款方式非期缴的产品，无须花费太多精力在账户管理上，也无须进行数据积累，因此不适合构建行为评分卡。

相比之下，信用卡、循环授信类产品以及还款周期较长的产品则适合构建行为评分卡。信用卡额度反复使用且使用周期长；循环信用类贷款产品在消费类信贷中较为常见，通常在申请时确定授信额度，额度使用期限较长，需要不断维持与客户的关系并防范风险；固定额度的产品同样适合构建行为评分卡，可用于监控预警，并为预催收、客户复贷提供决策参考。

6.1.2 数据理解

数据理解主要包括建模总体与排除样本、时间窗口与目标定义。

1. 建模总体与排除样本

从数据理解的角度来看，行为评分卡的建模覆盖了从授信通过、激活信用卡用信到履约还款的客户全生命周期。通常情况下，行为评分卡建模不需要进行拒绝推断。与申请评分卡类似，行为评分卡也需要排除少量不符合要求的样本，具体如下。

- 特殊账户及异常样本，包括：未激活账户、不活跃账户、主动或被动销户、死亡、冻结及特殊对待账户等。
- 欺诈样本：多指申请欺诈与交易欺诈样本。
- 开户时长较短的账户：由于缺乏成熟的贷款表现和足够的还款记录，难以准确判断其信用状况，因此也不适合用行为评分卡。

2. 时间窗口与目标定义

行为评分卡中的时间窗口概念与申请评分卡模型类似，需要确定合适的观察期与表现期。为了保证观察时点样本的账户已经成熟并满足建模要求，对于信用卡客户的行为回溯一般为 1~2 年，其他业务可根据实际情况适度调整。表现期通常为 6~12 个月，实际可根据业务状况进行调整。同样，也可使用账龄分析方式确定合理的表现期，这里不再赘述。

从目标定义上看，行为评分卡与申请评分卡类似，分为好客户（Good）、坏客户（Bad）和待决客户（Indeterminate）三种。好坏客户的定义并无统一标准。例如，对于额度较小、期限较短的消费类循环信贷，坏客户可以定义为表现期内出现 DPD30+，甚至 DPD15+ 状态的账户；对于信用卡，坏客户可以定义为表现期内的 M3+ 账户。在实际业务中，应根据具体情况对好坏客户进行定义。此外，与申请评分卡类似，行为评分卡也可通过滚动率报告进行定义。

6.1.3 特征工程

在特征工程方面,我们重点关注数据来源和特征工程的相应处理。

1. 数据来源

(1)内部数据

行为评分卡模型主要依赖于内部数据,对外部数据的依赖程度远低于申请评分卡。

在贷中阶段,客户在履约过程中会产生大量行为数据。这些数据留存于贷款机构的系统中,经过处理和整合后,可提取大量与信用风险直接相关的信息。内部数据可分为以下几类。

- 授信信息:来自申请审批阶段收集的信息,包括客户基本信息、外部征信记录和其他授信信息等。这些信息是静态的,随着时间推移,其在行为评分卡中的预测能力会减弱。例如,客户的职业、学历、申请时的信用评分等。
- 账户类信息:包括客户账户的基础信息、额度使用情况、负债情况、贷款交易活跃度等,预测能力较强。
- 消费类信息:指客户在贷中阶段刷卡或消费时产生的信息,能够反映客户的消费习惯、偏好、能力,以及与信用状况的关系,预测能力一般。
- 还款信息:指客户的还款行为,包括还款习惯和历史逾期情况等。此类数据与信用状况强相关,预测能力很强。例如,信用卡还款率、历史逾期次数、逾期金额等。

(2)外部数据

行为评分卡可使用的外部数据主要是征信数据。在申请时,客户的征信报告反映了当时的信用状况。在较长的账户管理周期内,客户的信用状况随时可能发生变化,定期查询征信信息能够为这种信用变动提供参考。例如,客户的新增查询记录、新增借贷交易等,在行为评分卡中具有较好的预测能力。此外,第三方征信数据可以补充人行征信未能覆盖的外部信用变动情况,如多平台新增负债、新增逾期记录和催收记录等信息。查询这些数据需要客户授权,并且会产生一定的数据成本。

2. 特征工程

行为评分卡中的特征工程涉及大量行为数据的特征衍生,其思路与申请评分卡类似,即以近度、频度、量度为核心,从不同时间维度衍生客户行为特征。以信用卡业务为例,特征衍生主要围绕还款表现、消费行为、账户行为三个方面展开。例如,还款表现、历史逾期状况、额度使用情况、账户性质等特征通常在行为评分卡中具有较好的预测能力。

其他步骤，如数据预处理、分箱、特征筛选等，与申请评分卡基本一致，相关内容在此不再详细展开。

6.1.4 模型构建与评估

经典的统计回归模型是构建行为评分卡的首选模型，其建模思路和方法与申请评分卡一致，这里不再赘述。

6.2 案例：某信用卡业务行为评分卡构建

6.2.1 场景介绍

下面以经典的信用卡业务为例，介绍行为评分卡的构建过程。原始数据为某信用卡业务的客户用卡记录，包含40142个信用卡客户，以及近一年的贷款行为信息。原始数据包括客户账户基本信息表（Label 表）与客户信用卡账户记录表（CreditBalance 表）。

Label 表包括信用卡客户的基础信息与坏客户标识，应注意一个客户可能具有多个信用卡账户，具体的数据字典如下。

```
#Label 表：客户账户基本信息表
Cust_ID: 客户 ID
Account_ID: 账户 ID
Credit_Limit: 信用额度
label: 好坏标签（0- 正常 ,1- 违约）
```

CreditBalance 表则记录了每一个信用卡账户一年（12 期）中每一期的信用卡账户余额、还款、消费、逾期记录，具体的数据字典如下。

```
#CreditBalance：近一年信用卡账户余额、还款、消费、逾期记录
Cust_ID: 客户 ID
Account_ID: 账户 ID
Period: 账期
```

> Balance：账期账单金额
> Payment：账期还款额
> Delq1：本期是否出现逾期未还
> Delq2：本期是否出现连续 2 期逾期未还
> Delq3：本期是否出现连续 3 期逾期未还
> Spend：账期刷卡消费金额

以账户 ID 为 41 的信用卡账户为例，其近一年的账户记录如图 6-1 所示[1]。

Cust_ID	Account_ID	Period	Balance	Payment	Delq1	Delq2	Delq3	Spend
45	37	41	1	66848.17	0.0	1.0	0.0	0.0	121870.86
47568	37	41	2	188719.03	187897.0	0.0	0.0	0.0	50136.81
95091	37	41	3	50958.84	0.0	1.0	0.0	0.0	63462.02
142614	37	41	4	114420.86	114421.0	0.0	0.0	0.0	79049.79
190137	37	41	5	79049.65	0.0	0.0	0.0	0.0	15602.56
237660	37	41	6	94652.21	94653.0	0.0	0.0	0.0	42576.49
285183	37	41	7	42575.70	40285.0	0.0	0.0	0.0	75700.21
332706	37	41	8	77990.91	0.0	0.0	0.0	0.0	65581.16
380229	37	41	9	143572.07	114904.0	0.0	0.0	0.0	0.00
427752	37	41	10	28668.07	28669.0	0.0	0.0	0.0	64947.91
475275	37	41	11	64946.98	56026.0	0.0	0.0	0.0	91759.46
522798	37	41	12	100680.44	100681.0	0.0	0.0	0.0	119476.56
570321	37	41	13	119476.00	NaN	NaN	NaN	NaN	NaN

图 6-1 账户记录表

6.2.2 数据整理与特征工程

在本案例中，可直接使用的字段较少，需要进行特征衍生。特征衍生的基本思路如下。

首先，以客户信息为维度进行建模，并汇总账户信息。在本案例中，一个客户可以拥有多个信用卡账户。当某客户有多个账户时，只要其中一个账户的标签为 1（违约），就可认定该客户的标签为 1（违约）。

其次，根据业务场景，特征衍生的方向应以客户维度进行汇总，并围绕账户记

---

[1] 说明：图 6-1 的逻辑是，本期账单金额 − 本期还款金额 + 本期消费金额 = 下一期账单金额。以该账户第 1、2 期为例，第 1 期（Period=1）账单金额为 66848.17 元，本期还款金额（Payment）为 0.0，消费金额（Spend）为 121870.86 元。因此，下一期（Period=2）的账单金额为 66848.17−0+121870.86=188719.03（元），显然，在第 1 期中，该账户有逾期记录，因此连续逾期 1 次的标识（Delq1）为 1.0。

录表展开。具体而言，可以从以下 4 个方面进行特征衍生。

- 还款表现：主要指信用卡每期的还款率。
- 逾期情况：包括在一定时间范围内信用卡的逾期次数、逾期金额等。
- 额度使用情况：主要涵盖额度使用率、额度使用趋势和额度使用稳定性。
- 账户基本信息：包括账户的基本属性，如客户拥有的账户个数、总授信额度等。

1. 还款表现

还款表现主要体现在还款率相关的特征上。还款率的计算方式通常为每一期的还款额除以账单金额。然而，单期还款率的信息量通常有限，因此需要汇总在一定时间范围内账户维度和客户维度的平均还款率、最大值和最小值。以下是特征衍生的代码。

```python
def PaymentVar(Balance):
    """
    还款表现类特征
    """
    Bal=Balance.copy()
    
    ## 还款表现类特征
    VarSet={}
    
    # 账户还款率：账单金额为0或负数时，返回np.nan，即该期还款率计为np.nan
    Bal['Pay_Ratio']=Bal['Payment']/Bal['Balance'].map(lambda x: np.nan if x<=0 else x)
    
    ## 还款率_金额_客户维度
    VarSet['Pay_Ratio_AVG_AMT']=Bal.groupby(['Cust_ID']).Pay_Ratio.mean().rename('Pay_Ratio_AVG_AMT')
    VarSet['Pay_Ratio_MAX_AMT']=Bal.groupby(['Cust_ID']).Pay_Ratio.max().rename('Pay_Ratio_MAX_AMT')  # 单期最大
    VarSet['Pay_Ratio_MIN_AMT']=Bal.groupby(['Cust_ID']).Pay_Ratio.min().rename('Pay_Ratio_MIN_AMT')  # 单期最小
    
    ## 还款率_金额_账户维度
```

```python
        VarSet['Pay_Ratio_AVG_AMT_ACC']=Bal.groupby(['Cust_ID','Account_ID']).Pay_Ratio.mean().groupby('Cust_ID').mean().rename('Pay_Ratio_AVG_AMT_ACC')
        VarSet['Pay_Ratio_MAX_AMT_ACC']=Bal.groupby(['Cust_ID','Account_ID']).Pay_Ratio.mean().groupby('Cust_ID').max().rename('Pay_Ratio_MAX_AMT_ACC')
        VarSet['Pay_Ratio_MIN_AMT_ACC']=Bal.groupby(['Cust_ID','Account_ID']).Pay_Ratio.mean().groupby('Cust_ID').min().rename('Pay_Ratio_MIN_AMT_ACC')

        ## 还款率_账期_客户维度
        Bal['Pay_Flag']=Bal.apply(lambda x: 0 if x['Payment']==0 and x['Balance']>0 else 1,1)
        VarSet['Pay_Ratio_Count']=Bal.groupby(['Cust_ID']).Pay_Flag.mean().rename('Pay_Ratio_Count')

        ## 还款率_账期_账户维度
        VarSet['Pay_Ratio_Count_AVG_ACC']=Bal.groupby(['Cust_ID','Account_ID']).Pay_Flag.mean().groupby('Cust_ID').mean().rename('Pay_Ratio_Count_AVG_ACC')
        VarSet['Pay_Ratio_Count_MAX_ACC']=Bal.groupby(['Cust_ID','Account_ID']).Pay_Flag.mean().groupby('Cust_ID').max().rename('Pay_Ratio_Count_MAX_ACC')
        VarSet['Pay_Ratio_Count_MIN_ACC']=Bal.groupby(['Cust_ID','Account_ID']).Pay_Flag.mean().groupby('Cust_ID').min().rename('Pay_Ratio_Count_MIN_ACC')

        return(VarSet)
```

2.逾期情况

客户信用卡账户记录表中已包含连续逾期的字段，可在一定时间范围内汇总客户及其账户在各个逾期状态下的总逾期期数（如连续逾期3次的期数）和逾期期数占比（如逾期3次期数/总期数）。此外，还可汇总所有账户的最高逾期状态以及所有客户的逾期账户数量，详细代码如下。

```python
def DelqVar(Balance):
    """
    逾期类特征
```

```python
"""
Bal=Balance.copy()

## 逾期类特征
VarSet={}

# 总逾期次数 _ 客户维度
    VarSet['Delq1_Count']=Bal.groupby(['Cust_ID']).Delq1.sum().rename('Delq1_Count')
    VarSet['Delq2_Count']=Bal.groupby(['Cust_ID']).Delq2.sum().rename('Delq2_Count')
    VarSet['Delq3_Count']=Bal.groupby(['Cust_ID']).Delq3.sum().rename('Delq3_Count')

# 总逾期次数占比 _ 客户维度
    VarSet['Delq1_Percent']=Bal.groupby(['Cust_ID']).Delq1.mean().rename('Delq1_Percent')
    VarSet['Delq2_Percent']=Bal.groupby(['Cust_ID']).Delq2.mean().rename('Delq2_Percent')
    VarSet['Delq3_Percent']=Bal.groupby(['Cust_ID']).Delq3.mean().rename('Delq3_Percent')

# 最高逾期状态 _ 客户维度
    VarSet['Delq_Status']=pd.concat(VarSet,1).apply(
        lambda x: 3 if x['Delq3_Percent']>0 else(
          2 if x['Delq2_Percent']>0 else(
            1 if x['Delq1_Percent']>0 else 0)
        ),1
    )

# 逾期账户数 _ 账户维度
    VarSet['Delq1_Count_ACC']=Bal.groupby(['Cust_ID','Account_ID']).Delq1.max().groupby('Cust_ID').sum().rename('Delq1_Count_ACC')
```

```
        VarSet['Delq2_Count_ACC']=Bal.groupby(['Cust_
ID','Account_ID']).Delq2.max().groupby('Cust_ID').sum().
rename('Delq2_Count_ACC')
        VarSet['Delq3_Count_ACC']=Bal.groupby(['Cust_
ID','Account_ID']).Delq3.max().groupby('Cust_ID').sum().
rename('Delq3_Count_ACC')

    return(VarSet)
```

3. 额度使用情况

额度使用率是指账户在每一期内的账户余额或消费金额与该账户信用卡最高额度的比值。它与还款率类似，既可计算单期额度使用率，也可汇总一段时间内的平均额度使用率。不同账户的额度使用率大小不一，且与信用状况高度相关。通过比较不同时期额度使用率的趋势，可以大致判断客户的用款情况。例如，若当期额度使用率相较于早期有所增加，则可能预示着较高的违约风险。此外，额度稳定性是指客户在一段时间内额度使用是否平稳。平稳的额度使用率表明客户有稳定的财务计划，逾期可能性较低；反之，若额度使用率波动较大，则可能意味着较高的逾期风险。下面的代码实现了上述三种特征的衍生。

```
    def UseVar(BalanceWithLimit):
        """
        额度使用类特征
        """
        Bal=BalanceWithLimit.copy()

        # 当某期账单金额为0或负数时，该期账单金额使用率为np.nan
        Bal['Balance']=Bal['Balance'].map(lambda x: 0 if x<0 
else x)
        Bal['BillUseRate']=Bal['Balance']/Bal['Credit_Limit']
        Bal['SpendUseRate']=Bal['Spend']/Bal['Credit_Limit']

        ## 额度使用类特征
        VarSet={}

        #1.使用率
        ## 账单额度使用率 _ 客户维度
```

```python
        VarSet['BillUseRate_AVG']=Bal.groupby(['Cust_ID']).
BillUseRate.mean().rename('BillUseRate_AVG')
        VarSet['BillUseRate_MAX']=Bal.groupby(['Cust_ID']).
BillUseRate.max().rename('BillUseRate_MAX')
        VarSet['BillUseRate_MIN']=Bal.groupby(['Cust_ID']).
BillUseRate.min().rename('BillUseRate_MIN')

    ## 消费额度使用率_客户维度
        VarSet['SpendUseRate_AVG']=Bal.groupby(['Cust_
ID']).SpendUseRate.mean().rename('SpendUseRate_AVG')
        VarSet['SpendUseRate_MAX']=Bal.groupby(['Cust_
ID']).SpendUseRate.max().rename('SpendUseRate_MAX')
        VarSet['SpendUseRate_MIN']=Bal.groupby(['Cust_
ID']).SpendUseRate.min().rename('SpendUseRate_MIN')

    ## 账户平均账单额度使用率_账户维度
        BillUseRate_Acc=Bal.groupby(['Cust_ID','Account_
ID']).BillUseRate.mean()
        VarSet['BillUseRate_AVG_ACC']=BillUseRate_Acc.groupby
('Cust_ID').mean().rename('BillUseRate_AVG_ACC')
        VarSet['BillUseRate_MAX_ACC']=BillUseRate_Acc.groupby
('Cust_ID').max().rename('BillUseRate_MAX_ACC')
        VarSet['BillUseRate_MIN_ACC']=BillUseRate_Acc.groupby
('Cust_ID').min().rename('BillUseRate_MIN_ACC')

    ## 账户平均消费额度使用率_账户维度
        SpendUseRate_Acc=Bal.groupby(['Cust_ID','Account_
ID']).SpendUseRate.mean()
        VarSet['SpendUseRate_AVG_ACC']=SpendUseRate_Acc.
groupby('Cust_ID').mean().rename('SpendUseRate_AVG_ACC')
        VarSet['SpendUseRate_MAX_ACC']=SpendUseRate_Acc.
groupby('Cust_ID').max().rename('SpendUseRate_MAX_ACC')
        VarSet['SpendUseRate_MIN_ACC']=SpendUseRate_Acc.
groupby('Cust_ID').min().rename('SpendUseRate_MIN_ACC')

    ## 平均额度使用率大于0.75以上的账户数_账户维度
```

```
        VarSet['NumAcc_HighBillUseRate']=BillUseRate_Acc.map
(lambda x: 1 if x>0.75 else 0).groupby('Cust_ID').sum().
rename('NumAcc_HighBillUseRate')
        VarSet['NumAcc_HighSpendUseRate']=SpendUseRate_Acc.
map(lambda x: 1 if x>0.75 else 0).groupby('Cust_ID').
sum().rename('NumAcc_HighSpendUseRate')

    ##平均额度使用率小于0.5的账户数_账户维度
        VarSet['NumAcc_LowBillUseRate']=BillUseRate_Acc.map
(lambda x: 1 if x<0.5 else 0).groupby('Cust_ID').sum().
rename('NumAcc_LowBillUseRate')
        VarSet['NumAcc_LowSpendUseRate']=SpendUseRate_Acc.
map(lambda x: 1 if x<0.5 else 0).groupby('Cust_ID').sum().
rename('NumAcc_LowSpendUseRate')

    #2.趋势
    ##账单金额使用率趋势_账户维度：使用最晚期值/往期平滑值近似为
趋势，大于1则说明使用率趋势增加，小于1则说明趋势减少。当分母为0（账单
金额都为0）时，返回np.nan
        BillUseRate_Trend_ACC=Bal.set_index(['Cust_
ID','Account_ID']).query('Period==12').BillUseRate/Bal.
groupby(['Cust_ID','Account_ID']).BillUseRate.mean()
        VarSet['BillUseRate_Trend_MAX_ACC']=BillUseRate_
Trend_ACC.groupby('Cust_ID').max().rename('BillUseRate_
Trend_MAX_ACC')
        VarSet['BillUseRate_Trend_AVG_ACC']=BillUseRate_
Trend_ACC.groupby('Cust_ID').mean().rename('BillUseRate_
Trend_AVG_ACC')
            SpendUseRate_Trend_ACC=Bal.set_index(['Cust_
ID','Account_ID']).query('Period==12').SpendUseRate/Bal.
groupby(['Cust_ID','Account_ID']).SpendUseRate.mean()
        VarSet['SpendUseRate_Trend_MAX_ACC']=SpendUseRate_
Trend_ACC.groupby('Cust_ID').max().rename('SpendUseRate_
Trend_MAX_ACC')
        VarSet['SpendUseRate_Trend_AVG_ACC']=SpendUseRate_
Trend_ACC.groupby('Cust_ID').mean().rename('SpendUseRate_
Trend_AVG_ACC')
```

```
#3.稳定性
    ##额度使用率稳定性_账户维度。当分母为0(账单金额都为0)时,
稳定性为0
        BillUseRate_CV_ACC=(Bal.groupby(['Cust_ID','Account_
ID']).BillUseRate.std()/Bal.groupby(['Cust_ID','Account_ID']).
BillUseRate.mean()).map(lambda x: 0 if x!=x else x)
        VarSet['BillUseRate_CV_AVG_ACC']=BillUseRate_CV_ACC.
groupby('Cust_ID').mean().rename('BillUseRate_CV_AVG_ACC')
        VarSet['BillUseRate_CV_MAX_ACC']=BillUseRate_CV_ACC.
groupby('Cust_ID').max().rename('BillUseRate_CV_MAX_ACC')
        VarSet['BillUseRate_CV_MIN_ACC']=BillUseRate_CV_ACC.
groupby('Cust_ID').min().rename('BillUseRate_CV_MIN_ACC')
        SpendUseRate_CV_ACC=(Bal.groupby(['Cust_ID','Account_
ID']).SpendUseRate.std()/Bal.groupby(['Cust_ID','Account_
ID']).SpendUseRate.mean()).map(lambda x: 0 if x!=x else x)
        VarSet['SpendUseRate_CV_AVG_ACC']=SpendUseRate_CV_
ACC.groupby('Cust_ID').mean().rename('SpendUseRate_CV_AVG_
ACC')
        VarSet['SpendUseRate_CV_AVGAVGMAX_ACC']=SpendUseRate_
CV_ACC.groupby('Cust_ID').max().rename('SpendUseRate_CV_
MAX_ACC')
        VarSet['SpendUseRate_CV_MIN_ACC']=SpendUseRate_CV_
ACC.groupby('Cust_ID').min().rename('SpendUseRate_CV_MIN_
ACC')

    ##账户账单金额稳定性_账户维度。当分母为0(账单金额都为0)时,稳
定性为0
        Bal_CV_ACC=(Bal.groupby(['Cust_ID','Account_ID']).
Balance.std()/Bal.groupby(['Cust_ID','Account_ID']).
Balance.mean()).map(lambda x: 0 if x!=x else x)
        VarSet['Balance_CV_Avg']=Bal_CV_ACC.groupby('Cust_
ID').mean().rename('Balance_CV_Avg')
        VarSet['Balance_CV_Max']=Bal_CV_ACC.groupby('Cust_
ID').max().rename('Balance_CV_Max')
        VarSet['Balance_CV_Min']=Bal_CV_ACC.groupby('Cust_
ID').min().rename('Balance_CV_Min')
```

```python
## 消费额稳定性_账户维度,当分母为0(消费额都为0)时,稳定性为0
    Spend_CV_ACC=(Bal.groupby(['Cust_ID','Account_ID']).Spend.std()/Bal.groupby(['Cust_ID','Account_ID']).Spend.mean()).map(lambda x: 0 if x!=x else x)
    VarSet['Spend_CV_Avg']=Bal_CV_ACC.groupby('Cust_ID').mean().rename('Spend_CV_Avg')
    VarSet['Spend_CV_Max']=Bal_CV_ACC.groupby('Cust_ID').max().rename('Spend_CV_Max')
    VarSet['Spend_CV_Min']=Bal_CV_ACC.groupby('Cust_ID').min().rename('Spend_CV_Min')

    return(VarSet)
```

4. 账户基本信息

账户基本信息汇总了每一个客户的账户数、总授信额度状况,代码如下。

```python
def AccountInfo(Label):
    """
    账户类基本信息
    """
    lab=Label.copy()
    
    VarSet={}
    
    # 账户信息_客户维度
    VarSet['NumAcc']=lab.groupby('Cust_ID').Account_ID.count().rename('NumAcc')
    VarSet['CreditLimit_SUM']=lab.groupby('Cust_ID').Credit_Limit.sum().rename('CreditLimit_SUM')
    VarSet['CreditLimit_MAX']=lab.groupby('Cust_ID').Credit_Limit.max().rename('CreditLimit_MAX')
    VarSet['CreditLimit_MIN']=lab.groupby('Cust_ID').Credit_Limit.min().rename('CreditLimit_MIN')
    
    # 目标信息_客户维度。当客户某账户定义为坏时,即认定该客户为坏客户
```

```
    VarSet['Target']=lab.groupby('Cust_ID').label.
max().rename('Target')

    return(VarSet)
```

5. 构建宽表

上述 4 个自定义函数完成了特征衍生的基本思路,接下来将加入时间切片,并将衍生的特征合并为建模宽表。自定义函数 ABT 将 4 个函数输入数据集,并按照期数进行时间切片,分为近 3 期、近 6 期、近 12 期,按照客户维度汇总所有的特征并合并为宽表(dat),代码如下。

```
import pandas as pd
import numpy as np

def ABT(Bal,Label):
    """
    形成建模宽表,回溯期选为 3、6、12 个月
    """
    AllData=pd.DataFrame()
    Bal_1=Bal.merge(Label[['Account_ID','Credit_Limit']],on='Account_ID')

    for T in [3,6,12]:
        #1. 还款表现类特征
        PaymentVar_temp=pd.concat(PaymentVar(Bal[Bal.Period.isin([i for i in range(12,12-T,-1)])]),1)
    PaymentVar_temp.columns=PaymentVar_temp.columns+'_L'+str(T)+'M'

        #2. 逾期类特征
        DelqVar_temp=pd.concat(DelqVar(Bal[Bal.Period.isin([i for i in range(12,12-T,-1)])]),1)
        DelqVar_temp.columns=DelqVar_temp.columns+'_L'+str(T)+'M'

        #3. 额度使用类特征
```

```
            UseVar_temp=pd.concat(UseVar(Bal_1[Bal_1.
Period.isin([i for i in range(12,12-T,-1)])]),1)
                UseVar_temp.columns=UseVar_temp.columns+'_
L'+str(T)+'M'

            AllData=pd.concat ([AllData,PaymentVar_
    temp,DelqVar_temp,UseVar_temp],1)

        #4. 账户信息类特征
            AccountInfo_temp=pd.concat(AccountInfo(Label),1)
AllData=pd.concat([AllData,AccountInfo_temp],1)

        return(AllData)

Bal=pd.read_csv('data/CreditBalance.csv')
Label=pd.read_csv('data/label.csv')
dat =ABT(Bal,Label)
```

完成构建后，宽表共有 40142 条客户记录、155 个特征。

6.2.3 数据清洗与特征初筛

数据清洗与特征初筛的重点包括数据清洗与数据质量报告、数据分区与特征初筛。

1. 数据清洗与数据质量报告

构建宽表之后，数据清洗的步骤与申请评分卡建模中的数据清洗步骤相同，代码结构也基本相同。以下代码示例使用了 toad 工具包，该工具包提供了便捷的数据清洗功能，具体如下。

```
for i in dat.columns:
    dat[i]=dat[i].astype('float')

missing_values_num=[np.nan,np.inf,-np.inf]
missing_values_obj=[np.nan,'nan','','special','missing']
dat=pd.concat(
```

```
    [
  dat.select_dtypes(include='number').replace(missing_
values_num,-9999), dat.select_dtypes(exclude='number').
replace(missing_values_obj,'missing'),],axis=1
  )
```

下一步将产生数据质量报告，代码如下。

```
import toad
toad.detect（dat）
```

如图 6-2 所示，数据质量报告中显示的数据共有 155 个特征，各个特征并无明显错误与异常问题，只是部分特征的值几乎一致，后续应在相关性分析环节多加注意。

	type	size	missing	unique	mean_or_top1	std_or_top2	min_or_top3	1%_or_top4	10%_or_top5	50%_or_bottom5
Pay_Ratio_AVG_AMT_L3M	float64	40142	0.00%	37719	-1.685883	149.713132	-9999.0	0.0	0.253948	0.590157
Pay_Ratio_MAX_AMT_L3M	float64	40142	0.00%	37514	-1.346579	149.718165	-9999.0	0.0	0.735294	1.000003
Pay_Ratio_MIN_AMT_L3M	float64	40142	0.00%	8876	-2.050723	149.707864	-9999.0	0.0	0.000000	0.000000
Pay_Ratio_AVG_AMT_ACC_L3M	float64	40142	0.00%	37719	-1.685347	149.713140	-9999.0	0.0	0.254111	0.590571
Pay_Ratio_MAX_AMT_ACC_L3M	float64	40142	0.00%	37712	-1.660620	149.713526	-9999.0	0.0	0.259767	0.608339
...	...	...	...	...	...	...	...	...	...	...
NumAcc	float64	40142	0.00%	10	1.183872	0.482261	1.0	1.0	1.000000	1.000000
CreditLimit_SUM	float64	40142	0.00%	415	161333.249464	109007.713489	10000.0	40000.0	70000.000000	140000.000000
CreditLimit_MAX	float64	40142	0.00%	352	145619.298989	86004.962685	10000.0	40000.0	60000.000000	130000.000000
CreditLimit_MIN	float64	40142	0.00%	357	134789.240696	82588.936790	10000.0	20000.0	50000.000000	120000.000000
Target	float64	40142	0.00%	2	0.161203	0.367722	0.0	0.0	0.000000	0.000000

155 rows × 14 columns

图 6-2 数据质量报告（部分）

2. 数据分区与特征初筛

与申请评分卡模型一致，这里对清洗后的宽表数据进行分区，代码如下。

```
from sklearn.model_selection import train_test_split
X_train,X_test,y_train,y_test=train_test_split(
  dat.drop（'Target',axis=1）,
  dat['Target'],
  test_size=0.33,
  random_state=1234,
  stratify=dat['Target']）
```

在本案例中，宽表数据共有 155 个特征。由于特征数量较少，因此可以跳过初筛过程，直接进入分箱环节。

6.2.4 分箱与 WoE 编码

贷中 B 卡的特征大多从内部还款明细数据中提取，通常具有较好的可解释性。其分箱过程应与申请评分卡模型保持一致，可采用等频分箱、决策树等方法进行细分箱。之后，根据特征的可解释性、信息量和单调性，手动调整为粗分箱，并进行 WoE 编码，代码如下[1]。

```
bins = toad.transform.Combiner()
bins.fit(X_train,y_train, method = 'dt',n_bins=5,min_samples = 0.05)
woe = toad.transform.WoETransformer()
X_train_woe = woe.fit_transform(bins.transform(X_train), y_train)
X_test_woe = woe.transform(bins.transform(X_test))
```

6.2.5 相关性筛选

这里演示的贷中评分卡以线性模型为主，因此需要对原数据中相关性较强的特征组中的特征做出取舍，同申请评分卡模型，代码如下[2]。

```
X_train_woe_1=toad.selection.drop_corr(X_train_woe,y_train,0.6)
X_test_woe_1=X_test_woe[X_train_woe_1.columns]
```

6.2.6 逐步回归建模

以回归模型构建评分卡为例，代码如下。

```
X_train_woe_2 = toad.selection.stepwise(X_train_woe_1,y_train,direction = 'both', criterion = 'aic')
X_test_woe_2 = X_test_woe_1[X_train_woe_2.columns]
```

---

[1] 说明：分箱调整过程与申请评分卡一致，这里不再赘述。为演示方便，代码使用了决策树单调分箱的结果作为 WoE 编码依据，而在实践中仍需人工调整至合理水平后再进行 WoE 编码。
[2] 说明：为方便演示，这里使用了 IV 辅助进行高相关特征筛选，在实践中建议根据的业务意义、分箱情况等合理挑选每一组高相关特征中具备代表性的特征，或对这些高相关特征进行合理衍生，以降低数据的内部相关性。

6.2.7 模型评估

1. 入模特征

本案例模型的建模结果如表 6-1 所示。在统计指标方面,特征的基本系数符号符合预期,表明模型方向合理。在入模特征方面,模型包括逾期状况、额度使用和还款率三个维度的特征,共 9 个特征,覆盖了主要的业务维度。

首先,案例中的特征主要来自还款表现数据。在实践中,若有可能,建议补充外部数据源,例如,贷中定期查询的外部征信信息,这些数据能够提供客户信用状况的重要变化情况。

其次,构建的 B 卡模型对个别逾期类特征的依赖程度较高,特征权重分布不均衡。在确保数据无误的前提下,这种分布是合理的。对于解释力和信息量都非常高的特征,可以考虑将其独立应用于额度策略。

此外,B 卡还款明细数据的衍生容易出现特征穿越问题(即特征的取值在模型预测时点之后才被确定)。在使用模型之前,请务必仔细检查两点:一是,确保取数逻辑符合因果关系建模的要求;二是,确保建模数据中的特征取值是在模型部署的流程节点之前被确定的。

表 6-1 模型的建模结果

特征名	说明	回归系数	VIF
Delq_Status_L3M	近 3 月逾期状态	0.902704	1.700314
BillUseRate_MIN_L3M	近 3 月账单最小金额使用率	0.26077	1.397654
SpendUseRate_MAX_ACC_L3M	近 3 月消费金额最大使用率	0.607206	1.647286
BillUseRate_CV_MIN_ACC_L3M	近 3 月账单金额最小变异系数	0.133064	1.342304
Delq1_Count_L6M	近 6 月逾期一期次数	0.098763	1.711281
Delq3_Percent_L6M	近 6 月逾期三期次数	0.6002	1.191037
Delq2_Count_L12M	近 2 月逾期两期次数	0.078067	1.804317
SpendUseRate_Trend_MAX_ACC_L12M	近 12 月账户最大额度使用率趋势	0.905329	1.609866
BillUseRate_CV_MIN_ACC_L12M	近 12 月账户账单额度使用率变异系数	0.790166	1.008608

2. 样本内评估

样本内评估通过如下代码进行,结果如图 6-3 所示[1]。

```
import sklearn.metrics as metrics
from matplotlib import pyplot as plt
from sklearn.linear_model import LogisticRegression
model = LogisticRegression()
model.fit(X_train_woe_2,y_train)
fpr_train, tpr_train,_ = metrics.roc_curve(y_train, model.predict_proba(X_train_woe_2)[:,1])
fpr_test, tpr_test,_ = metrics.roc_curve(y_test, model.predict_proba(X_test_woe_2)[:,1])
plt.plot(fpr_train,tpr_train,label = 'train LR:AUC = %0.2f'% metrics.auc(fpr_train, tpr_train))
plt.plot(fpr_test,tpr_test,label = 'test LR:AUC = %0.2f'% metrics.auc(fpr_test, tpr_test))
plt.plot([0,1],[0,1],'k--')
plt.xlabel('False positive rate')
plt.ylabel('True positive rate')
plt.title('ROC Curve')
plt.legend(loc = 'best')
```

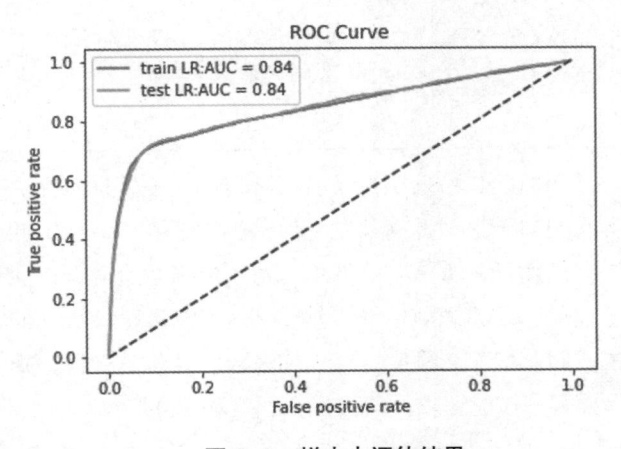

图 6-3 样本内评估结果

---

[1] 说明:从评估结果看,本案例中测试集数据的行为评分卡 KS 值达到了 0.62,AUC 值为 0.84,均处于行为评分卡的正常指标范围内。测试集数据和训练集数据在区分度与覆盖率方面表现相似,差异不大。关于评分卡的刻度与分值分配问题,这里不再详细展开,读者可参考申请评分卡的代码自行完成。

6.3 行为评分卡的应用

贷中管理的核心在于防范风险,并尽可能地提高收益,增强客户体验。贷中账户管理主要包括客户的额度管理、续卡或续贷策略、客户留存分析和挽留、风险监控等方面。

6.3.1 额度管理

对于信用卡及循环额度类产品,额度管理是贷中客户管理的重点。在客户初步授信时(基于申请评分卡模型),因风险参考信息有限,其授信时的额度策略通常比较保守。在贷中账户管理阶段,可获取更多的客户信息作为额度管理的参考,其基本思路是在风险可容忍的情况下识别潜在高价值客户,并为其提供账户管理策略。结合客户贷中风险与客户价值的综合评估,是较常见的一种额度管理策略。在实操中,首先根据客户对金融机构的贡献制定价值度量指标,然后根据行为评分卡的信用水平,为客户提供风险与价值的差异化额度策略,如表 6-2 所示。

表 6-2 贷中额度管理策略

策略	高价值	中高价值	中低价值	低价值
低风险	提高额度,维持关系		提高额度,提高黏性刺激用卡消费	
中低风险				
中高风险	维持额度			
高风险	降低额度		冻结	

在表 6-2 中,按照风险与价值定义了各个客群的额度管理策略。其中,中低风险且中高价值的客户倾向于主动提高额度并保持客户关系;对于中低风险但价值较低的客户倾向于提高额度且刺激更多的消费;对于中高风险客群,此类客户提额可能无法弥补其风险损失,因此倾向于维持额度;对于高风险、低价值客群,其带来的收益远小于损失,因此应冻结额度;对于高风险、高价值客群,降低其额度后,风险会降低,但只要客户按时还款,仍可带来一定利润。

6.3.2 续卡或续贷策略

在某些单次授信产品中，客户与金融机构都希望能够维持双方的关系，此时金融机构更加熟悉老客户，为维持与老客户的关系，应为老客户制定专门的授信策略，即制定续卡或续贷策略。

行为评分卡在此场景下可用于老客户重授信，图 6-4 是这种决策流的示例。

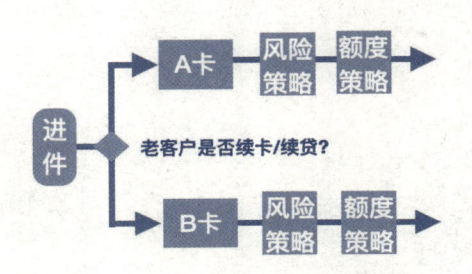

图 6-4 贷中额度管理策略

在图 6-4 中，行为评分卡实际上被当作申请评分卡使用，只不过其应对的是老客户续贷的情形，此时新客户与老客户分别应对两种不同的风险策略与额度策略。总体上，新客户的额度策略会较为保守，老客户的额度策略会更为精细。

6.3.3 客户留存分析和挽留

在存量客户管理中，防范客户流失也是一项重要的内容。一般会专门构建客户流失模型以预测潜在价值较高、流失倾向高的客户，行为评分卡可作为客户流失模型的一种有效补充，在考虑客户风险的角度上进一步精细化客户挽留策略，表 6-3 是这种策略的一个简单举例。

表 6-3 客户挽留策略

挽留策略	忠诚度低，流失倾向高		
	高价值	中价值	低价值
低风险	尽力挽留		放弃
中低风险			
中高风险	挽留		
高风险	放弃		

在表 6-3 中，对流失倾向高的客户实施不同的挽留策略：集中资源尽力挽留低风险、中低风险且高价值或中价值的客户，尽量避免资源浪费在低价值或高风险的客户上，对中高风险和中高价值客群可以有选择地挽留。

6.3.4 风险监控

行为评分卡还可作为贷中风险监控的重要参考，对贷中阶段可能出现的违约进行预测，并采取合适的风控措施，如图 6-5 所示。

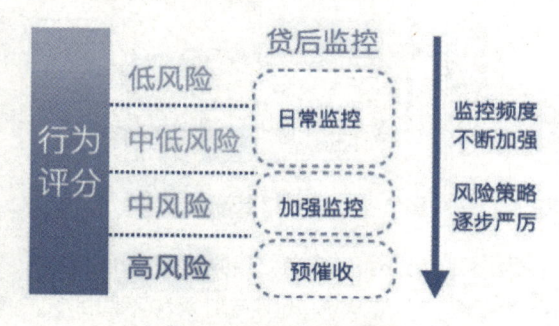

图 6-5 风险监控策略

加强对行为评分卡中的中高风险客户的监控力度，例如，增加监控频度，在高风险客户上甚至可使用更严厉的风险策略，在尽量不干扰客户正常用款的前提下，可在还款日前增加提醒的频度与力度。

第 7 章 贷后催收模型(C 卡)

在贷后管理阶段,当客户因各种原因产生贷款逾期时,便进入催收管理阶段。催收管理的核心任务是在一定的时间内尽最大可能挽回逾期贷款损失。相较于传统抵押类贷款,消费金融的特点是小且分散、无抵押、资产质量普遍较低。因此消费金融对催收阶段的催收人员管理、催收策略的精细化提出了更高的要求。本章将重点介绍在催收阶段信用评分卡模型的构建思路与应用。

7.1 催收评分卡

催收评分卡的构建过程主要包括业务理解、数据理解,以及特征工程与模型构建。有了催收评分卡,我们才能实现对贷款逾期的精准监控和研判,为催收策略的制定提供参考。

7.1.1 业务理解

催收阶段的业务理解主要包括业务描述和客户分析。

1. 业务描述

进入催收阶段时,客户的逾期状态会随时间的变化而变化,滚动率报告或资产迁移率报告就是对这种变化的描述。表 7-1 为某信用卡业务的滚动率报告示例。

表 7-1 某信用卡业务的滚动率报告示例

		\multicolumn{8}{c	}{$N+1$ 期}		
逾期状态		C	M1	M2	M3	M4	M5	M6	M7+	Better	Worse
N 期	C	94.56%	5.44%	0.00%	0.00%	0.00%	0.00%	0.00%	0.00%		5.44%

续表

逾期状态		N+1 期									
		C	M1	M2	M3	M4	M5	M6	M7+	Better	Worse
N 期	M1	53.32%	12.30%	34.38%	0.00%	0.00%	0.00%	0.00%	0.00%	53.32%	34.38%
	M2	28.12%	7.89%	12.34%	51.65%	0.00%	0.00%	0.00%	0.00%	36.01%	51.65%
	M3	7.13%	3.20%	4.16%	8.45%	77.06%	0.00%	0.00%	0.00%	14.49%	77.06
	M4	6.71%	2.23%	1.45%	1.56%	5.67%	82.38%	0.00%	0.00%	11.95%	82.38%
	M5	5.47%	1.57%	1.32%	1.34%	1.13%	5.50%	83.67%	0.00%	10.83%	83.67%
	M6	3.31%	1.38%	1.12%	1.56%	1.30%	1.20%	4.40%	85.73%	9.87%	85.73%
	M7+	1.34%	0.10%	0.30%	0.40%	0.40%	0.60%	0.14%	96.31%	3.28%	

客户的催收阶段可分为早期逾期阶段、中期逾期阶段与晚期逾期阶段。早期逾期阶段指逾期天数较少（M1 阶段以内）的时间段。此时间段的客群较为复杂，大部分客户能够在短时间内还款，一部分客户会转移为更高的逾期状态，表 7-1 所示的 M1 阶段的客户转移到 M2 阶段的概率为 34.38%；中期逾期阶段一般指逾期天数在 M2 的阶段，此阶段的客群信用状况更差，因此回款的可能性进一步降低，表 7-1 所示的 M2 阶段转移到 M3 阶段的概率为 51.65%，高于 M1 阶段的 34.38%。同理，晚期逾期阶段为 M3 阶段，此阶段中的客群质量更差，转移到 M4+ 状态的可能性增加到 77.06%。

2. 客户分析

进入催收阶段后的客户并非全部都会违约，很大一部分客户只是因各种原因忘记还款或现金流暂时紧张，严格意义上说，这部分客户并无太大的信用风险；而另一部分客户可能真的是信用状况极差或恶意欺诈导致违约。总体上，催收阶段客户的逾期原因有以下 4 种。

- 无风险：此类客户通常因为特殊原因忘记按时还款，一般经提醒即会还款。因此，此类客户也被称为自愈客户，一般催收人员不会花费太多精力应对此类客户。
- 还款意愿不足：对小额消费类信贷，此类客户占多数。例如，客户故意拖欠小额贷款而优先偿还大额欠款。
- 还款能力不足：还款能力出现问题。例如，收入不足、不良嗜好、多头借贷等，此类客户失联风险极高，恶化概率极高。
- 欺诈：在申请审批阶段或账户管理阶段遗漏的欺诈客户，此类客户通常会失联，且完全转化为坏账。因此，在复盘时要总结欺诈原因与欺诈特征，形成经验后用于优化反欺诈策略。

催收评分卡模型在催收阶段合理评估逾期客户的信用风险,为制定精细化的催收策略提供有效参考。

7.1.2 数据理解

数据理解主要包括催收阶段的建模总体与排除样本,以及催收阶段的时间窗口与目标定义。

1. 建模总体与排除样本

在催收阶段,随着逾期天数的增加,客户的回款率会逐步降低,自然催收模型也被分为预催收模型、早期催收模型、中期催收模型和晚期催收模型。预催收模型指在客户未逾期时,通过客户的还款表现、账户行为、预催收信息等预测客户逾期的可能性,并制定策略降低高危客户逾期风险。行为评分卡可以被视为一种预催收模型,同时也可以开发专门用于预催收的模型。早期催收模型指在 M1 阶段预测客户逾期状况恶化的可能性,制定策略应对恶化概率高的客户。同理,中期催收模型与晚期催收模型分别应对 M2、M3 阶段的客户,如图 7-1 所示。

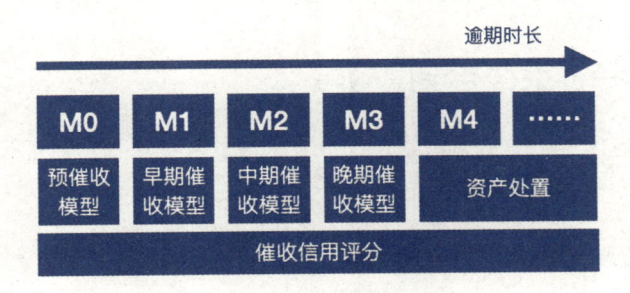

图 7-1 催收模型的种类

在排除样本方面,需要剔除欺诈和特殊样本。注意,若产品的政策设定有还款宽限期,那么宽限期内的样本应酌情处理。

2. 时间窗口与目标定义

在催收评分卡中,时间窗口的概念与申请评分卡、行为评分卡类似。以早期催收模型为例,观察时点样本指在某一个时间点处于入催状况(即开始出现逾期)的样本,表现期一般为一个月,而观察期一般为 6~12 个月。此外,催收模型中一个观察时点下的样本量可能较少,因此与申请评分卡一致,可采取时间窗口滚动的方式取数,如图 7-2 所示。

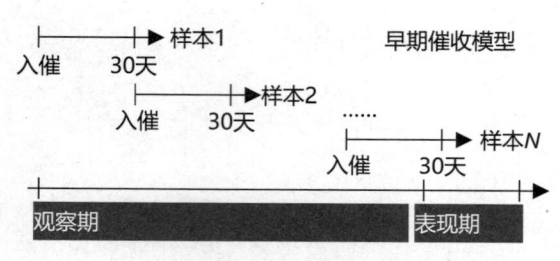

图 7-2 催收模型中的滚动取数

对于目标定义，以信用卡的早期催收模型为例进行介绍。入催经过 M1 阶段后，客户有可能全额偿还全部欠款，也有可能偿还部分欠款或其他特殊情况，还可能未偿还任何欠款。通常，偿还全部欠款的客户可被定义为好客户，而未偿还任何欠款的客户可被定义为坏客户。对于偿还部分欠款的客户，一般情况较为复杂，例如，未偿还全部欠款但办理了信用卡分期业务，通常可将这些客户排除在催收模型建模范围外。对于单次授信类分期产品（如现金贷）的早期催收模型，客户进入 M1 催收阶段后要么还款，要么继续拖欠至下一期，不存在偿还部分欠款的情形。此时坏客户定义更简单，即观察时点的样本在 M1 阶段后，若继续拖欠，可将其定义为坏客户。对于其他催收模型的时间窗口与目标定义，可参考早期催收模型。

7.1.3 特征工程与模型构建

特征工程与模型构建的重点是解决催收阶段的数据来源、特征工程与模型构建过程。

1. 数据来源

催收阶段的数据来源与其他阶段一样，也来自金融机构的内部数据和外部数据。

（1）内部数据

审批阶段的申请数据、账户管理阶段的还款行为数据、逾期行为数据，以及逾期后的催收行为数据均可用于构建催收评分卡。

授信信息大多为静态信息，主要包括客户在授信时的人口统计数据和资产收入类数据，例如年龄、职业、教育程度和收入等。这些信息在催收模型中的预测能力有限。历史还款表现属于行为类数据，涵盖客户用信时的消费交易、额度使用和还款习惯等，与客户的信用状况密切相关，预测能力较强。例如，信用卡业务中的还款率、历史额度使用率和划扣失败次数等指标。

逾期行为数据通常反映的是观察时点之前入催客户的历史逾期情况。此类数据必须按照时间窗口的方式取数，不能包含当前观察时点之后的逾期行为，否则会导致使用目标信息预测目标信息的错误。这类数据的预测能力很强，例如，历史逾期次数、历史逾期金额、最近一次逾期距今的时间等。

催收行为数据是指客户在历史被催收过程中产生的行为记录。与逾期类数据类似，此类数据也必须确保不包含当前观察时点之后的逾期被催收行为。

催收行为数据具有交互性，与历史催收策略和催收人员的行为密切相关。因此，带有一定的主观性和不确定性。只有当历史催收策略和催收人员的管理足够标准化时，才建议使用此类数据。这类数据与信用状况强相关，预测能力较好。例如，历史短信还款提醒次数、历史人工电话催收次数、历史接通次数、历史承诺还款信息等。

（2）外部数据

与行为评分卡类似，催收评分卡模型以内部数据为主。外部数据来源的内容与 6.1.3 节中外部数据的内容相同，这里不再赘述。

2. 特征工程与模型构建过程

催收评分卡的特征构建方法与申请评分卡、行为评分卡类似。在特征选择方面，催收评分卡主要围绕还款表现、逾期情况和催收行为三大方面特征展开。模型主要以 Logistic 回归为主，具体的建模过程与申请评分卡一致，这里不再赘述。通常情况下，催收模型的 KS 值在 0.4~0.6 之间。

7.2 催收评分卡的应用

传统的催收方式更侧重于根据逾期天数为客户制定催收策略。这种策略较为简单、粗暴，在应对新消费金融场景下大量且分散的待催收客户时，显得力不从心。因此，需要更加智能化的催收系统、更加精细化的催收策略和更加标准化的催收人员管理。催收信用评分卡能够有效评估客户在催收阶段的风险，为提高催收效率和优化催收策略提供重要参考。

具体的催收方式可分为 5 类：短信提醒、电话催收、外访催收、委外催收和法律诉讼，催收强度从缓和逐步过渡到严厉。其中，短信提醒主要在还款日前后或早期逾期时，由催收系统自动发送还款提醒短信，属于较为缓和的催收方式。电话催收是指对早中期逾期客户，通过人工或智能机器人语音方式电话催收，其强度取决于催收人员的话术，可缓和，也可严厉。外访催收是针对中期逾期且欠款金额较大的客户，派遣外访人员实地上门拜访并进行催收。委外催收是将中度或重度逾期客户委托给第三方催收公司进行集中催收。法律诉讼则是在其他催收方式均无效时，通过法律途径对客户提起诉讼。以上催收方式均需确保合理、合规、合法，杜绝暴力催收行为。

结合催收信用评分卡和 5 类催收方式，金融机构可在不同催收阶段制定更加精细化的催收策略，从而提高催收效率。本节将以预催收阶段和早期催收阶段为例，介绍具体的催收策略。

7.2.1 预催收阶段

预催收阶段是指在客户还款日前进行催收，即在账户管理期内发现高风险客户并采取适当的额度措施。在此阶段，客户尚未进入被催收状态，因此为保证客户体验良好，总体的催收方式应以缓和的短信还款提醒或电话催收为主。对于风险偏高的客户，可适当提高监控力度，例如检查联系方式是否有效，增加短信提醒的频次，如图 7-3 所示。

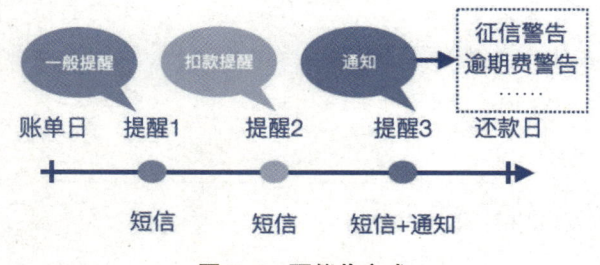

图 7-3 预催收方式

结合预催收模型结果与账户余额，一个简单的催收策略如表 7-2 所示。

表 7-2 预催收策略

策略	欠款金额高	欠款金额中等	欠款金额低
低风险	日常监控		
中低风险			
中风险	加强余额监控		
高风险	预催收，短信+通知	预催收，短信提醒	

在表 7-2 中，对于低风险和中低风险的客户，主要采取日常监控与还款提醒的方式。对于欠款金额高且高风险的客户，则需采取更多的措施，例如短信、电话催收。对于欠款金额较低但风险较高的客户，可视情况采取一定的预催收措施。

7.2.2 早期催收阶段

进入早期催收阶段，催收方式以短信、电话催收为主。可根据客户的逾期状态和催收评分卡的信用评估结果，制定相应的催收策略，图 7-4 展示了一种类似的早期催收策略示例。

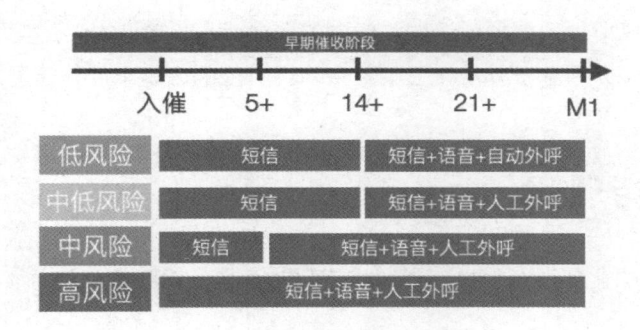

早期催收阶段				
	入催	5+	14+	21+ M1
低风险		短信	短信+语音+自动外呼	
中低风险		短信	短信+语音+人工外呼	
中风险	短信		短信+语音+人工外呼	
高风险			短信+语音+人工外呼	

图 7-4 早期催收策略示例

低风险客户通过较少的催收措施，能够大概率还清欠款。因此，在逾期天数较短的时间段内可采取较为缓和的催收方式，例如，短信提醒或电话催收。

中低风险客户则适当增强催收方式。例如，对逾期天数较长的客户进行人工语气稍强的电话催收。

中风险客户则加强催收方式。例如，在逾期天数较短时，便采用语气较强的人工电话催收。

高风险客户则应集中资源采取更激进的催收方式。例如，进入催收阶段后，便进行高频度、高强度的催收行动。

第 8 章　申请反欺诈模型

随着消费金融和小微金融的不断发展，申请欺诈问题日益凸显。传统欺诈与黑产勾结催生了新型的欺诈形式，给防控薄弱的金融机构造成了巨大损失。本章将聚焦于智能信用风控体系中的申请欺诈问题的业务背景、常见的欺诈类型及应对策略，并结合案例重点介绍基于异常特征与复杂网络特征的申请反欺诈模型构建方法。

8.1　业务理解

申请欺诈的业务理解包括申请欺诈产生的背景、申请欺诈的分类，以及申请欺诈的应对。

8.1.1　申请欺诈产生的背景

自 2014 年互联网金融发展至今，消费金融、小微金融等与互联网技术的结合愈发紧密。以新消费金融为例，其获客、申请、审批、放款、催收等环节已基本实现全部或部分线上化，信贷发放越来越类似于流水线作业，这使得更多传统的金融机构能够进入这一领域。同时，申请欺诈的常见手段也从传统线下转移到线上，新消费金融的发展伴随着新型申请欺诈方式的涌现。在新消费金融发展早期，各金融机构的风控水平参差不齐，存在诸多漏洞，为欺诈者提供了可乘之机，客观上推动了线上申请欺诈技术的发展与成熟。

当前，在新消费金融场景下，申请欺诈呈现出诸多与传统的线下欺诈不同的特点。

其一是规模化。传统的线下申请欺诈以单一申请的伪冒身份、材料造假为主，但新型的申请欺诈可以利用各种方式，一次性造假大量的身份，从而进行批量申请，显然，后者的破坏力更大。

其二是技术化程度高。欺诈实施者的专业能力强、IT技术能力强。例如，欺诈者对信贷流程、漏洞了如指掌，同时欺诈者的IT能力足以攻击信贷流程的漏洞。

其三是产业化。这里涉及"黑产"的概念，它泛指在互联网产品的营销、推广、申请、支付、交易等流程中，寻找漏洞并实施欺诈，从而获利的团伙，其在互联网产品的发展过程中应运而生，典型的如"薅羊毛"团伙等。随着互联网金融的发展，部分黑产人员转向了互联网金融产品，形成了新型欺诈团伙。这类团伙分工明确，专业性、技术性和组织性强。例如，在组织内，团伙内部部分人员负责研究信贷流程的漏洞，部分负责IT技术实施，部分负责伪冒数据的收集等。

总之，新型申请欺诈团伙具有规模化、技术化和产业化的特点。部分风控能力较弱的金融机构一旦被攻击，将可能遭受巨大损失。

8.1.2 申请欺诈的分类

新消费金融场景中的申请欺诈可按照欺诈主体，大致分为第一方欺诈和第三方欺诈两类。

1. 第一方欺诈

第一方欺诈也被称为个人欺诈，是指申请人身份真实，但通过虚构申请材料信息以骗取贷款（这种行为也被称为个人骗贷）。此类欺诈与传统的线下欺诈类似，欺诈者通常使用自己或其家属、亲属的真实身份信息进行申请，为了骗取更多的贷款，他们会尝试伪造个人申请材料，这些材料通常涉及职业、收入、资产等信息。在贷后阶段，欺诈者可能会恶意拖欠借款本息，例如，在分期贷款中，首次还款后便不再偿还后续欠款，或者在贷后失联。此类欺诈者通常被称为"老赖"，在风控能力较弱、利率较高、客群质量较低的信贷产品中较为常见，而在风控能力较强、客群质量较优的信贷产品中则较少出现。当然，此类欺诈行为通常也与较差的信用状况有关。

第一方欺诈的特点表现为单一申请、手段简单、关联性弱等。首先，欺诈者通常是单独行动，此类欺诈更易发生在经济发展相对落后的地区。其次，此类欺诈的重点在于伪造审核材料，主要包括职业、收入、资产的证明材料以及联系人信息等，目的是掩盖其真实的还款能力。例如，提供虚假的社保、公积金缴纳记录，或使用非亲密关系联系人的联系方式。最后，此类欺诈行为的关联性较弱，欺诈事件通常独立发生，一般在一定时间内随机出现，且不会在短时间内对风控系统进行批量攻击。

对于此类欺诈的应对，理论上，在审核过程中落实交叉验证原则，通常能够识别出各种异常。在数据层面，可以总结出一些明显异常的特征，例如，通过银行卡余额或个税推算的月收入与申请表中填报的月收入相差过大；居住地小区的房价均价与申请人的月收入不匹配；工作年限较短但月收入较高等。总之，常见的做法是总结这些异常特征，通过数据分析进行验证，并制定相应的反欺诈规则。当然，部分特征也可以作为反欺诈模型的输入参数，相关内容将在后续进一步介绍。

2. 第三方欺诈

第三方欺诈是指通过伪造或冒用他人身份材料实施骗贷，既可能是单一的伪冒申请，也可能是大批量的伪冒申请。

单一伪冒申请通过假借他人身份材料和审核材料实施骗贷。在此类欺诈中，身份材料、收入及资产材料通常是真实的，其核心在于利用漏洞绕过审批流程中的身份验证环节。例如，欺诈团伙可能偷取某人的智能手机并通过漏洞解锁。如果该手机用户未及时挂失或冻结手机的 SIM 卡、网上银行、手机支付等功能，手机就容易被欺诈团伙利用，进而进行大额转账或申请骗贷。这种骗贷行为表面上是单一申请，对欺诈团伙的技术要求较高。在当前智能手机及其安全措施不断提升的情况下，此类欺诈对金融机构的威胁相对有限。

相比之下，真正具有威胁的是团伙欺诈，即在短时间内发起大批量伪冒申请。欺诈团伙可通过线上或线下的各种手段伪冒申请人身份，例如，利用设备农场或黑中介进行包装。此时，欺诈团伙会选择不同的信贷平台进行试探性攻击，一旦发现某平台存在风控漏洞，便会迅速批量涌入。虽然此类批量申请中的单一申请在审核中可能未见异常，但在诸多申请人的关联性信息中则会存在明显异常，例如，集中的地理位置、工作地址、住址或联系人的关联性较强等。如图 8-1 所示的示例展示了申请人之间的关联性。

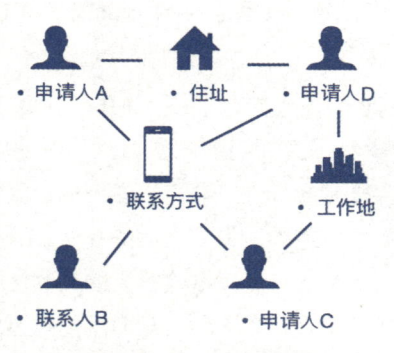

图 8-1 申请人之间的关联性

在图 8-1 中显示了某一时间段申请人的关联信息：申请人 A、申请人 C、申请人 D 从表面上看都是单一申请，但异常在于申请人 A、申请人 D、申请人 C 所填写的联系人中均出现了联系人 B，而联系人 B 并非申请人；申请人 A 和申请人 D 住址相似，申请人 D 和申请人 C 的工作地相似，因此可以推测联系人 B 为中介，其发展了申请人 A、申请人 C、申请人 D，后续发现这三人皆贷后首逾，显然，这是一个黑中介网络。从图 8-1 的示例可看出，此类团伙骗贷的对抗性强、行为复杂、造成的损失大，其威胁远大于单一申请欺诈，而传统的应对手段，如反欺诈规则简单粗暴、关联性弱。因此，在应对团伙骗贷时效果不佳。合适的做法是总结这些恶意团伙申请的异常网络结构特征，并举一反三地加以应对。

8.1.3 申请欺诈的应对

申请欺诈的应对主要分为基于规则的反欺诈系统和基于异常识别的反欺诈系统等。

1. 基于规则的反欺诈系统

应对申请欺诈，普遍的做法是构建基于反欺诈规则的反欺诈系统。此类系统基于可获取的内外部数据，通过身份验证规则、交叉验证类规则、黑名单类规则等构建反欺诈规则体系，并结合机器学习模型构建反欺诈体系，补足风控流程中的漏洞，拦截可能的欺诈攻击。例如，二要素身份验证、生物识别可拦截虚假身份的申请人；多头借贷类规则可拦截同一身份申请人短期大量的恶意申请；黑名单类规则可拦截已知欺诈的申请人；运营商类规则可拦截在网时长较短或使用虚拟黑号的恶意申请；设备类规则可拦截恶意申请的设备；收入、资产、职业和工作地等的交叉验证类规则可拦截重要信息矛盾的申请人，典型的规则如下。

- 身份验证规则：二要素身份验证、三要素手机号验证、四要素银行卡验证、五要素银行卡一类户或信用卡账户验证。
- 多头借贷类规则：同一身份证或手机号短期内申请借贷次数过多等。
- 黑名单类规则：老赖名单、内外部欺诈黑名单、黑中介名单、联系人黑名单、司法不良等。
- 运营商类规则：在网时长过短、虚拟号、欺诈黑号等。
- 客户行为类规则：App 注册时长异常、申请时间异常、短期申请次数异常等。
- 设备类规则：手机品牌与手机型号不一致，同一设备号、设备指纹等申请或借贷次数过多，App 列表中借贷 App 数量过多等，IP 是否异常等。
- **基本信息核验**：基本信息填报异常、学历信息核验、征信信息查验、电商信息对比验证等。此种反欺诈方式适合拦截已知欺诈模式的个人欺诈申请，但在应对新型未知的欺诈模式和短期大批量团伙欺诈时的效果不佳。

2. 基于异常识别的反欺诈系统

出于欺诈的目的，无论是第一方欺诈还是团伙欺诈，欺诈分子的行为或属性会与一般的正常申请人不同。例如，某人通过解锁偷窃的手机申请贷款，通常会选择晚上实施骗贷，因为某些地方的运营商在晚上无法支持手机号挂失。再如，某欺诈者在攻击成功后会想办法联系身边的人一起实施欺诈获利，这些人可能在地址、联系方式上存在某种异常关系。因此，若有数据支持，则应细致耐心地分析，总能发现一些重要的异常。识别异常就应该是反欺诈的主要内容。

基于异常识别的反欺诈系统的核心在于：宏观业务指标异常监控、微观个体行为或属性异常监控、异常情况分析研判、反欺诈模型与策略的构建。

（1）宏观业务指标异常监控

欺诈虽是微观个体行为，但若实施攻击，其破坏性往往较大，最终会反映到宏观业务指标上。详尽、频繁、细致地监控这些业务指标，能够在第一时间发现欺诈行为的迹象，为后续反欺诈措施提供参考。例如，在申请反欺诈中，贷中的每日申请量、拒绝量、申请渠道来源分布、地域来源分布、贷后的账龄分析和首逾率等指标，在正常情况下通常不会有太大波动。若出现异常波动，可能预示着欺诈者的攻击。在指标出现异常后，应及时排查原因，例如，近期是否举行过营销活动、是否拓展了新的渠道等。若怀疑是欺诈行为，则需要进一步在微观层面上观察欺诈者的具体异常特征。

（2）微观个体行为或属性异常监控

在宏观层面怀疑出现异常后，需要进一步深入到微观个体层面，观察其行为或属性的异常。例如，观察到当日的拒绝率偏高，则需要调取微观个体信息，总结个体被拒绝的原因：是审批员的问题，还是风控模型策略的问题？是这部分申请人本身资质有问题？经排查发现其余方面均无异常，但这段时间的申请人大多来自同一区域，并且拒绝率偏高，就应该考虑是否存在团伙欺诈的可能性。

（3）异常情况分析研判

出现异常情况后，应重点分析欺诈的可能性。在已知欺诈手段与欺诈模式下，欺诈者的套路很容易被发现。若此欺诈手段是未知的，则需要结合其欺诈标签与异常属性或行为来分析两者的关系，从而揭示未知欺诈者的手段与套路。欺诈标签通常可通过贷中审批人员、贷后贷款表现和催收信息得知，而欺诈手段则需通过数据分析和数据可视化的方式挖掘。例如，一群欺诈者从表面上看没有关系，但通过网络分析发现这些欺诈者都有共同的紧急联系人，显然，这是一群黑中介发展的团伙欺诈者。

（4）反欺诈模型与策略

反欺诈模型与策略需要基于已知欺诈模式的知识进行围堵防范。若遇到新型欺诈模式，则可能束手无策。因此，应及时响应，分析与研判新型欺诈的前因后果，并迅速更新反欺诈模型与策略。例如，经异常分析研判后，发现欺诈者是一群黑中介的团伙欺诈者，这些欺诈者的社交网络通常会有一些异于正常申请人网络的特点。此时，反欺诈模型的更新方向必然是加强防堵黑中介。具体而言，需要加工并引入更多以前未有的社交网络特征，将其加入反欺诈模型中。

总之，基于异常识别的反欺诈系统强调高频、细致、全面的监控。通过发现和分析新型欺诈手段，形成反欺诈知识，并实时更新到反欺诈模型中，形成闭环，从而有效应对新型欺诈方式。在下一节中，将介绍一个申请反欺诈模型的案例，展示上述过程的具体应用。

8.2 案例：申请反欺诈模型

本节介绍一个真实的申请反欺诈案例。某金融机构最近发现了很多欺诈申请，原有的反欺诈模型效果甚微，希望能够制定出一些新的反欺诈模型以应对这些欺诈。目前已经提取与整理了这一时间段内所有申请人的基础数据和以联系方式为基础的申请人关系数据，一共有两张表。

申请人的基础信息表包括这段时间内的 27321 笔申请记录，其中包括申请人的人口统计信息和事后定义的欺诈标识，数据字典如下。

```
userid: 申请客户 ID
age: 年龄
gender: 性别（0= 男性 ,1= 女性）
city_level: 城市级别（1= 一级城市 ,2= 二级城市 ......）
edu: 教育等级（1= 中学及以下 ,2= 本专科 ,3= 硕士 ,4= 博士及以上）
```

```
income：收入
flag：欺诈标示（0- 正常 ,1- 欺诈）
```

申请人关系数据是指以申请人、联系人为节点，联系方式为关系所组成的用于描述这段时间内所有的申请人、联系人所组成的关系网络信息，共 49799 笔数据。数据体现为一行代表一对关系，由申请人 ID 与联系人 ID 组成。通过申请时间、欺诈标识、事件发生时间等字段对关系进行描述，数据样例如图 8-2 所示。

	userid	connid	in_date	flag	flag_date
0	id100	id109637	42727	0	NaN
1	id10000	id102308	42777	0	NaN
2	id10000	id115843	42777	0	NaN
3	id100004	id64209	42702	0	NaN
4	id100005	id52913	42748	-1	42748.0
...	...	...	...	...	...
49794	id99985	id30717	42744	0	NaN
49795	id9999	id23424	42812	0	NaN
49796	id99992	id104102	42770	0	NaN
49797	id99993	id117158	42727	0	NaN
49798	id99999	id30587	42715	-1	42715.0

49799 rows × 5 columns

图 8-2　申请人关系数据样例

数据字典如下。

```
userid：申请客户 ID
connid：联系人 ID,联系人可能是申请人，也可能不是
in_date：申请客户 ID 的申请时间
flag：申请客户 ID 是否是坏客户（1= 欺诈客户 ,0= 好客户 ,-1= 拒绝客户 ,-2= 违约客户）
flag_date：事件（欺诈、拒绝或违约）发生的时间点
```

这两份数据均包含申请人的欺诈标签与申请人的一些特征。申请人的基础数据主要由申请人主动填写，有关其身份、年龄、地域、职业、收入等，自然需要探查这些信息是否有异常。关系信息由联系方式标识的关系对组成，关系对本身提供的信息量有限，因此应充分利用这些关系对，先构造出关系网络，再探究各个申请人所处的关系网络中的一些网络特征，最后分析这些网络特征与欺诈的关系。

因此，我们制定了以基础特征提取和网络特征提取两者双管齐下的方式完成建模：异常特征部分利用申请人的基础数据，探索基础特征的异常为主，并尝试构造异常特征；网络特征提取则需构建出申请人的复杂网络，分析申请人的网络特点，总结欺诈网络特征并进行欺诈网络特征的构造；最终结合这两部分特征完成反欺诈模型的构建。

8.2.1 异常特征构造

本节将以客户基础特征数据为例，介绍异常特征提取的思路、构造异常特征、构造交叉验证特征和异常特征验证等异常特征构造的步骤，并进行代码演示与有效性验证。

1. 异常特征提取的思路

在申请信息中，任何能够直接体现申请人还款能力及还款意愿的指标，都是欺诈者重点包装、篡改和造假的对象。这些指标可以通过信息核验、交叉验证等方式来发现造假者的逻辑漏洞。例如，通过二要素识别和活体识别解决申请人身份造假问题；通过传统面对面核对、电话核对或网络大数据等手段，对年龄、学历、职业、收入、资产等信息进行交叉验证。此外，异常特征监控也是构造欺诈特征的切入点，通常以设备和运营商类特征为主，例如，短期内大批量异常位置的申请、运营商在网时长异常短或运营商账单异常等。

总之，上述反欺诈经验可以总结为异常识别与交叉验证。本案例可用的申请特征以基础特征为主，虽然数量不多，但我们可以围绕这两点进行特征构造。在异常识别方面，基础特征数据中的收入特征显然需要重点关注，欺诈者可能会编造异常的收入。在交叉验证方面，收入本身需要与其他信息进行交叉验证，而数据中的年龄、城市等级、教育等级等信息也应与收入有密切关系。例如，某年轻申请人居住在四线城市且学历较低，其收入理应偏低。若其申报的收入偏高，则本身就是异常，这种异常极有可能与欺诈相关。因此，可以构造一个回归模型，预测这些特征与实际收入的关系，而预测收入与实际收入的偏差本身可以作为一种异常特征。

2. 构造异常特征

通过 Python 代码载入相应的分析库并读取申请人的基础数据 loan1_org_basic.csv：

```
import pandas as pd
data=pd.read_csv('data/loan1_org_basic.csv')
```

这里以数据中的收入、年龄为例构造异常特征,使用了中心标准化,考虑到异常包含异常高和异常低两类。因此我们构造的特征除了本身标准化的结果,还包括对标准化结果取绝对值,详细代码如下。

```
from sklearn.preprocessing import StandardScaler import numpy as np
# 对年龄进行中心标准化后取绝对值
data['age_st']=StandardScaler().fit_transform
(data[['age']])
data['age_st_abs']=np.abs(data[['age_st']])
data['income_st']=StandardScaler().fit_transform
(data[['income']])
data['income_st_abs']=np.abs(data[['income_st']])
```

下一步,我们可了解这些特征与欺诈的关系。数据中包含目标特征欺诈标识(flag),分析收入与其关系,代码如下。

```
data.income_st.groupby(data.flag).describe()
data.income_st_abs.groupby(data.flag).describe()
```

代码运行结果如图 8-3、图 8-4 所示。

flag	count	mean	std	min	25%	50%	75%	max
0	27247.0	0.000202	0.999649	-2.934297	-0.609120	-0.039689	0.814458	4.231045
1	74.0	-0.074316	1.133032	-1.985245	-0.893836	-0.229499	0.529742	2.902372

图 8-3 标准化的收入与欺诈标识的关系

flag	count	mean	std	min	25%	50%	75%	max
0	27247.0	0.799830	0.599622	0.039689	0.324404	0.609120	1.178551	4.231045
1	74.0	0.914448	0.664598	0.087141	0.348131	0.806694	1.273239	2.902372

图 8-4 取绝对值后的收入与欺诈标识的关系

描述性分析结果显示,欺诈组的收入均值和中位数均偏低,而取绝对值后收入均值和中位数均偏高。这表明大部分欺诈者并未通过虚高收入这种传统方式实施欺诈，相反，这些欺诈者的收入平均水平低于正常平均水平，说明欺诈申请人的收入大多不高。目前，由于只进行了单变量分析，我们能得到的信息有限，因此可以结合其他特征交叉验证来分析收入的异常。

3. 构造交叉验证特征

这里，我们构造年龄、教育等级、城市等级、性别等特征与收入之间的回归模型，尝试通过预测收入与实际收入的对比发现异常。收入的描述性分析代码如下。

```
data.income.describe()
data.income.hist()
```

代码运行结果如图 8-5 所示。

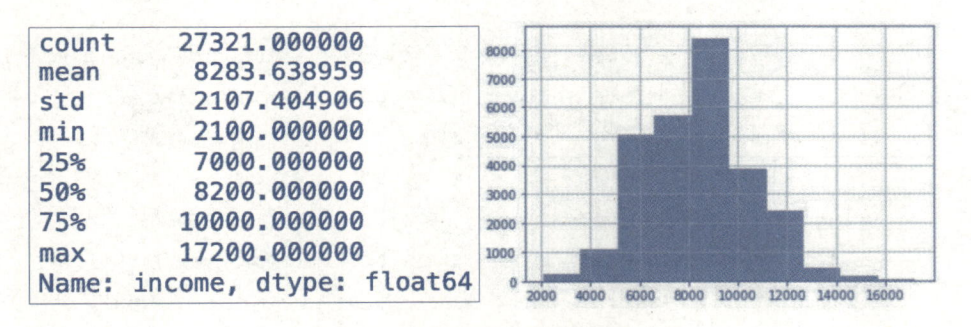

图 8-5 收入的描述性分析

从图 8-5 中可以看到收入可视为单峰、对称分布，这里不对收入做进一步处理，我们直接使用 Python 中 statsmodel 的回归模型对收入进行拟合，代码如下。

```
import statsmodels.api as sm
from statsmodels.formula.api import ols
lm_m = ols('income ~ age + C(edu) + C(city_level) + C(gender)',data=data).fit()
lm_m.summary()
```

注意，城市等级、教育等级、性别三个特征均为分类，代码中公式部分的前缀 C 代表指定其为分类特征，模型会自动对其进行虚拟变量处理，输出结果如图 8-6 所示。

Dep. Variable:	income	R-squared:	0.572
Model:	OLS	Adj. R-squared:	0.572
Method:	Least Squares	F-statistic:	4061.
Date:	Fri, 21 May 2021	Prob (F-statistic):	0.00
Time:	14:06:21	Log-Likelihood:	-2.3626e+05
No. Observations:	27321	AIC:	4.725e+05
Df Residuals:	27311	BIC:	4.726e+05
Df Model:	9		
Covariance Type:	nonrobust		

	coef	std err	t	P>|t|	[0.025	0.975]
Intercept	1367.2871	73.351	18.640	0.000	1223.516	1511.058
C(edu)[T.2]	454.0774	20.041	22.657	0.000	414.796	493.359
C(edu)[T.3]	715.9856	40.086	17.861	0.000	637.415	794.556
C(edu)[T.4]	1142.1897	104.419	10.939	0.000	937.523	1346.856
C(city_level)[T.2]	-2001.3261	39.139	-51.133	0.000	-2078.041	-1924.611
C(city_level)[T.3]	-3090.5998	42.847	-72.132	0.000	-3174.581	-3006.618
C(city_level)[T.4]	-3674.6817	62.084	-59.189	0.000	-3796.370	-3552.994
C(city_level)[T.5]	-3606.9392	167.416	-21.545	0.000	-3935.083	-3278.796
C(gender)[T.1]	-781.0033	19.471	-40.111	0.000	-819.168	-742.839
age	315.1401	2.338	134.796	0.000	310.558	319.723

图 8-6 回归模型结果

从图 8-6 的结果看，模型效果理想，R-squared 达到了 0.572，F-statistic 的 P 值接近 0，系数整体检验结果显著，模型系数的统计量也显著。从模型的可解释性上看，无太大问题，基础收入（截距）为 1367.2871 个单位；教育等级是以中学及以下作为参照水平，其余水平中与之对比的系数均为正数，并且随教育等级提高而数值变大；城市等级是以一线城市作为参考水平，二三线城市相较于一线城市收入的平均水平递减；而女性相较于男性平均收入也会减少；随着年龄增加，收入逐步增加。总之，均符合预期，模型视为可用。

在此基础上，我们将模型残差提取出来作为收入异常的重要指标，同样对其进行标准化，代码如下。

```
data['income_resid'] = lm_m.resid  # 原始残差
data['income__resid_st']=StandardScaler().fit_transform
 (data[['income_resid']])  # 中心标准化后的残差
data['income__resid_st_abs']=np.abs(data[['income__resid_st']])
# 中心标准化后取绝对值的残差
```

以中心标准化后的残差为例进行描述性分析，代码如下。

```
data.income_resid.groupby(data.flag).describe()
data.income_resid_st.groupby(data.flag).describe()
```

代码运行结果如图 8-7、图 8-8 所示。

flag	count	mean	std	min	25%	50%	75%	max
0	27247.0	-0.569885	1374.868292	-3446.031785	-1046.031785	-9.770491	1010.617093	6725.757237
1	74.0	209.833066	2306.671942	-4195.866064	-1266.838413	-290.778950	1518.650439	6153.968215

图 8-7　收入残差描述性分析

flag	count	mean	std	min	25%	50%	75%	max
0	27247.0	-0.000414	0.997589	-2.500402	-0.758989	-0.007089	0.733293	4.880135
1	74.0	0.152253	1.673696	-3.044474	-0.919204	-0.210786	1.101916	4.465251

图 8-8　中心标准化后的收入残差描述性分析

由此可见，欺诈组的收入残差高于正常组，即欺诈者所报的收入均值高于预测收入，而正常组的收入均值与预测收入相差不大。这表明欺诈者并非随意虚报收入，而是在满足某些条件的情况下进行虚报。

综上所述，经过交叉验证后构造的异常收入特征比原始的收入异常特征更为明显。

4. 异常特征验证

在前面，我们根据客户的基础特征数据构造了一些异常特征，这些特征主要针对原始申请材料的异常情况进行探索，但尚未涵盖申请人的联系网络特征。为了对比最终效果，我们将欺诈标识作为目标变量 Y，将刚才构造的异常特征（如年龄、收入、收入残差等)作为自变量 X，建立 GBDT 模型，并以模型结果为标准来验证这些特征的有效性。建模步骤如下。

第一步：生成建模数据集，并进行数据分区。注意，原始数据中欺诈样本量极少，这里只是为了验证特征，所以暂不做处理，代码如下。

```
import sklearn.ensemble as ensemble
from sklearn.model_selection import GridSearchCV,train_test_split
target=data["flag"]
orgData1 = data.iloc[ :,7: ]
train_data, test_data, train_target, test_target = train_test_split(orgData1, target, test_size=0.3, train_size=0.7, random_state=12345)
```

第二步：使用网格搜索与交叉验证得出最优参数的 GBDT 模型，代码如下。

```
param_grid = { 'loss': ['deviance','exponential'],
'learning_rate': [0.2],
 'n_estimators': [80],       # 决策树个数——GBDT 特有参数
 'max_depth': [2]      # 单棵树最大深度——GBDT 特有参数
 }

gbc=ensemble.GradientBoostingClassifier()
gbccv = GridSearchCV(estimator=gbc, param_grid=param_grid,  scoring='roc_auc',cv=4)
gbccv.fit(train_data,train_target)  gbccv.best_params_  # 最优参数
```

第三步：进行模型评估以验证特征效果。这里主要用到了 ROC 曲线与 PR 曲线，最终结果如图 8-9 所示，代码如下。

```
import matplotlib.pyplot as plt

def metrics_roc(ts_real_Y, tr_real_Y,ts_pred_prob,tr_pred_prob):
    from sklearn import metrics
  fpr_test, tpr_test, th_test = metrics.roc_curve(ts_real_Y, ts_pred_prob)
  fpr_train, tpr_train, th_train = metrics.roc_curve(tr_real_Y, tr_pred_prob)
```

```
        plt.figure(figsize=[3, 3])
        plt.plot(fpr_test, tpr_test, 'b--')
        plt.plot(fpr_train, tpr_train, 'r-')
        plt.title('ROC curve::Test is Blue')
        print('Test AUC = %.4f' %metrics.auc(fpr_test, tpr_test))
        print('Train AUC = %.4f' %metrics.auc(fpr_train, tpr_train))
        plt.show()

    def metrics_pr(ts_real_Y, tr_real_Y,ts_pred_prob,tr_pred_prob):
        from sklearn import metrics
        precision_test, recall_test, th_test = metrics.precision_recall_curve(ts_real_Y, ts_pred_prob)
        precision_train, recall_train, th_train = metrics.precision_recall_curve(tr_real_Y, tr_pred_prob)
        plt.figure(figsize=[3, 3])
        plt.plot(recall_test,precision_test, 'b--')
        plt.plot(recall_train,precision_train, 'r-')
        plt.title('precision-Recall curve:Test is Blue')
        print('Test AP = %.4f' %metrics.average_precision_score(ts_real_Y, ts_pred_prob))
        print('Train AP = %.4f' %metrics.average_precision_score(tr_real_Y, tr_pred_prob))
        plt.show()
    train_est = gbccv.predict_proba(train_data)[:,1]
    test_est = gbccv.predict_proba(test_data)[:,1]
    metrics_roc(test_target, train_target,test_est,train_est)
    metrics_pr(test_target, train_target,test_est,train_est)
```

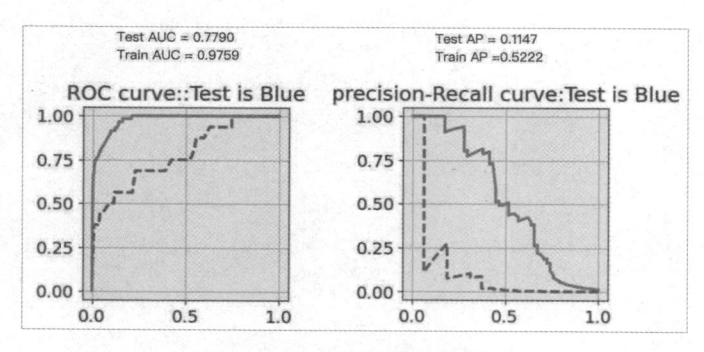

图 8-9 异常特征有效性验证

从结果看，测试集数据 AUC 值达到了 0.7790，AP 值为 0.1147。异常特征有作用，但效果一般，还需要进一步挖掘更多有用的网络特征。

8.2.2 网络特征提取

本节介绍网络特征的提取与构建思路，首先简单介绍欺诈网络与正常网络的形态，进而引出全量网络的构建，并说明图分割的必要性。然后，对欺诈网络特征进行总结，并尝试使用代码构造网络特征。

本节涉及复杂网络科学中的部分概念，包括基础网络性质（节点、度、路径等）、网络与节点的基本统计量（中心性、群聚系数等）、图分割方法（连通集团、Louvain 算法等）。这里不再赘述其基本原理，本节的重点在于案例分析与特征构造思路。

1. 初探欺诈团伙网络

申请人关系数据描述了一段时间内基于联系方式的申请人、联系人之间的关系网络，并包含每个申请人的欺诈标识。在将所有的关系数据构造成网络之前，我们可以先初探包含欺诈者的子网络的形态。具体地讲，先不构建全量网络，而是以一个已知欺诈者为节点，探寻和其有直接联系的申请人或联系人所组成的网络。

申请客户 ID 为 id103572 的申请人是一个已知的欺诈者，读取数据并将其有关系的申请人或联系人列出来，代码如下。

```
import pandas as pd
dat0=pd.read_csv('data/loan1_org_net.csv')
print(dat0[dat0.userid.eq('id103572') | dat0.connid.eq
('id103572')])
```

输出结果如图 8-10 所示。

	userid	connid	in_date	flag	flag_date
1375	id103572	id77548	42767	1	42779.0
1376	id103572	id33454	42767	1	42779.0
2127	id105351	id103572	42767	-1	42767.0
35165	id62771	id103572	42768	1	42782.0

图 8-10 与 id103572 有关联的数据

从图 8-10 中可以看出，一共有 4 条数据，显示 4 个人与之有关，他填写了两个联系人，ID 号分别为 id77548 和 id33454，另外两个申请人 id105351 与 id62771 在申请中填写了这个人作为联系人。调取这 4 个人的欺诈标签会发现，除一个人显示被风控系统拒绝外，其他三个人都是欺诈者。显然，这个欺诈者所处的网络很可能是一个欺诈团伙，下一步我们要把这个网络中所有相关联的人都找出来，看看这个团伙的全貌如何。从实现上，我们用最原始的遍历法找到所有与 id105351 有直接或间接关联的申请人，代码如下。

```
import numpy as np
# 遍历所有与 id103572 有关系的申请人或联系人
row_index=[]
ids=['id103572']
ids_length=-1;ids_length_new=0       # 给定初始值

while ids_length!=ids_length_new:
# 当更新后找出有关系的客户编码数量不再变化时，停止迭代
    ids_length=len(np.unique(ids))  # 每一次迭代的客户编码列表
    row_index.extend(dat0[dat0.userid.isin(ids) | dat0.connid.isin(ids)].index.tolist())     # 输出行索引
    ids=dat0[dat0.userid.isin(ids) | dat0.connid.isin(ids)].userid.tolist()+\dat0[dat0.userid.isin(ids)|dat0.connid.isin(ids)].connid.tolist()  # 每一次迭代遍历可能有关联的人
    ids_length_new=len(np.unique(ids))   # 更新后的客户编码列表
```

上述代码实现了以一个节点为中心，在原始数据中迭代寻找与节点有关系的所有节点。在每次迭代中，会更新并加入上一次新发现的节点，然后记录其行索引。

当新发现的节点不再增加时，说明子网络已经完整提取。

使用以下代码可输出所有与id103572有关系的申请人或联系人：

```
dat0.loc[np.unique(row_index)].count()
```

输出结果共有33行，可见这个团伙还是比较大的，若能够勾勒出他们的关系，显然能更直观地观察这一欺诈团伙的特点。这里将用到 Python 中专门用于构建复杂网络的 networkx 库。

第一步，构建由这33条边所组成的网络，代码如下。

```
import networkx as nx
import numpy as np

# 设置随机种子
np.random.seed(42)


G = nx.Graph()
dat = dat0.loc[np.unique(row_index)]
for i in dat.index:
    s = dat.loc[i, 'userid']
    c = dat.loc[i, 'connid']
    flag = dat.loc[i,'flag']
    in_date = dat.loc[i, 'in_date']
    flag_date = dat.loc[i, 'flag_date']

    G.add_edge(s, c)
    G.nodes[c].setdefault('in_date', in_date)
    G.nodes[s]['flag_date'] = flag_date
    G.nodes[s].setdefault('in_date', in_date)
    G.nodes[s].setdefault('flag', flag)
```

在上述代码中，对象 G 是使用 networkx 库初始化的一个网络对象，当前尚无任何节点和边（在图论中，边表示点与点之间的关系）。随后，通过 for 循环将这33条边逐一添加到对象 G 中。具体而言，以申请客户号为依据定义节点，将客户与其联系人的关联作为边，并为节点添加了欺诈标识、事件时间、申请时间等属性。

循环运行完成后，对象 G 就包含了这些节点与关系。

第二步,画出关系图,代码如下。

```python
import matplotlib.pyplot as plt
# 获取所有节点和它们的标志
node_list = list(G.nodes())
flags = [G.nodes[i].get('flag') for i in node_list]

def draw_func():
    # 映射颜色和标记
    node_colors = []
    node_shapes = []
    edge_colors = []    # 边框颜色
    face_colors = []    # 填充颜色

    for flag in flags:
        if flag == 0:    # 正常
            edge_colors.append('green')
            face_colors.append('green')
            node_shapes.append('o')
        elif flag == 1:    # 欺诈
            edge_colors.append('red')
            face_colors.append('red')
            node_shapes.append('o')
        elif flag == -1:    # 拒绝(空心圆圈)
            edge_colors.append('red')
            face_colors.append('white')
            node_shapes.append('o')
        elif flag == -2:    # 违约
            edge_colors.append('purple')
            face_colors.append('purple')
            node_shapes.append('o')
        else:    # 待定
            edge_colors.append('red')
            face_colors.append('red')
            node_shapes.append('x')
```

```python
# 获取布局
pos = nx.spring_layout(G)

# 分别绘制圆形节点和 X 形节点
circle_nodes = [node for i, node in enumerate(node_list) if node_shapes[i] == 'o']
x_nodes = [node for i, node in enumerate(node_list) if node_shapes[i] == 'x']

circle_edge_colors = [color for i, color in enumerate(edge_colors) if node_shapes[i] == 'o']
circle_face_colors = [color for i, color in enumerate(face_colors) if node_shapes[i] == 'o']
x_colors = [color for i, color in enumerate(edge_colors) if node_shapes[i] == 'x']

# 绘制网络图
plt.figure(figsize=(12, 12))

# 绘制边
nx.draw_networkx_edges(G, pos)

# 绘制圆形节点
nx.draw_networkx_nodes(G, pos,
                       nodelist=circle_nodes,
                       edgecolors=circle_edge_colors,  # 设置边框颜色
                       node_color=circle_face_colors,  # 设置填充颜色
                       node_shape='o',
                       node_size=500)

# 绘制 X 形节点
nx.draw_networkx_nodes(G, pos,
                       nodelist=x_nodes,
```

```
                    node_color=x_colors,
                    node_shape='x',
                    node_size=500)

    # 绘制标签
    nx.draw_networkx_labels(G, pos)
    
    plt.axis('off')
    plt.show()

draw_func()
```

在上述代码中，自定义函数 mapcolor 用于为节点按照欺诈标识着色，nx.draw_networkx 用于绘制网络图，结果如图 8-11 所示。

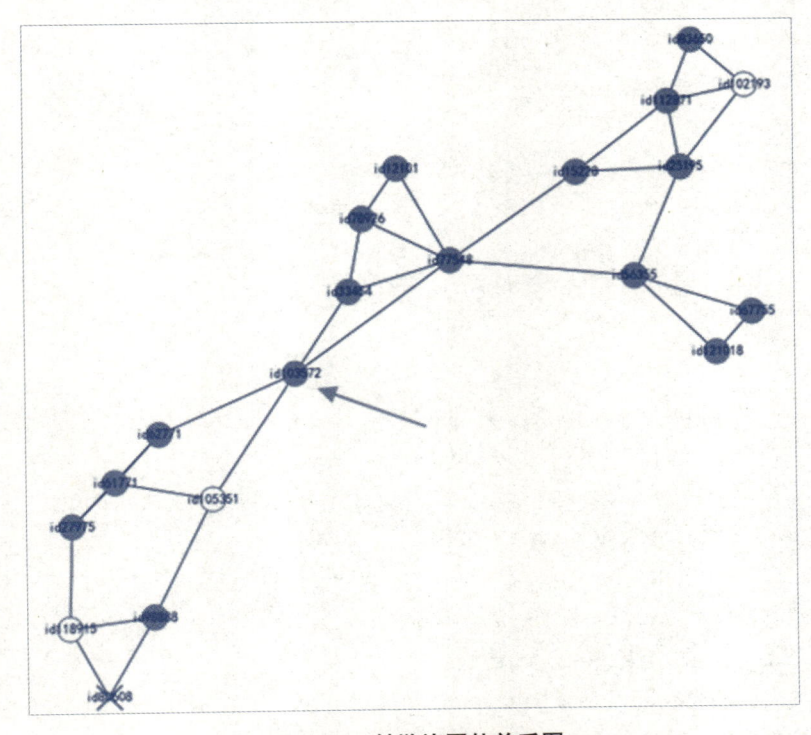

图 8-11 某欺诈团伙关系图

在图 8-11 中，箭头所指的节点为欺诈者 id103572，起初我们只看到了 4 个与他有直接关联的人，经过遍历后，我们发现了与他有关的这个庞大的网络，在图中共有 20 个节点，除了一个叉号联系人节点和 3 个圆圈的被拒绝的申请人节点，其余 16 个节点都是欺诈者，显然，这是一个欺诈团伙网络。

我们暂不分析这个欺诈团伙网络，因为我们还没有构建整个申请人的联系人网络。目前，我们只是找到了一个欺诈团伙网络，并借此熟悉了代码实现过程。那么整个网络中其他子网络的形态是什么样的？是否还有其他的欺诈团伙？团伙形态如何随时间变化？要回答这些问题，我们必须先构建全量网络，然后在此基础上进一步分析。

2. 图分割与社团发现

在基于原始数据构建的全量网络中，我们可以找到更多有价值的信息。在本节前面部分，我们已经使用 Python 的 networkx 库构建了一个子网络。下面将使用全量数据进行网络构建，具体实现代码如下。

```
G = nx.Graph()
dat=dat0
for i in dat.index:
    s = dat.loc[i, 'userid'] #客户号
    c = dat.loc[i, 'connid'] #联系人
    flag = dat.loc[i,'flag'] #好坏标签
    in_date = dat.loc[i, 'in_date'] #加入网络时间
    flag_date = dat.loc[i, 'flag_date'] #事件发生时间

    G.add_edge(s, c) #添加节点与边
    G.nodes[c].setdefault('in_date', in_date)
    G.nodes[s]['flag_date'] = flag_date
    G.nodes[s].setdefault('in_date', in_date)
G.nodes[s].setdefault('flag', flag)

print (len(G.nodes)) #节点数量
print (len(G.edges)) #边数量
```

上述代码的结构与本节前面部分的代码结构完全一致，只不过将欺诈数据换成了全量网络数据，此时网络中的节点数量共有 87607 个，边（关系）数量为 48464 条，对象 G 中包含了整个网络的信息。

此时若希望寻找可能的欺诈团伙，则需要实现图分割，完成社团发现。换句话

说，我们希望有办法将这个网络所有可能的关联性较强较大的子网络划分出来，并进行展示与分析。在本节第一部分，我们基于一个欺诈者节点，使用最原始的遍历法找出了具有 20 个节点的一个欺诈团伙，这个团伙就是全量网络中的一个子网络，这种原始的办法虽然有效，但逐一寻找全部节点的子网络显然是费时费力的。在实践中，类似案例的一个全量网络可能会有更多的节点与边。因此需要用其他方法完成图分割。

本案例介绍分割图的两种方法，即 Louvain 算法与连通子图法。在 Python 中已有基于 networkx 的算法库实现两种图分割。首先介绍 Louvain 算法，该算法提出了模块度的概念，用以衡量子图内部的关联性与子图之间的关联性。若某子图内部的关联性较大，而与其他子图之间的关联性较小，那么这类子图便可称为一个社区，该算法的目的是通过模块度找到全量网络中可能出现的社区。在 Python 中可使用相应的算法库实现，首先使用 pip install python-louvain 安装算法库，然后使用以下代码实现子图分割：

```
import community.community_louvain
partition=community.community_louvain.best_partition(G)
```

partition 是图分割后的对象，其格式为字典，包含键值对，其中键为节点，值为节点所在的子图编号。可以使用 pandas 将其转换为 Series 类型，以便进行子图规模的初步统计，具体代码如下。

```
partition_s=pd.Series(partition)
partition_s.value_counts(sort=False)    # 所有子图的规模统计
```

输出结果如图 8-12 所示。

```
2       30250
3        8754
4          87
5          81
6           4
7           1
8           1
9           2
15          1
20          1
dtype: int64
```

图 8-12　子图规模统计

图 8-12 的结果显示，在全量网络中，大部分节点所在的子图规模不大，子图的节点数为 2 或 3，仅有极少数子图的节点数较高，比如，一个子图有 20 个节点，

另一个有 15 个节点等。换句话说，大部分申请人在联系人网络中的关系并不复杂，仅与自己填写的一个或两个联系人有关，而申请人之间关系较复杂的情形属于少数。这种现象在类似的案例中非常常见，而在复杂的网络理论中专门有一种被称为"世界网络"的概念与之相对应。

另一种子图分割的方法为连通子图法，其概念来源于复杂网络中的连通集团。简而言之，连通集团中各个节点均互有边联系，并且整个分量任意两个节点之间的路径所经过的边都不相同。networkx 库中自带的 connected_components 算法可实现基于连通子图法的图分割，代码如下。

```
G   =   nx.Graph()
dat=dat0  # 假定在时点 42781 建立了关系网络
for i in dat.index:
    s = dat.loc[i, 'userid'] # 客户号
    c = dat.loc[i, 'connid'] # 联系人
    flag = dat.loc[i,'flag'] # 好坏标签
    in_date = dat.loc[i, 'in_date'] # 加入网络时间
    flag_date = dat.loc[i, 'flag_date'] # 事件发生时间

    G.add_edge(s, c) # 添加节点与边
    G.nodes[c].setdefault('in_date',in_date)
    G.nodes[s]['flag_date']=flag_date
    G.nodes[s].setdefault('in_date',in_date)
    G.nodes[s].setdefault('flag',flag)

con_comps=nx.connected_components(G)
```

con_comps 对象为一个迭代器，使用以下代码将其内容输出为 pandas 的 Series 类，其结果与利用 Louvain 算法的输出类似，对象 se 中包括了具体的节点编号和与之对应的子图编号，代码如下。

```
count=1
se=pd.Series(dtype='float64')
for comp in con_comps:
    se=pd.concat([pd.Series(count,index=list(comp)),se])
    count=count+1
```

利用算法进行图分割后，下一步分析这些子网络与欺诈的关联性。我们以

Louvain 算法结果为例，找到欺诈者的子网络形态，代码如下。

```
import community.community_louvain
partition=community.community_louvain.best_partition(G)

partition_s=pd.Series(partition)
# 寻找所有欺诈者所在的社团编号
dat=dat0
fgroup=dat[dat.flag.isin([1])][['userid']].drop_duplicates().set_index('userid').join(partition_s.rename('group'))
fgroup.group.unique() # 所有欺诈者所在的社团编号
```

输出结果如图 8-13 所示。

```
array([ 1127,  1286,  2194,  2976,  4085,  4090,  5234,  5602,  7077,
        7098,  7764,  8209,  8615,  8858, 10662, 11085, 11447, 12373,
       12394, 13752, 14930, 15095, 16955, 17178, 17672, 19838, 20130,
       21130, 21210, 21921, 23425, 23841, 23931, 24347, 24639, 24725,
       24961, 25849, 25867, 26400, 26713, 27975, 29507, 30807, 31044,
       31732, 31934, 32565, 35538, 35550, 37861, 37945, 38158, 38733,
       39032])
```

图 8-13 欺诈者子网络编号 1

对这些包含欺诈者的网络进行网络规模统计，代码如下。

```
partition_s[partition_s.isin(fgroup.group.unique())].value_counts().sort_values().tail()
```

输出结果如图 8-14 所示。

```
11447     3
19838     3
4085      3
20130     3
1127     20
dtype: int64
```

图 8-14 欺诈者子网络编号 2

在规模最大的前 5 个子网络中，编号为 1127 的子网络规模达到了 20 个。其他子网络的规模较小。从上述结果来看，大部分欺诈子网络的规模仅为 3 个，说明仅通过联系人网络的方法暂时无法确定其是否是团伙欺诈，而编号为 1127 的社团规模较大。因此，进一步将这个社团的结果输出，如图 8-15 所示，代码如下。

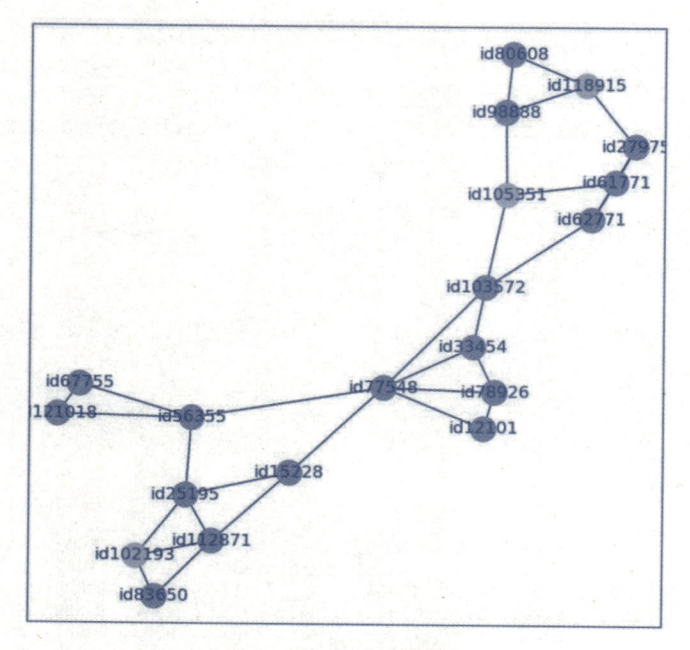

图 8-15　675 号子网络结构

```
G = nx.Graph()
dat=dat0
dat=dat[dat.userid.isin(partition_s[partition_s==675].
index) | dat.connid.isin(partition_s[partition_s==675].
index)]
for i in dat.index:
    s = dat.loc[i, 'userid'] #客户号
    c = dat.loc[i, 'connid'] #联系人
    flag = dat.loc[i,'flag'] #好坏标签
    in_date = dat.loc[i, 'in_date'] #加入网络时间
    flag_date = dat.loc[i, 'flag_date'] #事件发生时间

    G.add_edge(s, c) #添加节点与边
    G.nodes[c].setdefault('in_date', in_date)
    G.nodes[s]['flag_date'] = flag_date
    G.nodes[s].setdefault('in_date', in_date)
    G.nodes[s].setdefault('flag', flag)
```

```
for i in G.nodes:
    print(i,G.nodes[i])

# 绘制网络图
draw_func()
```

上述欺诈团伙已在图 8-12 中被发现。该团伙共包含 20 个节点，其中除一个联系人外，其余均为申请人。在这 19 个申请人中，有 3 个被风控系统拒绝，其余 16 个人均为欺诈者。从这些节点的具体属性数据来看，这些申请人几乎都在两天内完成了申请。此外，该网络结构较为复杂，以节点 id77548 为中心，连接了上下两部分子网络，这两部分子网络中存在诸多节点彼此相连。

总之，该团伙的形态体现了团伙欺诈攻击性强、攻击时间短、破坏性大、结构复杂的特点。

在统计网络子图规模时，我们还发现了一些子网络规模较大，但其并不是欺诈团伙。下面我们来看看编号为 10500 的子网络，如图 8-16 所示，代码如下。

```
G = nx.Graph()
dat=dat0
dat=dat[dat.userid.isin(partition_s[partition_s==10500].index) | dat.connid.isin(partition_s[partition_s==10500].index)]
for i in dat.index:
    s = dat.loc[i, 'userid'] #客户号
    c = dat.loc[i, 'connid'] #联系人
    flag = dat.loc[i,'flag'] #好坏标签
    in_date = dat.loc[i, 'in_date'] #加入网络时间
    flag_date = dat.loc[i, 'flag_date'] #事件发生时间
    
    G.add_edge(s, c) #添加节点与边
    G.nodes[c].setdefault('in_date', in_date)
    G.nodes[s]['flag_date'] = flag_date
    G.nodes[s].setdefault('in_date', in_date)
    G.nodes[s].setdefault('flag', flag)

for i in G.nodes:
```

```
    print(i,G.nodes[i])


def mapcolor(flags):
    l=[]
    for i in flags:
        if i==0:# 正常
            l.append('green')
        elif i==1:# 欺诈
            l.append('red')
        elif i==-1:# 拒绝
            l.append('orange')
        elif i==-2:# 违约
            l.append('purple')
        else: # 待定
            l.append('grey')
    return l

nx.draw_networkx(G,node_size=300,font_color='black',node_color=mapcolor([G.nodes[i].get('flag') for i in G.nodes]))
```

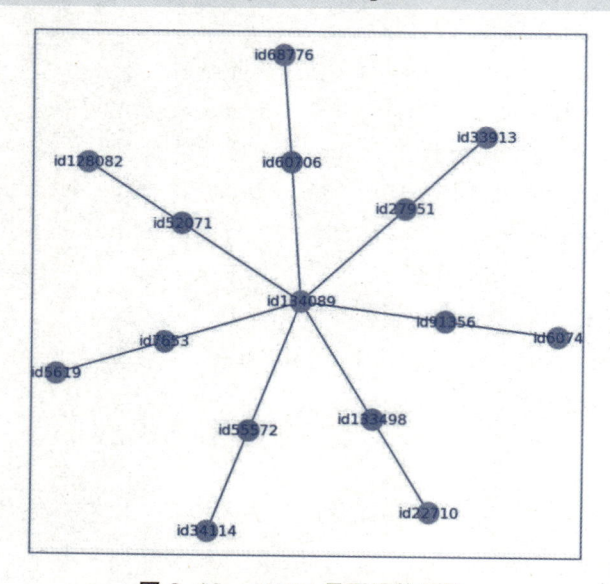

图 8-16　10500 号子网络结构

从形态上看，图 8-16 所示的子网络较为规则。中心节点 id134089 是一个联系人节点，其外围有 7 个子节点与之相连，这 7 个节点均为申请人且处于正常状态。此外，这 7 个子节点各自还连接了 1 个联系人节点。显然，这是一个典型的贷款中介网络：中心节点可被视为中介者本人，其发展了 7 个申请人，而这些申请人又填写了除中介者外的第二个联系人。

另外，从节点属性信息看，这些申请节点的申请日期分布并不集中。7 个人大约在 40 天内完成了所有的申请，这也说明正常的贷款中介介绍客户通常不会一蹴而就。与欺诈团伙网络相比，正常网络结构更加规则，申请人出现欺诈、违约或拒绝的情况较少，且申请时间分布较为分散。数据中还存在几个类似的正常贷款中介网络，由于其特点相似，这里不再进行更多分析。

经过上述分析，我们总结了欺诈团伙网络的一些特点。然而，这些分析是基于某一时间点的静态观察。为了进一步深入分析，我们可以将欺诈团伙在两天内完成欺诈攻击的整个过程按不同时间节点进行还原。例如，攻击的第一天发生在时间点 42467，我们可以构建 42467 时间点前的子网络数据，代码如下。

```python
# 第一天
G = nx.Graph()
dat1=dat0[dat0.userid.isin(partition_s[partition_s==675].index) | dat0.connid.isin(partition_s[partition_s==675].index)]
dat=dat1[dat1.in_date.le(42767)]
for i in dat.index:
    s = dat.loc[i, 'userid'] # 客户号
    c = dat.loc[i, 'connid'] # 联系人
    flag = dat.loc[i,'flag'] # 好坏标签
    in_date = dat.loc[i, 'in_date'] # 加入网络时间
    flag_date = dat.loc[i, 'flag_date'] # 事件发生时间
    
    G.add_edge(s, c) # 添加节点与边
    G.nodes[c].setdefault('in_date', in_date)
    G.nodes[s]['flag_date'] = flag_date
    G.nodes[s].setdefault('in_date', in_date)
    G.nodes[s].setdefault('flag', flag)
```

```
node_list = list(G.nodes())
flags = [G.nodes[i].get('flag') for i in node_list]

# 绘制网络图
draw_func()
```

输出结果如图 8-17 所示。

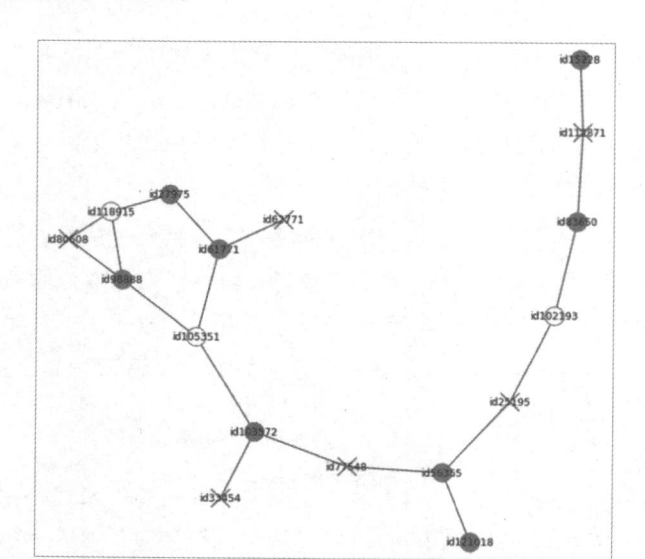

图 8-17 第一天攻击时的子网络结构

第一天的网络形态已经逼近最终网络形态，共有 17 个节点，其中，申请节点只有 11 个，其余节点均以联系人的方式存在，这 11 个节点中共有 3 个被拒绝，其余 8 个完成攻击。有趣的是，未来的中心节点 id77548 此时却是以联系人的身份存在于子网络中的，类似的其余几个未来的申请人节点此时还仅仅属于联系人。

第二天攻击时的子网络结构如图 8-18 所示，代码如下。

```
# 第二天
G = nx.Graph()
dat1=dat0[dat0.userid.isin(partition_s[partition_s==675].index) | dat0.connid.isin(partition_s[partition_s==675].index)]
dat=dat1[dat1.in_date.le(42768)]
for i in dat.index:
    s = dat.loc[i, 'userid'] # 客户号
```

```
    c = dat.loc[i, 'connid'] # 联系人
    flag = dat.loc[i,'flag'] # 好坏标签
    in_date = dat.loc[i, 'in_date'] # 加入网络时间
    flag_date = dat.loc[i, 'flag_date'] # 事件发生时间

    G.add_edge(s, c) # 添加节点与边
    G.nodes[c].setdefault('in_date', in_date)
    G.nodes[s]['flag_date'] = flag_date
    G.nodes[s].setdefault('in_date', in_date)
    G.nodes[s].setdefault('flag', flag)

node_list = list(G.nodes())
flags = [G.nodes[i].get('flag') for i in node_list]

# 绘制网络图
draw_func()
```

此时，网络已达到最终形态，节点从 17 个增加到 20 个，网络结构进一步拓展。在第一天，除一个联系人外，其余联系人均转变为申请人并实施了攻击。遗憾的是，在第二天的攻击中，原有的风控系统未能拒绝任何一笔申请。

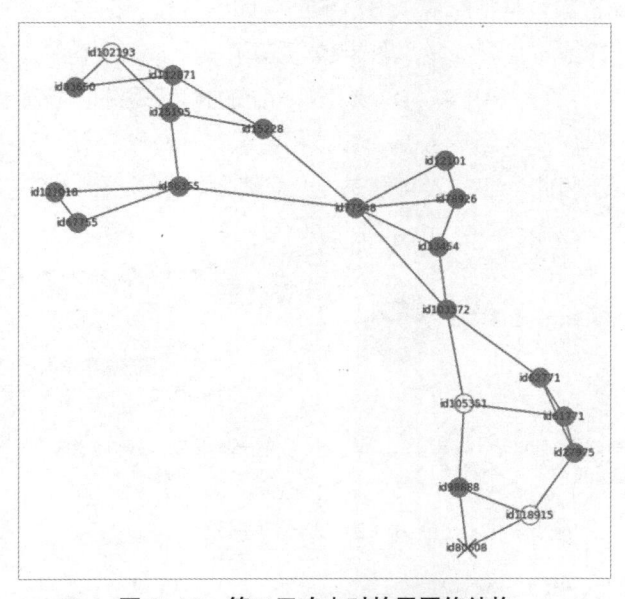

图 8-18 第二天攻击时的子网络结构

通过以上分析，可以还原该欺诈团伙的作案手法：第一天，团伙进行了试探性攻击，部分核心节点并未暴露其真实目的。尽管第一天的攻击中有 3 笔申请被拒绝，但其余大部分攻击仍然有效。因此，该团伙在第二天实施了更大规模的攻击，包括核心节点在内的一些节点为扩大收益，转变身份成为申请人，并引入更多新的申请人以完成进一步攻击。这些新申请人的联系人信息大多是互相填写的。

以上是通过子网络分析还原的该欺诈团伙实施欺诈的过程。实际上，类似的团伙欺诈手法较为常见。然而，原有的风控系统缺乏对申请人关联信息的获取与分析能力，因此难以应对此类欺诈行为。

3. 构造异常网络特征

到此为止，我们已经分析了案例中欺诈团伙的网络特性。综合对比正常网络，我们可以发现欺诈团伙网络的一些显著特点。

- 欺诈团伙网络中的网络规模比较大（节点数较多）。
- 欺诈团伙网络中的网络结构复杂（网络密度大、群聚性大）。
- 欺诈团伙网络中的节点是欺诈，被拒绝的概率较大（网络中恶性节点比例）。
- 欺诈团伙网络中随着时间变化，节点很可能会由联系人变为申请人。
- 欺诈团伙网络中随着时间变化，短期内节点所处网络结构变动较大。

因此，在构造网络特征时应从节点所处的网络规模、网络性质、网络中坏节点比例等方面构造网络特征。例如，图 8-19 展示了一个申请子网络。其中，新客户 A 与其联系人 B 加入了一个由 C、D、E 三人组成的申请网络。显然，这个网络的坏样本率达到了 66%，那么客户 A 是否应该拒绝呢？从经验上看，网络中坏节点比例是一个重要特征。因此，客户 A 可能是一个坏客户，应该果断拒绝。

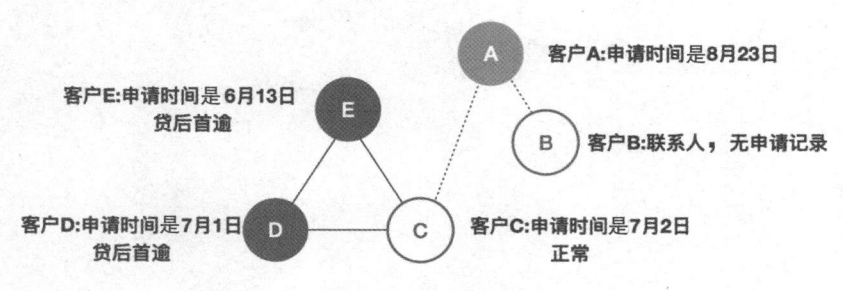

图 8-19 某申请子网络

由此，我们构造如下网络特征。

- net_size：网络新增节点所在连通子图规模（节点数）。
- degree：网络新增节点的度。
- average_neighbor_degree：网络新增节点的群聚性。
- degree_centrality：网络节点的度中心性。
- closeness_centrality：网络节点的介数中心性。
- betweenness_centrality：网络节点的接近度中心性。
- Percentage：网络节点所在连通子图中的坏样本率。
- is_AC：节点是否由联系人转化而来。

在构造上述特征之前，我们需要了解这些特征都属于时间截面类特征。这意味着在特定的时间节点上，通过回溯历史数据来计算生成这些特征。此外，申请人网络本身会随着时间的推移而发生变化。例如，当某个子网络在新的时间点加入了新的申请人或联系人后，网络特征必然会发生变化。因此，构建网络特征时应当反映这种动态变化和更新。为此，我们应以每天为频次更新网络，并计算更新后的网络特征。这些计算好的特征可以在第二天的审批过程中使用。依次类推，每天的审批都应使用前一日最新的网络特征数据。

下面的代码是实现每天更新网络并计算特征的过程。

```
def create_graph(G, data):
    ''' 更新图:在当前时刻之前图G的基础上,添加当前时刻的子网络 '''
    for i in data.index:
        s = data.loc[i, 'userid'] # 客户号
        c = data.loc[i, 'connid']  # 联系人
        flag = data.loc[i,'flag'] # 好坏标签
        in_date = data.loc[i, 'in_date'] # 加入网络时间
        flag_date = data.loc[i, 'flag_date'] # 事件发生时间

        G.add_edge(s, c) # 添加节点与边
        G.nodes[c].setdefault('in_date', in_date)
        G.nodes[s]['flag_date']=flag_date
        G.nodes[s].setdefault('in_date',in_date)
        G.nodes[s].setdefault('flag',flag)
```

```python
    return G

def get_net_info(G, data): '''
    '''
    计算图中节点的信息:计算当天图中新增节点的信息
    G:截止到当前时刻的图
    data:当前时刻的数据
    '''
    result=pd.DataFrame(index=data.index)
    # 获取当前时刻数据的索引,便于添加列操作

    net_size = {k: len(nx.node_connected_component(G, k)) for k in data.userid.values}# 当天新增客户所在连通图的大小
    degree=G.degree([*data.userid.values])# 当天新增客户在网络中的度
    average_neighbor_degree=nx.average_neighbor_degree(G, nodes=[*data.userid.values])
    # 当天新增客户所在连通图中与之连接节点的平均度
    #degree_centrality={k: nx.degree_centrality(G)[k] for k in data.userid.values}# 点度中心度
    #closeness_centrality={k: nx.closeness_centrality(G)[k] for k in data.userid.values}# 当天新增客户距离网络中心的距离(耗时较长)
    #betweenness_centrality={k: nx.betweenness_centrality(G)[k] for k in data.userid.values}# 介度中心度
    percentage={k: get_percentage(G, k) for k in data.userid.values}
    # 当天新增客户所在连通图中之前客户的逾期情况

    result["net_size"]=data.userid.map(net_size)
    result["degree"]=data.userid.map(degree)
    result["average_neighbor_degree"]=data.userid.map(average_neighbor_degree)
    #result["degree_centrality"]=data.userid.map(degree_centrality)
    #result["closeness_centrality"]=data.userid.map(closeness_centrality)
```

```
        #result["betweenness_centrality"]=data.userid.map
(betweenness_centrality)
        result["percentage"]=data.userid.map(percentage)
    return    result
def get_percentage(G, x):  """

计算节点所在连通网络的坏客户比例
    G——当前时刻的图
    x——该节点的ID号,字符变量
    """
    flags = []
    for i in nx.node_connected_component(G, x):
        # 获取flag_date的时间
        cond = G.nodes[i].get('flag_date', 9999999999)
        # 默认9999999999
        flag = G.nodes[i].get('flag', 0) # 默认0
        # 判断条件:cond小于或等于 x 的in_date

        if cond <G.nodes[x]["in_date"]:
            if flag == 1 or flag==-1 or flag==-2:
                mark = 1
            else:
                mark = 0
        elif cond == G.nodes[x]["in_date"]:
            if flag==-1:
                mark = 1
            else:
                mark = 0
        else:
            mark = 0
        flags.append(mark)
    return np.mean(flags)
```

在上述代码中包含了三个自定义函数: create_graph 用于每天更新网络,其任务是将每天新申请的节点加入原有网络中,原始数据可通过相关时间变量区分每一天。get_net_info 主要用于计算更新后的网络中节点的大部分网络特征。get_percentage 主要用于计算更新后节点所处子网络的坏样本率。下一步通过循环模拟每天更新网络，计算剩余特征，保存特征的过程，代码如下。

```
G = nx.Graph()
analysis = pd.DataFrame()
connid = pd.Series()
dates = dat.in_date.drop_duplicates()
dateList = dates.tolist()
dateList.sort()  # 根据时间排序

for date in dateList:
    # 获取每天的数据
    dayData = dat.loc[dat.in_date == date]
    # 创建截至当天的图
    G = create_graph(G, dayData)
    res = get_net_info(G, dayData)
    res['date'] = date  # 更新时间戳
    res['flag'] = dayData.flag  # 欺诈标签
    res['flag_date'] = dayData.flag_date  # 事件发生日期
    res['userid'] = dayData.userid  # 客户ID
    res['is_AC'] = dayData.userid.isin(connid).astype('int')
    # 客户是否由联系人转化
    analysis = pd.concat([analysis, res])  # 历史分析数据
    connid = pd.concat([connid,dayData.connid])  # 历史联系人列表

analysis = analysis[analysis.flag !=-2]# 剔除违约客户
analysis = analysis[analysis.flag !=-1]# 剔除拒绝客户
analysis = analysis.drop_duplicates()
analysis = analysis.merge(analysis.groupby('userid').date.max().reset_index(),on=['userid','date'],how='inner')
analysis.drop(['date','flag_date'],1).to_csv('data/loan2_analysis_net.csv')
```

对象 analysis 保存了每一天更新节点的网络特征统计量，剔除了违约客户和拒绝客户，并处理了数据的重复值。分析这些特征会发现确实比较有效，例如，网络特征节点 is_AC（是否由联系人转化而来）的描述性统计结果如图 8-20 所示。

is_AC	count	mean	std	min	25%	50%	75%	max
0	27231.0	0.001718	0.022886	0.0	0.0	0.0	0.0	0.333333
1	87.0	0.089464	0.138190	0.0	0.0	0.0	0.2	0.500000

图 8-20 某申请子网络

可以看到，在欺诈组中，这个特征的均值远高于正常组，说明某申请人若由联系人转化而来，则可能预示着欺诈。当然，目前只是单特征分析，最终还需要通过多特征与机器学习模型来汇总所有的特征。

8.2.3 构建识别模型

构建识别模型主要包括合并数据、样本平衡和最优模型三部分。

1. 合并数据

前面已经介绍了构造申请人的异常特征与网络特征，以及读取两份特征数据并合并两类特征，代码如下。

```
import pandas as pd
from sklearn.model_selection import GridSearchCV,train_test_split
import sklearn.ensemble as ensemble
df1 = pd.read_csv('data/loan2_analysis_basic.csv') # 异常特征
df2 = pd.read_csv('data/loan2_analysis_net.csv')
df=df1[['userid','flag','gender','city_level','edu','age_st','income_st','income__resid_st','income__resid_st_abs']].merge(
    df2[['userid','net_size','degree','average_neighbor_degree','percentage']],on='userid',how='left'
)
```

这里暂不做样本平衡处理，在模型的选择上，使用 sklearn 的 GBDT 模型训练，目的是对比异常特征模型，代码如下。

```
import matplotlib.pyplot as plt
#import numpy as np/
```

```python
def metrics_roc(ts_real_Y, tr_real_Y,ts_pred_prob,tr_pred_prob):
    from sklearn import metrics
    fpr_test, tpr_test, th_test = metrics.roc_curve(ts_real_Y, ts_pred_prob)
    fpr_train, tpr_train, th_train = metrics.roc_curve(tr_real_Y, tr_pred_prob)
    plt.figure(figsize=[3, 3])
    plt.plot(fpr_test, tpr_test, 'b--')
    plt.plot(fpr_train, tpr_train, 'r-')
    plt.title('ROC curve::Test is Blue')
    print('Test AUC = %.4f' %metrics.auc(fpr_test, tpr_test))
    print('Train AUC = %.4f' %metrics.auc(fpr_train, tpr_train))
    plt.show()

def metrics_pr(ts_real_Y, tr_real_Y,ts_pred_prob,tr_pred_prob):
    from sklearn import metrics
    precision_test, recall_test, th_test = metrics.precision_recall_curve(ts_real_Y, ts_pred_prob)
    precision_train, recall_train, th_train = metrics.precision_recall_curve(tr_real_Y, tr_pred_prob)
    plt.figure(figsize=[3, 3])
    plt.plot(recall_test,precision_test, 'b--')
    plt.plot(recall_train,precision_train, 'r-')
    plt.title('precision-Recall curve:Test is Blue')
    print('Test AP = %.4f' %metrics.average_precision_score(ts_real_Y, ts_pred_prob))
    print('Train AP = %.4f' %metrics.average_precision_score(tr_real_Y, tr_pred_prob))
    plt.show()


target = df["flag"]
orgData1 =df.drop('flag',1).set_index('userid')
train_data, test_data, train_target, test_target = train_test_split(
```

```
    orgData1, target, test_size=0.3, train_size=0.7, random_state=12345)

param_grid = {
    'loss':['deviance','exponential'],
    'learning_rate':[0.1,0.3],
    'n_estimators':[35],      # 决策树个数——GBDT 特有参数
    'max_depth':[1,2],        # 单棵树最大深度——GBDT 特有参数
    'min_samples_split':[2,4]
}
# 增加四行空值处理
train_data=train_data.fillna(0)
train_target=train_target.fillna(0)
test_data=test_data.fillna(0)
test_target=test_target.fillna(0)

gbc = ensemble.GradientBoostingClassifier()
gbccv=GridSearchCV(estimator=gbc,param_grid=param_grid,
scoring='f1', cv=4)
gbccv.fit(train_data, train_target)

train_est = gbccv.predict_proba(train_data)[:,1]
test_est = gbccv.predict_proba(test_data)[:,1]

metrics_roc(test_target, train_target,test_est,train_est)
metrics_pr(test_target, train_target,test_est,train_est)
```

上述代码涵盖了数据划分、模型训练和模型评估三个过程，模型评估的结果如图 8-21 所示。

从结果来看，包含网络特征的模型表现优于仅使用异常特征的模型，测试集数据的 AUC 值和 AP 值均有所提升。然而，由于目前尚未进行样本平衡处理，下一步我们将尝试实施样本平衡，并采用更先进的参数优化方法及梯度提升模型。

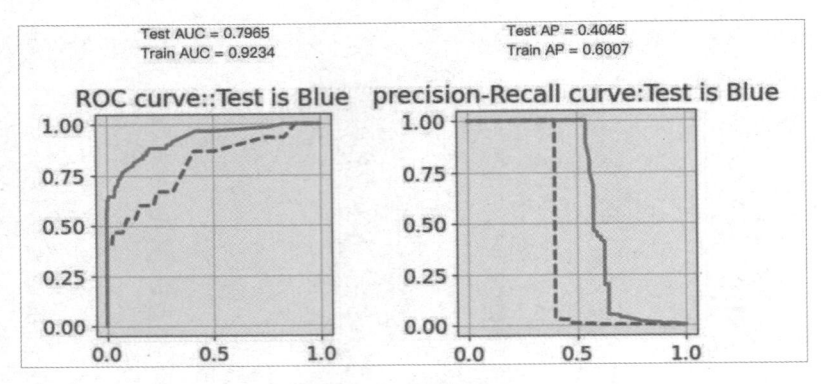

图 8-21　模型评估结果

2. 样本平衡

在本案例中，正常样本有 27247 个，欺诈样本仅有 74 个，显然，正负样本极度不平衡。可尝试先对训练集数据进行样本平衡，再构建模型。样本平衡技术可分为抽样法与加权法两种，本案例侧重抽样法的实现，而抽样法中包含随机过抽样与 SMOTE 抽样两种。在实践中，这些方法各有千秋，因此有必要都尝试一下。

首先，尝试使用 Python 中的 imblearn 库来应用各种样本平衡方法。其次，使用 LightGBM 和贝叶斯参数优化来构建模型。最后，根据模型的表现选择最优模型。

读取数据的代码如下。

```
df1 = pd.read_csv('data/loan2_analysis_basic.csv')
df2 = pd.read_csv('data/loan2_analysis_net.csv')
df=df1[['userid','flag','gender','city_level','edu','age_st','income_st','income__resid_st','income__resid_st_abs']].merge(
        df2[['userid','net_size','degree','average_neighbor_degree','percentage']],on='userid',how='left'
)
df.head()


target = df["flag"]
orgData1 =df.drop('flag',1).set_index('userid')

from sklearn.preprocessing import scale
orgData2=orgData1.apply(scale)
```

```
train_data, test_data, train_target, test_target = train_test_split(orgData2, target, test_size=0.3, train_size=0.7, random_state=12345)
```

这里对原始数据进行了标准化处理,因为后续使用的多种样本平衡技术需要依赖于样本间的距离计算。

（1）随机过抽样

将原始数据中的少数样本实施重复抽样,再与多数样本合并为建模样本。这种方法简单,容易实施,对原始数据无过多的要求,但因为仅仅是重复少数样本,所以容易使模型产生过拟合,实现代码如下。

```
from imblearn.over_sampling import RandomOverSampler
random = RandomOverSampler(sampling_strategy=0.2,random_state=0)
train_data_1, train_target_1 = random.fit_resample(train_data, train_target)
```

在上述代码中,RandomOverSampler 函数中的参数 sampling_strategy=0.2,表示过抽样后,多数样本与少数样本的比例为 1∶0.2。注意,扩充样本动作只在训练集数据上进行,测试集数据只用于验证模型效果,而不应进行任何改变。

（2）SMOTE

SMOTE 抽样方法通过在少数样本对之间随机生成新的少数样本,从而达到扩充少数样本的目的。这种抽样方法是假定少数样本的属性和行为具有相似性,因此可以在少数样本之间的距离上虚拟出一个或多个新的少数样本,样本之间距离的度量方式一般采用欧氏距离。显然,这种假定在一定程度上是合理的,但如果两个少数样本的属性和行为差异较大,那么通过样本之间的距离虚拟出的样本就可能不合理,实现代码如下。

```
from imblearn.over_sampling import SMOTE
smote = SMOTE(sampling_strategy=0.2,random_state=0)

# 增加空值处理
train_data=train_data.fillna(0)
train_target=train_target.fillna(0)

train_data_2, train_target_2 = smote.fit_resample(train_data, train_target)
```

在上述代码中，SMOTE 函数中的参数 sampling_strategy 的含义与随机过抽样相似，表示经过抽样后多数样本与少数样本频数之比为 1：0.2。此外，应注意由于 SMOTE 使用了样本距离，因此需要进行数据标准化与缺失值处理。

（3）SMOTE-BorderLine

SMOTE 抽样方法的弊端在于：若出现差异较大的少数样本，则产生的新样本可能就不合理。因此，SMOTE-BorderLine 方法希望仅使用那些样本空间边缘的少数样本来合成新样本，实现代码如下。

```
from imblearn.over_sampling import BorderlineSMOTE
smote_borderline = BorderlineSMOTE(sampling_strategy=0.2,random_state=0)
train_data_3, train_target_3 = smote_borderline.fit_resample(train_data, train_target)
```

参数 sampling_strategy=0.2 的含义与前述一致。

（4）SMOTE-Tomek

Tomek-Link 指的是样本空间距离较近的正负样本对。显然，这些样本对中的样本行为和属性相似，但类别不同。因此，在进行虚拟样本生成时可能会出现合理性问题。SMOTE-Tomek 方法先使用 SMOTE 抽样方法虚拟少数样本，再剔除具备 Tomek-Link 关系的正负样本对。这种方法能够有效克服 SMOTE 抽样方法中因样本属性差异导致的不合理问题，其实现代码如下。

```
from imblearn.combine import SMOTETomek
smote_tomek = SMOTETomek(sampling_strategy=0.2,random_state=0)
train_data_4, train_target_4 = smote_tomek.fit_resample(train_data, train_target)
```

（5）SMOTE-ENN

若一个多数样本的邻近样本中有大量少数样本，显然，该多数样本会干扰样本平衡。剔除这种多数样本能够使虚拟样本更加合理，这就是 ENN（最邻近样本编辑）的含义。SMOTE-ENN 首先使用 SMOTE 抽样方法对原始数据进行样本平衡，再使用 ENN 法剔除干扰较大的多数样本。SMOTE-ENN 与 SMOTE-Tomek 有相似之处，从实践效果看，前者一般会比后者剔除更多的样本，实现代码如下。

```
from imblearn.combine import SMOTEENN
smote_enn = SMOTEENN(sampling_strategy=0.2,random_state=0)
```

```
train_data_5, train_target_5 = smote_enn.fit_resample
(train_data, train_target)
```

3. 最优模型

目前，我们已经使用了 5 种样本平衡技术重构了训练集数据，下一步将使用贝叶斯参数优化的 LightGBM 模型对不同的样本一一构建模型，并尝试根据效果找到最好的模型。

（1）贝叶斯参数优化的 LightGBM 模型

LightGBM 是一种梯度提升树的高效实现，相较于传统的 GBDT，其提升效果更加明显，且训练模型更加省时。贝叶斯参数优化相较于传统的暴力网格参数寻优、随机网格参数寻优法，其寻优过程省时，寻优结果较好。因此，本案例将结合这两种方式进行建模。

这里的模型将用到 Python 中的 LightGBM 库，贝叶斯参数优化将用到 bayes_opt 库，定义如下函数进行参数优化，代码如下。

```
# pip install bayesian-optimization
from lightgbm import LGBMClassifier
from bayes_opt import BayesianOptimization
def BayesianOptimizationLGB(para_space,data,n_iter,init_points):
    """
    LGB 贝叶斯调参：
        LGB_CV:LGB_CV 函数，使用 auc 作为优化标准，5 折交叉验证
        para_space: 参数空间
        n_iter: 贝叶斯参数优化迭代次数，次数越大，越容易找到最优参数，但会更耗时间
        init_points: 随机探索次数，次数越多，越有助于差异化参数探索空间，从而避免局部优化
    """
    # 寻优
    def LGB_CV(n_estimators,learning_rate,max_depth,min_split_gain,min_sum_hessian_in_leaf,subsample,colsample_bytree,reg_lambda):
```

```python
        AUCbest=0.5
        ITERbest=0

        paramt = {
                    'boosting_type' : ['gbdt'],
                    'n_estimators':[int(n_estimators)],
                    'learning_rate':[learning_rate],
                    'max_depth':[int(max_depth)],
                    'min_split_gain':[min_split_gain],
                    'min_sum_hessian_in_leaf' : [min_sum_hessian_in_leaf],
                    'subsample':[max(min(subsample,1),0)],
                    'colsample_bytree':[max(min(colsample_bytree, 1), 0)],
                    'reg_lambda' : [reg_lambda]
                    }
   girdres=GridSearchCV(LGBMClassifier(seed=123),paramt,cv=5,scoring='roc_auc',error_score=0).fit(data['X_train'],data['y_train'])#categorical_feature=['xxx']

            val_score = girdres.cv_results_['mean_test_score'][0] # 交叉验证集的平均结果
            print(' Stopped after %d iterations with val-score = %f' % (n_estimators,val_score))
            return(val_score)

    Optimize = BayesianOptimization(LGB_CV,para_space)
    Optimize.maximize(n_iter=n_iter,init_points=init_points)

    # 输出最优参数并重新建模
    params_best=Optimize.max['params']
    params_best['max_depth']=int(params_best['max_depth'])
    params_best['n_estimators']=int(params_best['n_estimators'])
    lgb_best = LGBMClassifier(
```

```
            colsample_bytree=params_best['colsample_bytree'],
            min_split_gain=params_best['min_split_gain'],
             min_sum_hessian_in_leaf=params_best['min_sum_hessian_in_leaf'],
            learning_rate=params_best['learning_rate'],
            max_depth=params_best['max_depth'],
            n_estimators=params_best['n_estimators'],
            reg_lambda=params_best['reg_lambda'],
            subsample=params_best['subsample']
         ).fit(data['X_train'],data['y_train'])#categorical_feature=['xxx']
    train_pred = lgb_best.predict_proba(data['X_train'])[:,1]
    test_pred = lgb_best.predict_proba(data['X_test'])[:,1]

    train_auc=metrics.roc_auc_score(data['y_train'],train_pred)
    test_auc=metrics.roc_auc_score(data['y_test'],test_pred)

    print('auc_train:{},auc_cv:{},auc_test:{}'.format(round(train_auc,4),
round(Optimize.max['target'],4),
round(test_auc,4)))
    ParaDf_all=pd.DataFrame()

    for i in range(len(Optimize.res)):
        ParaDf=pd.DataFrame([Optimize.res[i]['params']])
        ParaDf['cv_auc']=Optimize.res[i]['target']

         ParaDf_all=pd.concat([ParaDf,ParaDf_all],ignore_index=True)

    return(lgb_best,ParaDf_all,Optimize)
```

函数的输入为参数范围（para_space）、经过分区的训练集数据和测试集数据

（data）、贝叶斯参数优化的迭代次数（n_iter）、起始搜索点个数（init_points）。越多的迭代次数与起始搜索点个数，越有利于寻找最优模型，但同时也会增加计算量与时间消耗。在本案例中，起始搜索点设定为5个，迭代50次。

LGB_CV函数主要用于定义模型、设置需要寻优的参数、交叉验证个数、寻优参考指标等。我们使用LightGBM模型尝试调节树的个数（n_estimators）、学习率（learning_rate）、单棵树的最大深度（max_depth）、gamma值（min_split_gain）、叶节点二阶梯度和限制（min_sum_hessian_in_leaf）、行列抽样比例等参数，并以交叉验证的验证集数据的AUC平均值作为贝叶斯参数优化标准；然后通过BayesianOptimization().max方法进行贝叶斯参数优化，优化时将打印出中间的优化过程。优化完成后，将使用最优参数再次构建最终模型。

函数的输出为参数最优的模型（lgb_best）、参数调整与验证集AUC值的数据框（ParaDf_all）、贝叶斯参数优化对象（Optimize）。最优的模型可直接用于验证与部署，而参数调整结果集和贝叶斯参数优化对象则可作为模型细节备份。

此外，为方便训练模型并输出模型的表现，还需要定义一个训练模型的函数，代码如下。

```
def trainLGB(data):

    #这里定义参数搜索范围
    para_space={
            'n_estimators':(10,120),
            'learning_rate':(0.05,0.2),#学习率
            'max_depth':(1,3),
#[0,∞]，一般为3~10，单棵树最大深度，数值越大，过拟合程度越高，反之，则越低
            'min_split_gain':(0,10),#gama值[0,∞]，i/10.0 for i in range(0,5)决定树进一步生长的最小损失限制，数值越大，树的生长难度越大，过拟合程度越低
            'min_sum_hessian_in_leaf':(0,10),#[0,∞]最小叶节点二阶梯度和限制，损失函数为MSE时，即为最小叶节点样本量限制
            'subsample':(0.5,1),#(0,1],np.logspace(-0.3,0,10),即0.5~1，在每一次提升过程中的随机样本比例，小于1将避免过拟合
            'colsample_bytree':(0.5,1),#(0,1],np.logspace(-0.3,0,10),即0.5~1，在每一次提升过程中的随机特征比例，小
```

于1将避免过拟合

```
            'reg_lambda':（0,1）# 正则项权重，默认为0
        }

    # 进行贝叶斯搜索，在ParaDf_all中保存了本次搜索的所有参数组合，
Optimize.max可输出最优参数
    lgb,ParaDf_all,Optimize=BayesianOptimizationLGB(para_space,data,n_iter=50,init_points=5)

    # 进行模型预测
    train_est = lgb.predict_proba(data['X_train'])[:,1]
    test_est = lgb.predict_proba(data['X_test'])[:,1]

    # 输出模型评估结果图片
      metrics_roc(data['y_test'],data['y_train'],test_est,train_est)
       metrics_pr(data['y_test'],data['y_train'],test_est,train_est)

    return lgb # 输出最优模型
```

trainLGB函数是为了方便对不同的平衡数据进行建模而设计的，其中，para_space对象定义了模型的参数寻优范围，在进行寻优操作后，使用最优模型做出预测并验证模型的表现。

（2）寻找最优模型

使用如下代码对每个数据集进行训练。

```
data={} # 初始未平衡数据
data['X_train']=train_data
data['y_train']=train_target
data['X_test']=test_data
data['y_test']=test_target
trainLGB(data) # 进行模型训练
from sklearn import metrics
# 增加空值处理
train_data=train_data.fillna(0)
```

```
train_target=train_target.fillna(0)
test_data=test_data.fillna(0)
test_target=test_target.fillna(0)
```

各种样本平衡方法的数据训练代码类似，只是所用的数据集不同。由于梯度提升模型和寻优过程具有随机性，最终结果是经过 10 次重复训练的平均值，如表 8-1 所示。

表 8-1　不同平衡方法的模型效果

平衡方法	训练集数据	测试集数据			
		AUC 均值	AUC 标准差	AP 均值	AP 标准差
原始	train_data	0.85009	0.01636089	0.37195	0.02516511
过抽样	train_data_1	0.85508	0.01730805	0.34028	0.00988487
SMOTE	train_data_2	0.90595	0.02038759	0.36059	0.03007492
SMOTE-BorderLine	train_data_3	0.85743	0.06155541	0.12768	0.09343212
SMOTE-Tomek	train_data_4	0.91489	0.00890311	0.35133	0.02874687
SMOTE-ENN	train_data_5	0.88356	0.02333072	0.31305	0.04201998

从结果看，模型综合表现比较好的是 SMOTE、SMOTE-Tomek 方法。

SMOTE 的 AUC 均值与 AP 均值均处于所有模型中的第二位，综合表现较好。SMOTE-Tomek 的 AUC 均值最高且最稳定，AP 均值虽然不及 SMOTE 和原始训练集数据，但表现也不差。因此，我们选择 SMOTE-Tomek 模型作为本案例的最终模型。

至此，我们已经完成了最终模型的训练，从结果看，模型表现优异，这也验证了我们之前从异常属性与行为特征，以及复杂网络特征入手构建反欺诈模型的思路是合理的。此外，当此模型应用于实际贷款审批时，通常需要定期更新网络，并离线计算各个特征的取值后再输入模型以得出预测结果。例如，第一天审批结束后，可以设计程序在晚上自动运行批处理计算，得出特征后输入模型，第二天即可获得模型的预测结果。

本案例是基于异常识别的反欺诈系统的一个实践，主要展示了异常情况分析研判与反欺诈模型更新的过程。我们花费了大量篇幅介绍欺诈者异常特征与网络特征的发现过程，其目的是展示异常情况分析和研判的过程。后续通过对比各种特征的效果并构建最优模型，对应的是反欺诈模型更新的过程。

当然，在实践中，金融申请阶段会不断出现新的欺诈手段。虽然本案例中的数据、代码和结果会随着欺诈手段的变化而变化，但高频、细致、全面地监控、发现和分析新型欺诈手段，形成反欺诈知识并实时更新到反欺诈模型的过程是不变的。

第 9 章　算法工程化

在分析数据的过程中，我们往往只关注最终结果，容易忽视分析过程中的代码工程结构，这可能导致代码不规范的问题。之所以得出这样的结论，主要与数据分析的研究方式息息相关。数据分析师、数据科学家在数据分析阶段主要涉及自主研究和开发，与他人合作编写代码的机会较多。另外，数据分析存在较多模型试错的机会，需要通过多个模型来验证，这可能会导致代码编写的冗余。为构建工程化的数据科学代码，本章主要讨论以下两个问题。

- 如何构建合理的项目结构？
- 如何编写规范的数据工程代码？

9.1　构建合理的项目结构

从操作层面看，项目结构对于其本身的扩展性、健壮性、易用性等各方面都有着十分明显的作用，算法建模项目也不例外。因此，本节对数据科学项目在工程结构上的最优实践进行介绍。

9.1.1　为什么要构建合理的项目结构

作为工程化数据科学代码的起点，合理的代码工程结构是十分重要的，这一点也是我们一直倡导的理念。很多人对此感到困惑，尤其是从业多年的工程师。我们为何在工程化专题中仍然强调这些基础的内容？其实，最基础的内容往往是我们在实际工作中最容易忽视的。一个合理的项目结构主要应关注以下两点。

- 代码灵活性可能导致项目工程化控制不佳。这种灵活性主要体现在动态语言的使用上，由于缺乏规范约束，因此代码的编写方式多种多样。这使得我们在阅读他人编写的代码时感到难以理解，并且项目也不容易上手，进而影响团队合作。

- 重视数据分析结果而忽视代码质量。在数据科学领域，尤其是在数据分析中，我们往往过于重视结果，而忽视代码质量。虽然数据分析的最终结果（如数值大小和图表内容）至关重要，但这并不意味着可以忽略生成这些结果的代码质量。在实际工作中，数据分析师通常会先尝试一些方法，套用模型查看输出效果。这种方式高度依赖分析经验，是许多数据分析师的习惯性处理方式。然而，这种做法可能导致代码质量被忽视。

在数据分析过程中充满了不确定性，我们采用的策略可能无法达到预期效果。因此，需要不断尝试和实验。在得到最终结果之前，我们会做大量的尝试，其中许多可能是无效的。这显然是数据分析阶段的一个必要过程。然而，正是由于这种试错性的存在，我们往往才更加重视最终结果的产出，而容易忽视中间过程的代码工程结构。

合理的项目结构应从干净简洁、逻辑分明这两点开始，并始终坚持这一标准。这不仅有助于提高代码工程化的质量，还能提升工作效率。你是否曾有过这样的经历：当我们试图复现之前写过的代码时，可能会感到迷茫，不知道某个文件里写的是什么，哪个文件里的代码是最终版本。此外，当项目结构过于混乱时，我们可能会遇到更多麻烦。例如，在进行特征工程时想添加新领域的数据，应该从哪一步开始？当我们想执行绘图代码时，所采用的数据是原始数据还是中间过程数据？这些问题都很棘手，也是项目结构混乱的常见表现。因此，保持合理的项目结构可以帮助我们快速找到之前的分析状态。例如，通过职责分离、将分析抽象为 DAG（有向无环图）、版本控制等方式，可以有效解决这些问题。

除此之外，合理的项目结构还有助于团队合作，特别是对于新加入的同事。一个清晰且标准化的项目结构意味着他们无须花费大量时间研究工程文档，就能快速了解整个分析流程，也不必在阅读全部代码后才能确定需要修改的内容所在位置。这无疑提高了整个团队的工作效率。良好的代码工程结构不仅能帮助新同事轻松理解分析的具体过程，增强他们对分析结论的理解和信任，还能使他们更方便地参与到后续的分析工作中。

实际上，合理的项目结构在现有的代码规范中已有类似的案例。例如，Maven 项目结构风格就是一个非常标准的例子。即使是从未接触过特定项目的新同事，只要具备 Maven 开发的基础能力，就能迅速找到他们想要了解的部分。另一个例子是

UNIX 类系统的文件系统层级结构，所有系统都在 UNIX 系统文件层级的基础上进行了统一约定。无论是 RedHat 用户还是 Ubuntu 用户，在使用对方系统时都能基本明确在哪里查找特定类型的文件。同样，我们期望的合理项目结构，至少在整个公司或团队内部，都应该遵循这一标准来构建。

9.1.2 什么是一个数据科学项目应有的项目结构

既然我们已经强调了合理的项目结构非常重要，那么合理的项目结构应该是什么样的呢？实际上，cookiecutter 已经提供了一个很好的模板。我们可以通过执行 **pip install cookiecutter** 命令来安装这个工具，并用它来快速创建一个新的数据科学项目工程。执行后，系统会提示输入项目名称、代码库名称、作者信息和适用的开源协议等。按照提示输入后，新建的项目结构大致如下，我们可以根据项目内容适当修改结构。

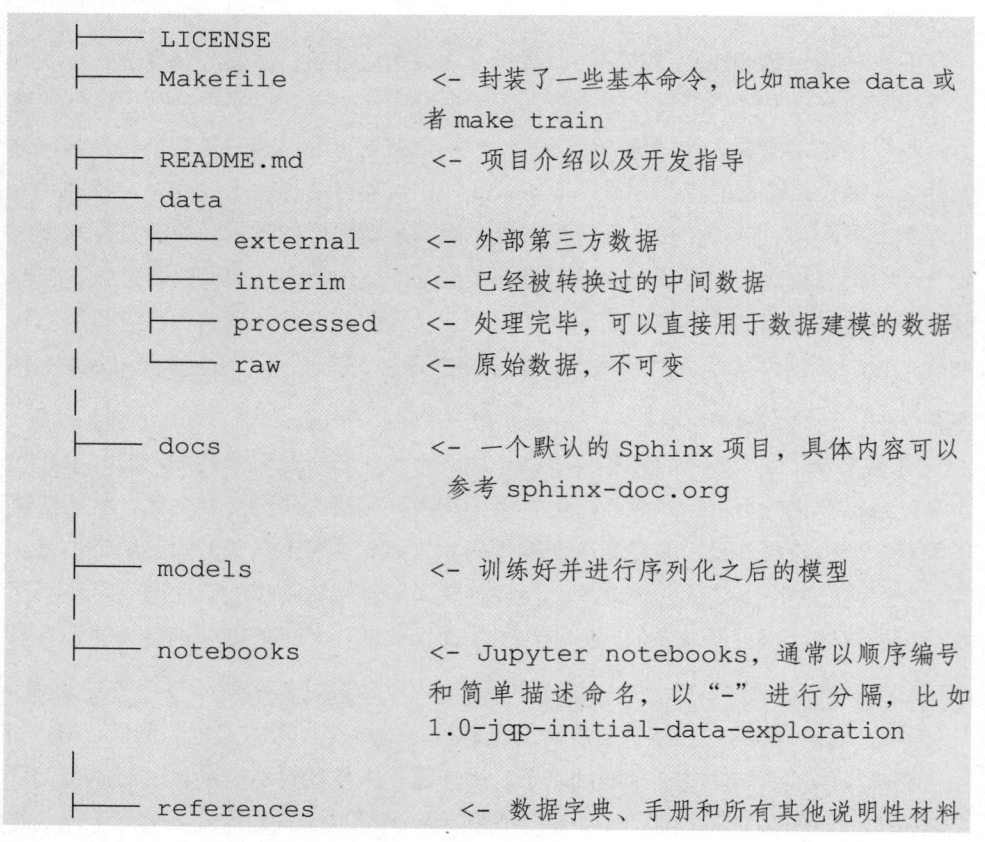

```
├── LICENSE
├── Makefile           <- 封装了一些基本命令，比如 make data 或
                          者 make train
├── README.md          <- 项目介绍以及开发指导
├── data
│   ├── external       <- 外部第三方数据
│   ├── interim        <- 已经被转换过的中间数据
│   ├── processed      <- 处理完毕，可以直接用于数据建模的数据
│   └── raw            <- 原始数据，不可变
│
├── docs               <- 一个默认的 Sphinx 项目，具体内容可以
                          参考 sphinx-doc.org
│
├── models             <- 训练好并进行序列化之后的模型
│
├── notebooks          <- Jupyter notebooks，通常以顺序编号
                          和简单描述命名，以 "-" 进行分隔，比如
                          1.0-jqp-initial-data-exploration
│
├── references         <- 数据字典、手册和所有其他说明性材料
```

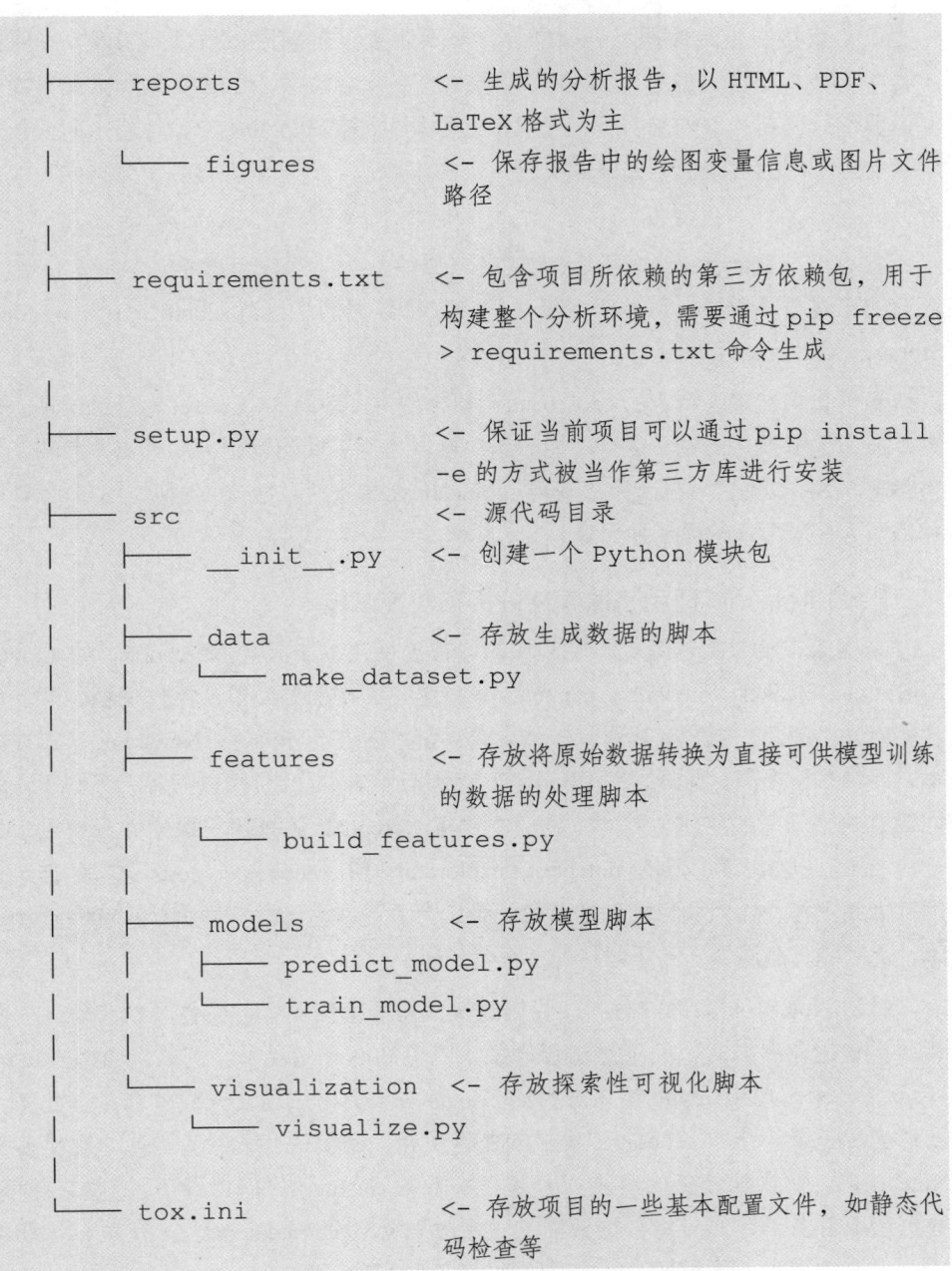

```
|
├── reports              <- 生成的分析报告，以 HTML、PDF、
|                           LaTeX 格式为主
|     └── figures        <- 保存报告中的绘图变量信息或图片文件
|                           路径
|
├── requirements.txt     <- 包含项目所依赖的第三方依赖包，用于
|                           构建整个分析环境，需要通过 pip freeze
|                           > requirements.txt 命令生成
|
├── setup.py             <- 保证当前项目可以通过 pip install
|                           -e 的方式被当作第三方库进行安装
├── src                  <- 源代码目录
|     ├── __init__.py    <- 创建一个 Python 模块包
|     |
|     ├── data           <- 存放生成数据的脚本
|     |     └── make_dataset.py
|     |
|     ├── features       <- 存放将原始数据转换为直接可供模型训练
|     |                     的数据的处理脚本
|     |     └── build_features.py
|     |
|     ├── models         <- 存放模型脚本
|     |     ├── predict_model.py
|     |     └── train_model.py
|     |
|     └── visualization  <- 存放探索性可视化脚本
|           └── visualize.py
|
└── tox.ini              <- 存放项目的一些基本配置文件，如静态代
                            码检查等
```

下面着重介绍一些基于这个项目结构对项目开发有帮助的实践。

1.原始数据

获取原始数据是数据分析的第一步。经验表明，即使原始数据质量不佳，我们也不要直接在原始数据上进行操作，更不要直接覆盖原始数据。所以，在数据工程中，我们都会建立一个原始数据层来保存原始数据。当需要对数据进行操作时，我们只需要读取原始数据，将其放入数据处理的 Pipeline 中，并将中间分析产物保存到不同的目录中。如果需要进一步加工处理，则可以直接利用分析结果继续进行。

在存储或同步大量数据时，尤其是当原始数据不可变且数据量较大时，选择合适的工具至关重要。可用于存储或同步大量数据的工具有 s3cmd、Git Large File Storage、GitAnnex 和 dat 等。

目前，虽然某些特定的 cookiecutter 模板提供了填写 S3 Bucket 地址的选项，但大多数通用模板并未包含这一功能。用户可以通过手动配置或借助第三方库和工具来实现与 S3 的集成。在选择和使用 cookiecutter 模板时，建议根据项目的具体需求和目标选择最合适的模板和配置。

2. Notebook 适用于探索性分析和快速试错

一些人在初次接触数据科学领域时，首先使用的工具是 Notebook，如 Jupyter Notebook、Beaker Notebook、Zeppelin 等。这些工具上手简单，操作便捷，深受初学者喜爱。然而，当需要复现分析结果或对新数据进行分析时，Notebook 工具在效率方面仍有待提高。此外，Notebook 工具通常以 JSON 文件形式保存，不利于直观地查看内容细节的变化。因此，我们主要将 Notebook 工具用于探索性分析或生成分析结果。例如，可以创建 notebooks/exploratory 和 notebooks/reports 这样的目录来保存相关内容，作为项目初期的草稿记录工具。而在真正进行数据处理和模型构建时，仍需编写高质量、易于维护的工程化代码。

针对 Notebook 文件的命名，我们建议使用能够简单描述文件分析步骤、内容和分析者的命名方式，而不是随意命名，以免后期产生混淆。例如，通过 <step>-<user>-<description>.ipynb 格式进行命名，有助于提高工程化代码的质量。此外，我们应尽量最小化 Notebook 工具中的处理逻辑，避免代码冗余。在此建议将多个 Notebook 文件根据任务内容进行分离，并放置在 src 源代码目录下。例如，对于数据获取任务，首先应将数据获取的逻辑放到 src/data/make_dataset.py 中，然后在 Notebook 中引用，这样可以更加方便地进行逻辑测试和修改。

3. 以 DAG 的方式构建分析的代码

在分析数据的过程中，我们经常会遇到一些长时间运行的任务，比如数据预处理或模型训练，尤其是在数据量较大的场景下，运行时间会非常长。我们不建议直接耗费大量时间等待分析结果，而建议尽量将整个任务简化，拆分成多个，以 DAG 的方式将多个任务串联起来。因为数据处理过程是不可见的，我们在完成任务 1 后，可以通过输出结果预判所使用的方法是否合理，这有助于我们快速定位和解决问题。

任务拆分后，我们可以使用 make 来管理不同任务之间的依赖关系，或者使用其他工具，如 Airflow、Paver、Luigi、Snakemake、Ruffus、Joblib 等。

当然，任务拆分并非越多越好。每一次子任务的划分都会增加序列化和磁盘读/写操作，这可能非常耗时，甚至比重新计算更耗时。因此，我们通常会在开发测试环境中进行尝试，而不是直接应用于生产环境。

4．用虚拟环境构建运行项目

当新同事加入并尝试重现之前项目的分析结果时，首先需要重现运行环境，尤其是要管理 Python 版本和依赖包，以确保同一项目组的开发人员使用相同版本的工具和依赖包。针对这类问题，一个有效的方式是：首先使用 virtualenv 创建虚拟环境，然后用 virtualenvwrapper 管理多个虚拟环境，并将项目中所有的第三方依赖包保存在 requirements.txt 文件中。这样，其他开发人员就能轻松构建统一的运行环境。

需要注意的是，每当新增或删除第三方依赖包时，都需要运行 pip freeze > requirements.txt 命令来更新 requirements.txt 的内容。这个操作可以加入 Git 钩子（githook）脚本中，避免因忘记更新而导致环境不一致。

除此之外，推荐使用 conda 结合 pipenv 的方式实现上述目标。pipenv 是近年来流行的 Python 依赖包版本控制工具，具有许多优秀特性。例如，在安装依赖包时，它可以显式地将依赖包的版本记录在 Pipfile 中（类似于 npm 的 package.json、Maven 的 pom.xml 或 Gradle 的 build.gradle），无须手动添加到 requirements.txt 中。然而，pipenv 也有一个明显的缺点：初次安装第三方依赖包耗时较长。此外，在工程实践中，我们通常会将应用程序构建为 Docker 镜像，而构建时需要先安装 pipenv，这不如使用 Python 原生支持的 pip 来得方便。

5．不要使用版本控制工具保存密钥和敏感配置信息

在数据分析的过程中，我们通常会遇到需要读/写数据库或者公有云服务的情况，千万不要图一时方便，将密钥信息硬编码在分析代码中，这会带来很多数据安

全问题。解决这个问题有两种方式：一是从系统环境变量中读取相关的密钥信息；二是创建一个特殊文件存储密钥和配置信息，比如，可以先在项目根目录下创建一个 .env 文件，但是不要将该文件提交到代码仓库中，然后使用 python-dotenv 加载这个文件中的配置信息到系统环境变量中。如果用 Kubernetes 进行编排运行，则可以从 ConfigMap 中读取这部分信息。与这部分相关的内容可以参考其他工程项目的最佳实践。

9.2 如何编写规范的数据工程代码

在前面我们已经介绍了合理的项目结构，接下来我们将讨论如何编写规范的数据工程代码。在数据分析、数据工程和机器学习的代码中，特征工程占据了主要部分。关于这部分代码，我们主要关注两个方面：代码可读性和数据处理性能。

在大多数情况下，我们会使用 Spark 或 Pandas + sklearn 来进行数据特征处理。它们的 API 有一定的相似性。下面以 Pandas + sklearn 为例，探讨如何编写规范的数据工程代码。

9.2.1 代码可读性

在很多情况下，我们会根据数据特征衍生出其他特征。以时间为例，尤其是在进行时序性或者周期性分析的过程中，我们会将单个时间特征衍生为年、月、日、时、周末、节假日等。在衍生特征时，很容易直接在一个 Python 文件中列出所有的处理逻辑，并混杂其他处理逻辑，这样会导致整个 Python 文件过大，理解起来比较耗时，也不利于测试。有一定工程经验的人会写一个方法把部分逻辑封装起来，从而提高代码的可读性和可测试性。实际上，sklearn 和 Spark 已经封装了许多特征处理器。在进行特征处理时，我们可以将这些处理器串行放入数据处理的 Pipeline 中，并通过组合的方式选择性地将处理逻辑串联起来。这种方式不仅能显著提升代码的可读性和可测试性，还能提高开发效率。对于框架未提供的特征处理器，我们可以自行定制。例如，针对时间特征的处理，可以编写如下代码。

```
from sklearn.base import TransformerMixin
class CustomTimeTransformer(TransformerMixin):
```

```python
    def __init__(self, time_col='timestamp', period_
dict=None,season_dict=None):
        self.time_col = time_col
        self.period_dict = period_dict
        self.season_dict = season_dict

    def transform(self, df):
        data = df.copy()
        data[self.time_col] = data[self.time_col].apply
                    (lambda x: pd.Timestamp(x))
        data['year'] = data[self.time_col].apply(lambda
                x: x.year)
        data['mth'] = data[self.time_col].apply(lambda x:
                x.month)
        data['day'] = data[self.time_col].apply(lambda x:
                x.day)
        data['hour'] = data[self.time_col].apply(lambda
                x: x.hour)
        data['minute'] = data[self.time_col].apply(lambda
                x: x.minute)
        data['second'] = data[self.time_col].apply(lambda
                x: x.second)
        data['minute_of_day'] = data[self.time_col].apply
                    (lambda x: x.minute+x.hour * 60)
        data['week'] = data[self.time_col].apply(lambda
                x: x.dayofweek)
        data['day_of_year'] = data[self.time_col].
                    apply(lambda x: x.dayofyear)
        data['week_of_year'] = data[self.time_col].
                    apply(lambda x: x.week)

        if self.period_dict:
            data['period'] = data['hour'].map(self.period_
            dict)
        if self.season_dict:
```

```python
            data['season'] = data['mth'].map(self.season_
                dict)
            return data

    def fit(self, *_):
        return self

class CustomTimeBooleanTransformer(TransformerMixin):
    def __init__(self, time_col='timestamp', public_
vacations=[]):
        self.time_col = time_col
        self.public_vacations = public_vacations

    def transform(self, df):
        data = df.copy()
        data[self.time_col] = data[self.time_col].apply(lambda
x: pd.Timestamp(x))
        data['is_leap_year'] = data[self.time_col].apply(lambda
x: x.is_leap_year)
        data['is_mth_start'] = data[self.time_col].apply(lambda
x: x.is_month_start)
        data['is_mth_end'] = data[self.time_col].apply(lambda
x: x.is_month_end)
        data['is_quarter_start'] = data[self.time_col].apply(lambda
x: x.is_quarter_start)
        data['is_quarter_end'] = data[self.time_col].apply( lambda
x: x.is_quarter_end)
        data['is_year_start'] = data[self.time_col].apply(lambda
x: x.is_year_start)
        data['is_year_end'] = data[self.time_col].apply(lambda
x: x.is_year_end)
        data['is_weekend'] = data[self.time_col].apply(lambda
x: True if x.dayofweek in [5, 6] else False)

        data['is_working'] = False
```

```python
            data['tmp_hour'] = data[self.time_col].apply(lambda x: x.hour)
            data.loc[((data['tmp_hour'] >= 8) & (data['tmp_hour'] < 22)), 'is_working'] = True
            data.drop(['tmp_hour'], axis=1, inplace=True)

            if self.public_vacations:
                data['is_public_holiday'] = data[self.time_col].apply(
                    lambda x: True if x.strftime('%Y%m%d') in \
                        self.public_vacations else False)
            return data

        def fit(self, *_):
            return self

    class CustomTimeSeriesTransformer(TransformerMixin):
        def __init__(self, cols=None):
            self.cols = cols

        def transform(self, df):
            data = df.copy()
            for col in self.cols:
                # 时间序列历史特征
                for i in range(1, 4):
                    data["{}-{}day".format(col, i)] = data[col].shift(1)

                # 趋势特征
                data[col + '_last_3_day_mean'] = \
                    (data[col].shift(1)+ data[col].shift(2)+ data[col].shift(3))/ 3
                # 窗口差异值特征
                data[col + '_last_2_mins'] = \
                    data[col].shift(1) - data[col].shift(2)
                # 自相关特征
```

```
                data[col + '_lag_1_corr'] = data[col].autocorr(1)
                data[col + '_lag_2_corr'] = data[col].autocorr(2)
        return data

    def fit(self, *_):
        return self
```

在使用这些代码的时候,我们只需要进行组合即可。每个 Transformer 都可以由各自的单元测试来验证,当涉及多个数据处理任务时,可以并行开发,代码如下。

```
import pandas as pd
# 创建测试数据
data = {
    'timestamp': ['2023-01-01 10:00:00', '2023-02-01 15:30:00'],
    'col1': [10, 20]
}
df = pd.DataFrame(data)


# 调用 CustomTimeTransformer
time_transformer = CustomTimeTransformer(
    time_col='timestamp',
    period_dict={0: 'off-peak', 6: 'peak', 12: 'off-peak', 18: 'peak'},
    season_dict={1: 'winter', 2: 'winter', 3: 'spring', 4: 'spring', 5: 'summer',
                 6: 'summer', 7: 'summer', 8: 'autumn', 9: 'autumn', 10: 'autumn',
                 11: 'winter', 12: 'winter'}
)
transformed_time_data = time_transformer.transform(df)

# 调用 CustomTimeBooleanTransformer
```

```
boolean_transformer = CustomTimeBooleanTransformer(
    time_col='timestamp',
    public_vacations=['20230101']
)
transformed_boolean_data = boolean_transformer.transform(df)

# 调用 CustomTimeSeriesTransformer
series_transformer = CustomTimeSeriesTransformer(cols=['col1'])
transformed_series_data = series_transformer.transform(df)
```

在处理其他数据的过程中,比如数据补全、空间特征、文本特征处理等,也可以参考类似的操作。同时,我们还可以把这些 Transformer 与机器学习模型结合在一起放入数据处理的 Pipeline 中运行。

9.2.2 数据处理性能

在前面我们提到,在数据处理过程中,除了代码的可读性,还需要注意处理性能。相比于 Spark,Pandas 较为轻量,通常在单机上运行,适合处理百兆字节以内的数据。而 Spark 则依靠分布式计算的能力,能够处理大规模数据。两者都有各自的优化技巧。在这里,我们主要介绍使用 Pandas 时可以采取的一些性能优化技巧。

Pandas 的官方文档已经列出了一些简单的技巧,例如,使用 Cython、ndarray、Numba 以及添加类型等。接下来,我们将介绍其他一些技巧。

1. 使用 HDF、Feather、h5py 格式文件加快数据读取

在进行数据分析时,通常从 CSV 文件中读取数据。当数据量较大时,读取速度会变慢。为了解决这一问题,我们可以在首次读取数据后,将其保存为 HDF 格式。这样,在后续任务中,就可以直接从 HDF 文件中读取数据,从而加快读取速度。

图 9-1 对比展示了单机性能。可以看出,当数据量达到上万行时,HDF 的优势随着数据量的增加会越来越明显。

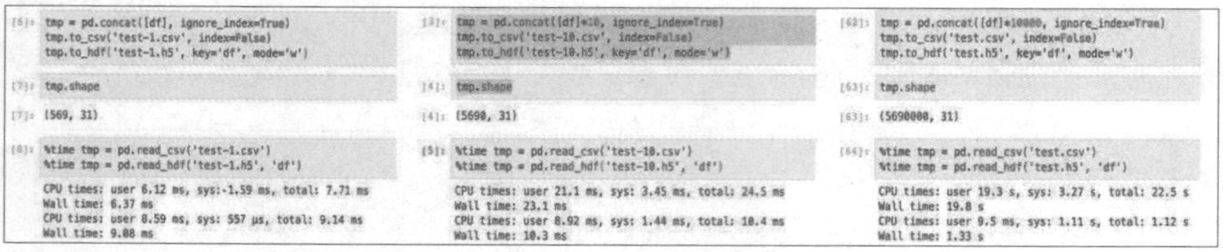

图 9-1 单机性能对比

2. 使用 itertuples、iterrows 代替 for 循环

在数据分析过程中,我们常常需要遍历 DataFrame 的内容来处理一些复杂的逻辑。通常,我们会使用 for 循环逐行访问并进行处理。尽管这种方法简单易懂,但在处理大数据量时,其耗时问题会变得更加严重。为了提高效率,我们可以使用 itertuples 或 iterrows 来替代 for 循环。其中,itertuples 的性能远优于 iterrows,但它会丢失元信息,即只能通过索引访问数据,而无法通过列名获取对应的值。这在一定程度上影响了代码的可读性。因此,在选择 itertuples 和 iterrows 时,需要在性能和可读性之间做出权衡,如图 9-2 所示。

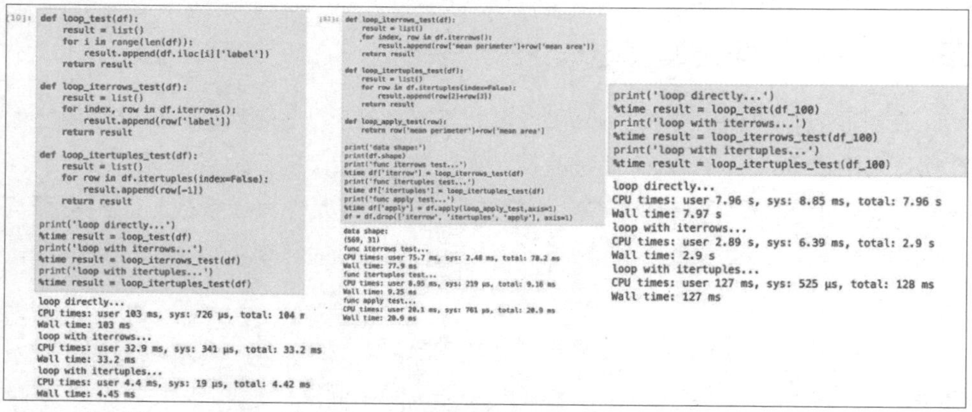

图 9-2 itertuples 和 iterrows 的选取

3. 使用 apply 方法替代 iterrows

在前面提到,使用 iterrows 替代 for 循环已经在性能上有了显著提升。然而,直接使用 DataFrame 提供的 apply 方法,性能提升会更为显著。你可能会产生疑惑:是否所有的遍历都可以直接使用 apply 方法?实际上,情况并非如此简单。

apply 方法的一个限制是,它只能传递一个参数,即 DataFrame 中的每一行。

在一些需要使用外部变量的场景中，apply 方法就无法直接应用。虽然可以通过一些额外处理将外部参数作为一列加入 DataFrame 中，但这会导致数据重复，增加内存占用，通常得不偿失，如图 9-3 所示。

```
[81]: def loop_iterrows_test(df):
          result = list()
          for index, row in df.iterrows():
              result.append(row['mean perimeter']+row['mean area'])
          return result

      def loop_itertuples_test(df):
          result = list()
          for row in df.itertuples(index=False):
              result.append(row[2]+row[3])
          return result

      def loop_apply_test(row):
          return row['mean perimeter']+row['mean area']

      print('data shape:')
      print(df.shape)
      print('func iterrows test...')
      %time df['iterrow'] = loop_iterrows_test(df)
      print('func itertuples test...')
      %time df['itertuples'] = loop_itertuples_test(df)
      print('func apply test...')
      %time df['apply'] = df.apply(loop_apply_test,axis=1)
      df = df.drop(['iterrow', 'itertuples', 'apply'], axis=1)

      data shape:
      (569, 31)
      func iterrows test...
      CPU times: user 75.7 ms, sys: 2.48 ms, total: 78.2 ms
      Wall time: 77.9 ms
      func itertuples test...
      CPU times: user 8.95 ms, sys: 219 µs, total: 9.16 ms
      Wall time: 9.25 ms
      func apply test...
      CPU times: user 20.1 ms, sys: 761 µs, total: 20.9 ms
      Wall time: 20.9 ms
```

```
[80]: def loop_iterrows_test(df):
          result = list()
          for index, row in df.iterrows():
              result.append(row['Quantity']+row['UnitPrice'])
          return result

      def loop_itertuples_test(df):
          result = list()
          for row in df.itertuples(index=False):
              result.append(row[3]+row[5])
          return result

      def loop_apply_test(row):
          return row['Quantity']+row['UnitPrice']

      print('data shape:')
      print(data.shape)
      print('func iterrows test...')
      %time data['iterrow'] = loop_iterrows_test(data)
      print('func itertuples test...')
      %time data['itertuples'] = loop_itertuples_test(data)
      print('func apply test...')
      %time data['apply'] = data.apply(loop_apply_test,axis=1)
      data = data.drop(['iterrow', 'itertuples', 'apply'], axis=1)

      data shape:
      (541909, 8)
      func iterrows test...
      CPU times: user 50.4 s, sys: 41 ms, total: 50.4 s
      Wall time: 50.4 s
      func itertuples test...
      CPU times: user 1.46 s, sys: 3.86 ms, total: 1.46 s
      Wall time: 1.46 s
      func apply test...
      CPU times: user 11 s, sys: 42.3 ms, total: 11.1 s
      Wall time: 10.1 s
```

图 9-3 用 apply 方法替代 iterrows

4. 使用 apply、transform、agg 时尽量使用内置函数

在使用 DataFrame 提供的 apply、transform、agg 等 API 时，最好使用一些简单的函数，甚至是内置函数。Pandas 对这些场景进行了优化。如果涉及复杂逻辑，那么最好不要将其放入这些 API 中，如图 9-4 所示。

```
print('data shape:')
print(df.shape)
print('apply(lambda x: len(x))...')
%time tmp = df.groupby(['label'])['mean perimeter'].apply(lambda x: x.count())
%time tmp = df.groupby(['label'])['mean perimeter'].apply(lambda x: len(x))
print('transform(count)...')
%time tmp = df.groupby(['label'])['mean perimeter'].transform(lambda x: len(x))
%time tmp = df.groupby(['label'])['mean perimeter'].transform(lambda x: x.count())
%time tmp = df.groupby(['label'])['mean perimeter'].transform('count')
print('agg(count)...')
%time tmp = df.groupby(['label'])['mean perimeter'].agg(lambda x: len(x))
%time tmp = df.groupby(['label'])['mean perimeter'].agg(lambda x: x.count)
%time tmp = df.groupby(['label'])['mean perimeter'].agg('count')

data shape:
(569, 31)
apply(lambda x: len(x))...
CPU times: user 1.58 ms, sys: 68 µs, total: 1.65 ms
Wall time: 1.58 ms
CPU times: user 1.32 ms, sys: 88 µs, total: 1.41 ms
Wall time: 1.37 ms
transform(count)...
CPU times: user 3 ms, sys: 462 µs, total: 3.46 ms
Wall time: 3.05 ms
CPU times: user 5.74 ms, sys: 434 µs, total: 6.18 ms
Wall time: 5.95 ms
CPU times: user 1.61 ms, sys: 87 µs, total: 1.7 ms
Wall time: 1.62 ms
agg(count)...
CPU times: user 1.18 ms, sys: 77 µs, total: 1.26 ms
Wall time: 1.18 ms
CPU times: user 1.26 ms, sys: 59 µs, total: 1.32 ms
Wall time: 1.27 ms
CPU times: user 1.04 ms, sys: 103 µs, total: 1.15 ms
Wall time: 1.11 ms
```

```
[103]: print('data shape:')
print(data.shape)
print('apply(lambda x: len(x))...')
%time tmp = data.groupby(['Country'])['Quantity'].apply(lambda x: x.count())
%time tmp = data.groupby(['Country'])['Quantity'].apply(lambda x: len(x))
print('transform(count)...')
%time tmp = data.groupby(['Country'])['Quantity'].transform(lambda x: len(x))
%time tmp = data.groupby(['Country'])['Quantity'].transform(lambda x: x.count())
%time tmp = data.groupby(['Country'])['Quantity'].transform('count')
print('agg(count)...')
%time tmp = data.groupby(['Country'])['Quantity'].agg(lambda x: len(x))
%time tmp = data.groupby(['Country'])['Quantity'].agg(lambda x: x.count)
%time tmp = data.groupby(['Country'])['Quantity'].agg('count')

data shape:
(541909, 8)
apply(lambda x: len(x))...
CPU times: user 47.7 ms, sys: 8.42 ms, total: 56.1 ms
Wall time: 54.7 ms
CPU times: user 40.3 ms, sys: 8.2 ms, total: 48.5 ms
Wall time: 48.6 ms
transform(count)...
CPU times: user 261 ms, sys: 25.8 ms, total: 287 ms
Wall time: 109 ms
CPU times: user 673 ms, sys: 35.2 ms, total: 708 ms
Wall time: 124 ms
CPU times: user 201 ms, sys: 7.4 ms, total: 209 ms
Wall time: 35 ms
agg(count)...
CPU times: user 197 ms, sys: 7.43 ms, total: 204 ms
Wall time: 34.2 ms
CPU times: user 221 ms, sys: 9.68 ms, total: 231 ms
Wall time: 38.7 ms
CPU times: user 154 ms, sys: 4.6 ms, total: 159 ms
Wall time: 26.5 ms
```

图 9-4 使用内置函数

5. 优化数据类型

优化数据类型可以显著提升内存的使用效率。在读取数据时，如果不指定数据类型，则 Pandas 会默认使用高精度的数据类型（如 float64、object 等）来加载数据，这可能会导致不必要的内存消耗。当对精度要求不高时，可以在数据加载时就指定较低精度的数据类型，或者手动降低数据精度。例如，使用 float32 替代 float64 可以有效地减少内存使用。

此外，对于一些分类特征，Pandas 默认会使用 object 数据类型。这时，可以考虑将这些特征转换为 category 类型。这样不仅可以大幅减少内存使用，还能提高计算速度。如图 9-5 所示，通过优化数据类型，我们可以加载更多的数据或加速计算过程。

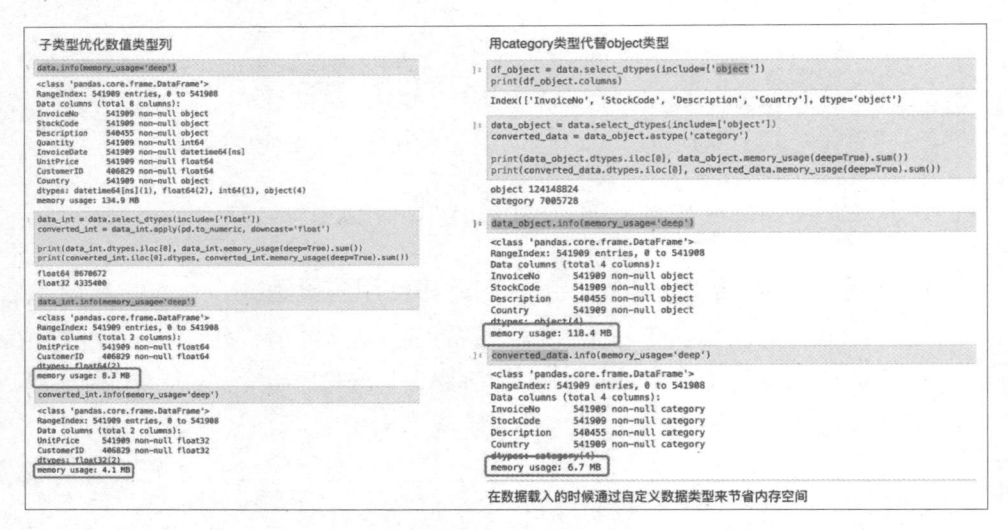

图 9-5 优化数据类型

6. 并行计算库：Modin、Ray、Dask、Swifter

如果希望进一步提升计算速度，则可以尝试使用并行计算库，如 Modin、Ray、Dask 和 Swifter。这些库在 Pandas 的基础上进行了优化，其使用方法与 Pandas 相似。尽管它们只支持部分 API，例如，不支持读取 Excel 格式的数据，但在遇到不支持的 API 时，框架会自动降级使用 Pandas 原生的 API 进行操作。因此，不需要担心兼容性问题。不过需要注意的是，在处理小数据量时，这些工具的性能提升效果并不明显，不太适用，如图 9-6 所示。

除了使用并行计算库，还可以采用多线程或多进程的方式来实现数据的并行处理。然而，这种方法需要手动维护。

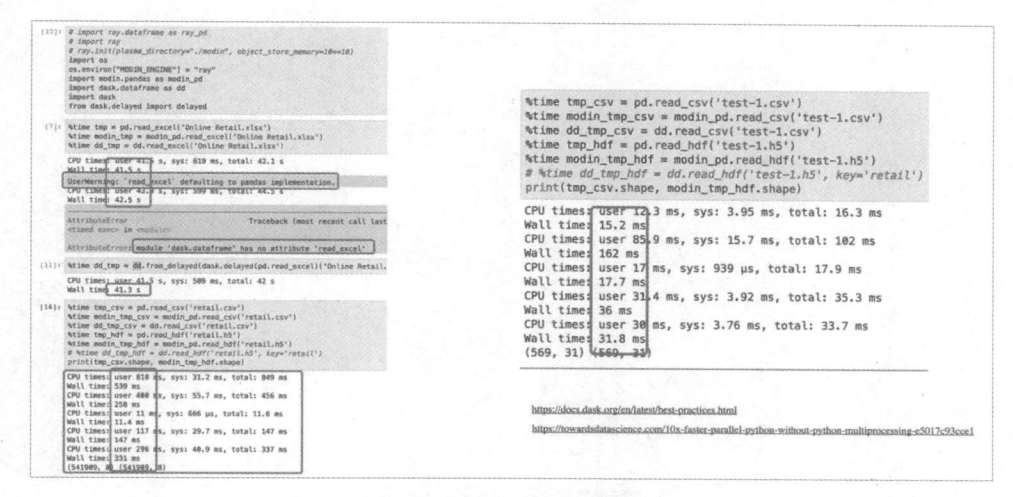

图 9-6　使用并行计算库

7. Spark 基本调优技巧

在使用 Spark 进行数据处理时，有以下一些基本的调优技巧。

1）尽可能复用同一个 RDD，避免创建重复的 RDD。

2）对多次使用的 RDD 进行持久化处理。

3）尽量避免使用 shuffle 类算子，或者使用 map-side 预聚合来优化 shuffle 操作。

4）尽量使用高性能算子，例如：

- 使用 reduceByKey 或 aggregateByKey 替代 groupByKey。
- 使用 mapPartitions 替代普通的 map。
- 使用 foreachPartitions 替代 foreach。
- 先进行 filter 操作，再执行 coalesce。
- 使用 repartitionAndSortWithinPartitions 替代 repartition 和 sort 操作。

5）若广播大变量，则应避免 shuffle 操作。

6）使用 Kryo 序列化器优化序列化性能。

第 3 篇

管理篇

第 10 章 数据科学项目管理

数据科学的特点决定了数据科学项目将涉及大量实验与探索性工作，具有很大的不确定性。因此，数据科学项目需要采用能够适应这种不确定性的项目管理方法。

敏捷实践在软件开发领域被广泛应用，它强调价值交付，将客户满意视为最高目标。通过短反馈循环和快速验证工作，频繁调整过程、优先级及计划，从而以最小的代价适应变化。这种方法特别适用于需求不明确、变化迅速、需要研究和探索的项目。目前常见的 Scrum 和 Kanban 都是软件领域常用的框架，但要将其应用于数据科学领域，就需要对其进行剪裁、融合和调整。

敏捷数据科学在业界还是一个新概念，尚未有统一的框架。基于多年的敏捷软件开发项目经验，并结合金融机构的企业文化特点，我们将敏捷框架和传统项目管理方法进行剪裁和融合，最终总结出一个适用于金融数据科学项目的管理框架，如图 10-1 所示。本章将介绍这一框架，并详细说明每一阶段的目标、任务，以及相关工具和技术。

项目启动 → 项目规划 ⇄ 模型迭代构建 → 项目收尾

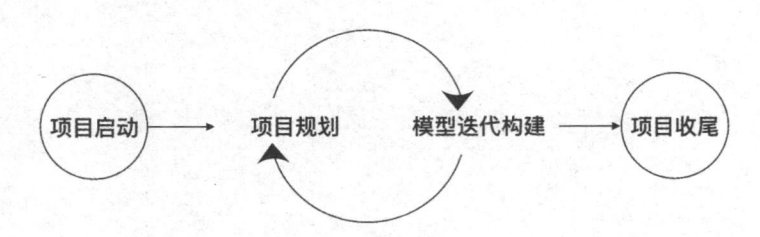

图 10-1 金融数据科学项目管理框架

由于篇幅所限，本章不对各种术语做详细解释，也不对各种工具的操作方法做详细描述。本章只涉及项目管理技术流程，而有关团队管理和商务流程的内容不在本书讨论范围之内。

10.1 项目启动

项目启动阶段的主要目标是识别利益相关方，明确项目范围，并在关键干系人之间就项目愿景达成共识，同时在项目团队之间就项目目标达成一致。本节将指导你如何高效地完成启动阶段的任务，为项目的后续开展指明方向并打下坚实的基础。

金融数据科学项目的需求通常来自业务部门，希望通过数据技术解决业务问题或满足业务需求。同时，数据状况、数据平台基础设施，以及相关数据应用的灵活性等因素都会对项目的范围、复杂度和工作量产生重大影响。为了确保本阶段的高效性和有效性，可以综合采用案头分析、业务调研和工作坊等形式，邀请业务、数据和 IT 部门的人员协作互动，共同产出本阶段所需的必要成果。

10.1.1 识别利益相关方

利益相关方对项目的开展及最终结果的评估有着至关重要的作用，通常与项目组密切接触的客户只是众多利益相关方中的一位，项目是否能成功实施，结果是否会受到认可，还会受众多其他利益相关方带的影响，比如客户的老板、其他相关部门的领导等。我们识别的利益相关方越全面，他们输入的信息越多，项目的风险就越小。那么怎样识别利益相关方呢？

1. 团队头脑风暴

通过项目团队头脑风暴的方式列出所有利益相关方清单，可以集思广益，互相补充，避免遗漏。头脑风暴的方法已在 1.2.2 节中详细论述，此处不再赘述。

2. 利益相关方地图

各个利益相关方对项目的影响力、关注度和利益程度各不相同。绘制一张利益相关方地图（如图 10-2 所示）是后续针对各个利益相关方进行管理的基础。这张地图是一个分别以兴趣和权力为横纵坐标的象限图，它将头脑风暴产生的利益相关方列表按照他们对项目的权力和兴趣进行分类。利益相关方在象限中的不同位置为我们实施差异化管理提供了方向。

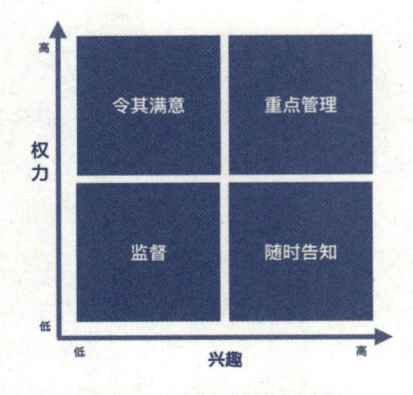

图 10-2 利益相关方地图

10.1.2 明确项目范围

项目范围有助于利益相关方和项目团队从整体上了解项目背景、原因、内容、目标和各种限制。它为将来的项目决策提供了依据，并有助于确认和发展利益相关方对项目范围的共识。项目范围需要明确以下几点。

1. 项目背景

描述与本项目相关的业务背景、业务现状、问题影响和问题根因，使利益相关方和项目团队清楚项目的出发点、要解决的问题，以及可能带来的价值。为了得到以上关键信息，我们需要做访谈、调研和必要的案头分析工作。

以客户访谈为例，对主要的利益相关方和相关业务的核心人员进行一对一访谈，了解他们的期望、痛点、工作细节，挖掘他们对相关问题的看法、对项目的态度和可能存在的障碍。一对一访谈的好处是可以了解被访者的真实想法。

2. 项目目标

描述项目将要做什么、解决什么问题、对业务带来什么影响。业务目标需要与业务需求方共同确定，并得到各主要利益相关方的认可。可采用工作坊或 SMART 原则进行。

（1）工作坊

以工作坊的形式，把各个利益相关方集中起来，就项目的愿景、宏观业务目标达成统一。工作坊主要分三个阶段，首先组织各个参与者进行头脑风暴，然后把大家提出的内容集中在一起，要特别关注其中的分歧，最后整理讨论并达成一致的结果。

工作坊可选择电梯演讲、精益价值树等框架进行引导。

（2）SMART 原则

应用 SMART 原则（如图 10-3 所示）对业务目标进行描述，确保业务目标具备以下特点：具体、可衡量、可实现、与企业整体的目标相关，以及有明确的时限要求。基于该原则制定的目标从业务视角出发，能够量化描述目标，可用于描述宏观业务目标，也可用于描述子业务目标。

S	M	A	R	T
Specific（具体）	Measurable（可衡量）	Attainable（可实现）	Relevant（相关）	Time-bound（有时限）
清楚、具体地说明项目将要做什么	提供对项目结果可量化的衡量标准	对项目的期待应该是现实的、可实现的	项目要做的事情和要产出的结果要与更宏观的业务目标相关	明确完成项目、实现目标的时限

图 10-3　SMART 原则

3. 方案描述

描述实现业务目标的方法，以及将要开展的工作、粗粒度时间计划和资源计划。金融数据科学项目的方案可能包括数据接入、数据分析、模型构建、数据产品交付等类型的工作，需要数据工程师、数据分析师、数据科学家、业务分析师（有时候也需要软件开发工程师）一起协作完成。

4. 限制条件

PMP 将项目的限制条件分为 6 个部分：范围、质量、资源、预算、风险、时间。在敏捷金融数据科学项目中，我们需要特别注意明确以下几点，它们不仅适用于项目本身，也适用于需求方。

（1）可用数据范围

明确与业务相关的可使用的数据范围，对于不可使用的数据，要分析是由于权限问题、数据平台没有接入而不可使用，还是由于数据不存在而不可使用。

（2）数据安全要求

客户方的数据安全要求可能会对项目的进展造成一些影响，因此需要采取应对措施。另外，项目团队也要时刻谨记保护客户的数据安全，不能违反这些要求。

（3）数据质量风险

数据质量对项目方案的可行性、复杂度、工作量都有巨大影响，因此需要提前评估可能存在的数据质量风险，并明确对基础数据质量的要求。

（4）数据平台基础设施完善程度

完善的数据平台基础设施将对项目实施起到事半功倍的作用，如果基础设施不完善，则需要作为限制条件提出，说明其可能带来的工作效率下降甚至工作量增加的风险，控制需求方的期望。

5. 活动和工具总结

在项目推进过程中，一系列关键活动和工具会发挥重要作用。首先是识别利益相关方这一活动，我们采用团队头脑风暴工具，让团队成员充分发挥创造力和想象力，尽可能全面地列出可能与项目有关的各方。接着，利用利益相关方地图这一工具，对识别出的利益相关方进行可视化呈现，明确各方之间的关系和影响力。

确定项目方向同样至关重要。通过用户访谈这一工具，直接与目标用户交流，深入了解他们的需求、痛点和期望，为项目的方向提供有力依据。工作坊也是确定项目方位的有效工具，团队成员和相关专家可以在工作坊中共同探讨、碰撞思维，进一步明晰项目的目标和路径。另外，我们要遵循 SMART 原则，确保项目目标具体、可衡量、可实现、相关、有时限，为项目的成功奠定坚实的基础。

10.2 项目规划

数据科学项目中的研究和探索性工作难以准确预测所需时间，每一项工作的产出都可能会影响其他任务的优先级，甚至产生新的假设或想法。因此，需要对项目不断进行探索、验证和调整。然而，金融行业的项目通常受到时间和资源的限制。与此同时，关键利益相关方也需要看到整体的规划。在这一阶段，需要平衡数据科学工作的特点、项目限制和利益相关方的期望，制订合理的项目计划。具体地说，应评估项目的风险和依赖关系，并根据 Scrum 敏捷实践制订项目活动和沟通计划。通过频繁向利益相关方展示项目产出、验证结果和调整计划，确保项目顺利推进。

10.2.1 优先级排序

优先级排序为制订项目计划提供了依据。在数据科学项目中，应从业务需求、数据情况和技术可行性三个角度考虑优先级。当然，也可以根据项目的特点调整这些维度。优先级排序是一个与多方达成一致的过程，最终会得到一个经过多方确认的结果。二维矩阵模型和加权评分法是两种常用的重要工具。

1. 二维矩阵模型

二维矩阵模型是最常见的优先级排序方法，常见的维度包括价值与复杂度、潜在影响与重要程度。对于数据科学项目，数据可得性对项目实施有重大影响。因此，数据可得性常作为其中一个维度，与业务价值或技术可行性组合使用。这种方法的优点是操作简便，缺点是主观性强，存在利益相关方无法达成一致的风险。

2. 加权评分法

这是一种较为客观的多维度评估优先级的方法，如图 10-4 所示。通常从业务需求的重要性（对业务的影响程度、关键干系人的关注度、对用户的影响范围）、技术可行性和数据可得性三个方面找到多个指标并进行加权评分。这种方法的缺点是操作复杂，需要参与者对业务、数据和技术有较强的认知。

议题名称	对业务的影响程度	关键干系人的关注度	对用户的影响范围	技术可行性	数据可得性	综合得分
权重	20%	20%	10%	20%	30%	
议题1						
议题2						
议题3						
议题4						

图 10-4 优先级加权评分工具

10.2.2 项目计划

项目计划展示了主要工作的开展顺序和优先级，使利益相关方能够了解在何时可以获得哪些产出，同时让项目团队明确各项工作的起止时间。传统的项目计划工具是甘特图，而在敏捷项目中，常用的则是 Scrum 迭代计划。尽管如此，传统的甘特图在敏捷项目中仍然较为常用。

1. Scrum 迭代计划

Scrum 迭代计划展示了在各次迭代中计划进行的工作，并以每次迭代为基础安排 IPM（迭代计划会议）、Showcase（展示会）等敏捷实践的频率。Scrum 要求每次迭代的长度固定，为每项工作预估时长，并为每次迭代计划合理的工作量，确保在每次迭代结束时完成计划的工作。然而，数据科学项目使用 Scrum 的挑战在于难以估算研究和探索性工作的工作量。为此，我们需要做出以下调整。

1）以建模任务为核心进行迭代，每次迭代应包含多个建模任务的子任务，其目标是完成一个建模任务。

2）根据项目的时间和资源限制，为每个建模任务设定时间窗口（timebox）。也就是说，每次迭代的时长可以不固定，但最长不能超过时间窗口限定的时间。

3）每个阶段性的任务都包括多个子任务，在每个任务内部，需要根据子任务的重要性和不确定性进行排序。优先级高的子任务和不确定性大的子任务应排在前面的迭代中。

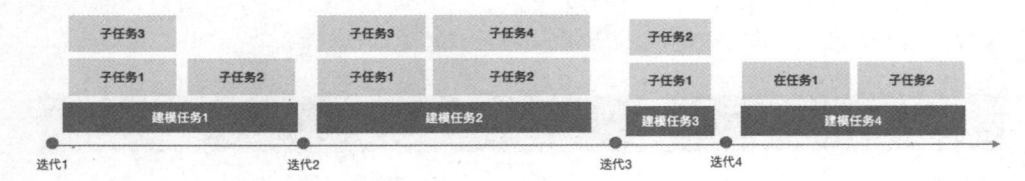

图 10-5　迭代计划示意图

2. 甘特图

甘特图是一种传统的项目计划工具，其横轴表示时间，纵轴表示工作项，通过条形图直观地显示任务的开始和结束时间，以及任务之间的依赖关系，如图 10-6 所示。甘特图的缺点在于需要将工作拆分得很细致，并且需要根据经验预估研究和探索性工作的时间。因此，甘特图更适用于相对确定且有实施经验的项目。

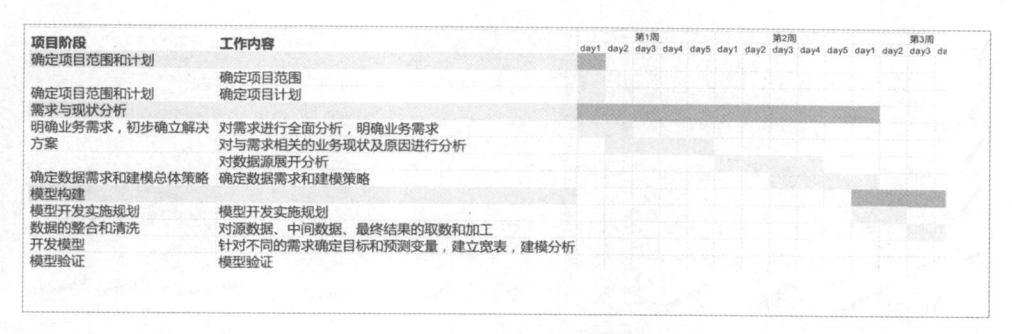

图 10-6　甘特图样例

10.2.3　风险管理计划

与敏捷项目中的需求变化类似，风险也是在不断变化的。我们使用 RAID 工具识别项目的风险、假设、问题、依赖，定期回顾、更新此列表，确保它能反映项目的真实情况。

RAID 是 Risk（风险）、Assumption（假设）、Issue（问题）、Dependency（依赖）的简称。它是一种用于反映项目风险的方法，能够帮助项目组与利益相关方保持沟通，共同解决问题，如图 10-7 所示。

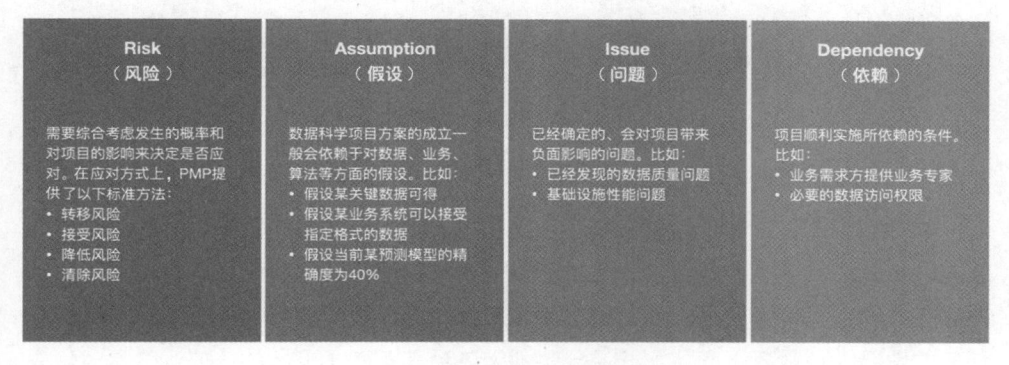

图 10-7　RAID 工具

10.2.4　沟通计划

项目的成功依赖于在过程中人与人之间恰当的沟通。项目管理知识体系（PMBOK）指出，沟通计划应包括确定利益相关方的信息需求和沟通方式：谁需要什么信息,什么时候需要,如何将信息提供给他们,以及由谁提供。在敏捷项目中,沟通计划在 PMBOK 定义的基础上融入了 Scrum 敏捷实践活动,体现了敏捷宣言中强调的个体互动与客户合作。

例如,在沟通计划中,应结合利益相关方地图,对不同类型的利益相关方采取不同的沟通方式,传递不同粒度的信息。需要定期向所有的利益相关方输出项目进展的概要报告,同时向密切管理的利益相关方高频沟通项目细节,频繁展示项目产出,如图 10-8 所示。

项目活动	频率	目标	客户参与者	活动输出
每日站会	每天	跟踪项目进展和问题,同步项目组成员手头工作的状态	项目团队成员	每日工作计划和优先级调整
每周项目更新	每周	向所有利益相关方更新项目进展和风险提示	发送方:项目经理 接收方:所有利益相关方	邮件附带周报
迭代计划会议(IPM)	每次迭代的第一天	回顾上一次迭代进展,确认当前迭代计划,讨论问题和风险	项目团队成员、项目经理、需要密切管理的利益相关方	当前迭代的计划风险、问题应对方案
迭代成果展示会议	每次迭代的最后一天或者与IPM一起进行	向关键利益相关方展示工作成果,讨论、验证结果,同时收集反馈	与所完成工作相关的密切管理的利益相关方、相关项目团队成员	成果展示结果反馈列表
迭代回顾会议	每次迭代(对时间短的迭代可调整频率)	项目组内部针对上一个周期做总结,找到需要坚持的、做得好的方面,同时针对有待提高的方面进行改进	项目组团队成员	改进行动条目,明确执行人的行动事项

图 10-8　沟通计划模板

活动和工具总结如下:

在项目推进过程中,我们进行了一系列重要活动,并运用了多种有效的工具。首先是优先级排序活动,通过二维矩阵模型和加权评分法这两种工具,对项目中的各项任务进行了科学合理的评估和排序。二维矩阵模型帮助我们从不同的维度考量任务的重要性和紧急程度;加权评分法则为各项任务赋予具体的分值,使得对优先级的确定更加精准。

接下来是项目计划活动。Scrum 迭代计划为项目的分阶段推进提供了灵活高效的方法,确保每个迭代周期都能取得实质性进展。甘特图则以直观的图表形式展示了项目的时间进度安排,使团队成员对项目的整体进程一目了然。

风险管理活动也是不可或缺的。RAID 工具帮助我们系统地识别项目中的风险、假设、问题和依赖，提前做好应对措施。同时，制订详细的沟通计划，确保在项目实施过程中信息能够及时、准确地传递，避免因沟通不畅导致的风险。总之，通过这些活动和工具的综合运用，我们能够更加有效地管理项目，提高项目成功的概率，确保项目按时、高质量地完成。

10.3 模型迭代构建

数据科学的探索研究类工作与软件开发任务不同，它无法事先设计出一条清晰的实施路径，也没有明确的验收标准。因此，整个过程需要经历不断的尝试和验证，才能明确下一步的方向，而产出物的性能通常会随着投入的增加而提高。

金融数据科学项目的目标是为业务带来改进，改进程度需要权衡业务收益和成本投入。比如，增加数据量、丰富特征、优化算法可能会提升预测模型的结果。然而，将预测模型的精确度从 85% 提升到 90% 可能需要大量成本，但这些成本未必会给业务带来相应的收益。

因此，我们需要从一个合理的目标出发，控制工作量，快速产生并验证结果，通过不断迭代提升模型性能，直到满足业务需求。

本节将介绍模型迭代构建的生命周期、项目执行过程管理，以及保证项目按迭代推进的敏捷实践活动。

10.3.1 模型迭代构建的生命周期

在项目启动阶段，将生成一个带有优先级的建模任务列表和初始迭代计划。每次迭代的核心任务是完成一个建模任务，如图 10-9 所示。每次迭代中的建模任务按以下阶段进行。

首先，确定建模目标。明确建模的具体目标至关重要，可能是预测客户购买行为或评估信用风险等。同时，制定相应的评估标准，例如准确率、召回率、精确率等指标，以便后续对模型进行客观评价。

其次，进行数据分析。获取初始数据是基础，这些数据可能来自内部数据库或外部数据源。描述数据的规模、变量类型和分布情况等，以初步了解数据特征。然后，通过可视化等手段挖掘数据中的潜在关系和趋势。同时，验证数据质量，检查数据的完整性、准确性和一致性，去除异常值和错误数据。

再次，进行数据处理。对数据进行清洗和处理，去除噪声和冗余信息。构建特征也是关键环节，通过提取、转换和组合数据中的变量，创造出更有价值的特征，为模型构建提供有力支持。

然后，进行模型构建。选择合适的算法是关键，根据建模目标和数据特点，选择如线性回归、决策树或神经网络等算法。设计模型结构，确定输入变量和输出变量，设置模型的参数。随后，使用训练集数据对模型进行训练和优化。同时，通过交叉验证等方法验证模型，评估其泛化能力。

最后，进行模型评估。对模型的结果进行全面评估，对照预先设定的评估标准，分析模型的性能表现。根据评估结果，决定是否继续优化模型，调整参数、增加数据或改进算法，或者是否可以投入使用，为业务决策提供可靠依据。

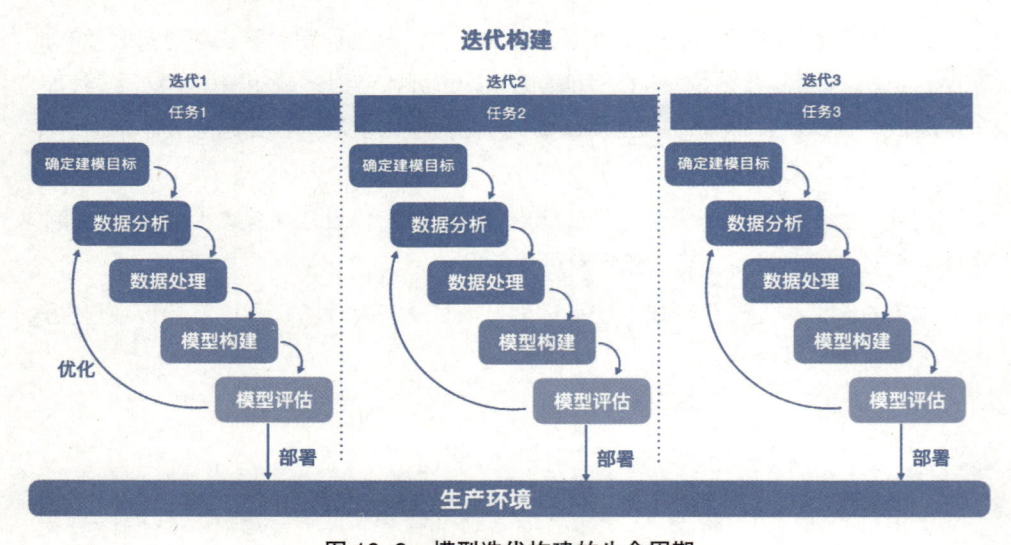

图 10-9 模型迭代构建的生命周期

10.3.2 项目执行过程的监控、管理与调整

1. 建模任务列表调整

在项目执行阶段初期，我们将按照启动阶段产生的初始迭代计划进行。然而，随着我们在研究探索性工作中获得更多的洞见，以及完成的模型越来越多，后续任务将会发生变化。因此，在每个迭代周期结束后，都需要调整建模任务列表，并将调整后的列表与利益相关方进行确认。在建模过程中，情况往往是动态变化的，这

可能导致优先级调整、新增建模任务或移除建模任务等情况的出现。

优先级调整是非常必要的。随着项目的推进和对业务需求的进一步理解，某些任务的重要性可能会发生变化。例如，原本被认为不太紧急的任务可能由于市场变化或新的业务需求而变得至关重要，需要提升其优先级。这样有助于资源得到合理分配，集中精力解决最关键的问题。

新增建模任务也时有发生。可能是在分析数据的过程中发现了新的问题或机会，需要建立新的模型来进行探索和解决。例如，在对客户行为进行分析时，发现了一种新的消费模式，为了更好地理解和预测这种模式，就需要新增一个针对该模式的建模任务。新增任务需要仔细评估其对项目进度和资源的影响，确保能够合理安排时间和人力。

移除建模任务同样可能出现。可能是由于某些假设被证明不成立，或者任务的目标已经通过其他方式实现，此时就可以考虑移除相应的建模任务。例如，原本计划建立一个模型来预测某一特定市场的发展趋势，但后来发现该市场受到外部因素的影响过大，无法进行准确预测，那么这个建模任务就可以被移除。这样可以避免浪费资源在不必要的任务上。

总之，在建模过程中，要灵活应对各种变化，合理进行优先级调整、新增建模任务和移除建模任务，以确保建模工作能够高效、准确地满足业务需求。

2. 拆分子任务

前文提到根据项目的时间、资源限制为每个建模任务设定时间窗口，也就是每次迭代的时长不定，但最长不能超过时间窗口限定的时间。为了方便追踪每次迭代的进度、发现瓶颈，把建模任务分解成多个子任务。建模子任务应该尽量小，方便团队合作，并且与建模目标相关。类似于敏捷需求管理中的用户故事拆分，拆分方式五花八门，但都应遵循一定的原则，拆分出最适合当前项目现状的用户故事。建议以迭代建模生命周期的几个阶段为基础，将建模任务拆分成业务调研、数据分析、数据处理、模型构建、模型评估、模型部署几种类型的子任务，每种类型都可以包含多个子任务。比如，可以用多个模型构建类的子任务来尝试多种机器学习算法。

3. 可视化工作流

线上工具和线下物理墙都可以用来制作可视化看板，团队可根据自身分布、规模、工作习惯灵活选择。最简单的看板包括"代办任务列表""进行中""完成"三列，每个项目均可根据自己的情况调整。每日站会围绕可视化看板进行，重点检查每个子任务停留在"进行中"状态的天数。如果停留时间过长,则需要引起注意,识别问题类型并采取应对措施。比如,分析是否存在外部阻碍导致任务长时间无进展,是任务本身难度较大,还是人员能力不足等。

以可视化看板为例,Jira、Trello 为常用的线上看板工具。线下看板只需在团队附近找一面墙,用大白纸和便利贴等简单的工具制作即可,如图 10-10 所示。

迭代任务看板

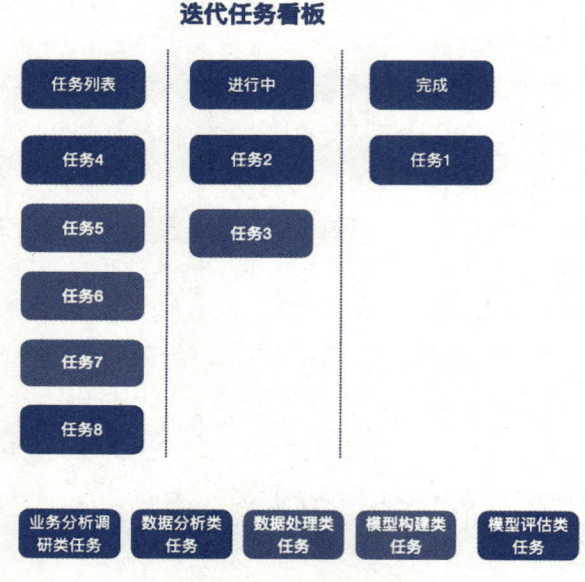

任务列表	进行中	完成
任务4	任务2	任务1
任务5	任务3	
任务6		
任务7		
任务8		

业务分析调研类任务 | 数据分析类任务 | 数据处理类任务 | 模型构建类任务 | 模型评估类任务

图 10-10　迭代任务看板样例

10.3.3　敏捷项目实践活动

敏捷数据科学项目管理方法旨在支持不断探索、验证和调整的非线性工作方式。敏捷实践活动明确了每次迭代中团队如何配合、利益相关方如何协作,并在项目开展过程中发现问题,持续改进。

1. 迭代计划会议(IPM)

该会议由项目组成员和关键利益相关方参加,通常在一个迭代周期开始时进行。在会议中展示项目整体进展,回顾上一个迭代周期的内容,讨论遇到的问题和风险,并展示本次迭代计划。

2. 工作成果展示（Showcase）

每次迭代结束后向关键利益相关方展示工作成果，验证产出物价值，根据获得的反馈调整后续工作。让利益相关方定期看到产出物，及时评估成果是否满足要求。通常与 IPM 在一次会议中进行，保持项目的透明度，增强利益相关方对项目的信心，减少项目风险。

3. 每日站会（Standup Meeting）

每天固定时间开展不超过 15 分钟的站会，经典模式是让每位团队成员轮流回答以下三个问题：昨天我做了什么？我遇到了什么问题？今天我计划做什么？在会议中不做进一步讨论，会后单独找相关人员进行讨论。该方法能保证团队成员之间了解彼此的工作，及时暴露问题，快速解决问题。

举例如下：

回顾昨天，我投入到紧张而充实的工作中。我主要完成了数据的初步分析，仔细查看了大量的原始数据，并进行了一些基本的描述性统计，以了解数据的整体特征。同时，我也开始思考可能用于建模的特征变量，为后续的数据处理和模型构建做准备。

然而，在这个过程中，我也遇到了一些问题。首先，数据中存在一些缺失值和异常值，这给数据分析带来了一定的挑战。我需要思考如何合理地处理这些问题，以确保数据的质量。其次，在确定建模方向和目标时，我发现自己对业务需求的理解还不够深入，需要与相关部门进行进一步的沟通和交流。

着眼今天，我计划首先针对昨天遇到的问题寻找解决方案。对于数据中的缺失值和异常值，我将尝试使用合适的填充方法和异常值处理技术，以提高数据的质量。同时，我会积极与业务部门沟通，深入了解业务需求和建模目标，以便更好地进行后续工作。接着，我打算继续进行数据处理工作，进一步清洗和整理数据，构建更有价值的特征变量。最后，我会根据业务需求和数据特点，初步筛选一些可能适用的建模算法，为模型构建做好准备。

4. 迭代回顾会议（Retrospective）

该会议的标准频率为每次迭代结束后进行一次回顾。如果迭代周期过短，则可以适当调整频率。项目团队以头脑风暴的方式回顾上一个迭代周期内发生的客观事实，通常分为：好的（Well）、有待改进的（Less Well）、建议（Suggestion）和问题（Puzzle）。最终，针对后三项内容确定行动项，明确责任人，并在下一次回顾会议中检查行动项的进展情况。这一过程有助于促进项目团队的持续改进。

5. 活动和工具总结

在建模项目的推进过程中，一系列有组织的活动和工具发挥着至关重要的作用。

首先是建模任务列表调整活动。随着项目的推进和新情况的出现，我们需要不断地对建模任务列表进行调整，以确保任务的优先级和顺序符合当前的项目需求。这可能涉及添加新的任务、移除不必要的任务或调整任务的时间安排。

为了更好地管理和执行任务，我们会进行拆分子任务活动。将复杂的建模任务拆分成更小且更易于管理的子任务，使得每个团队成员都能明确自己的具体工作内容，提高工作效率。

可视化看板是我们的重要工具之一。通过可视化看板，我们可以清晰地看到每个任务的状态、负责人和进度。这有助于团队成员随时了解项目的整体情况，及时发现问题并进行调整。

迭代计划会议是项目推进的关键环节。在这个会议中，团队成员共同讨论和确定下一个迭代周期的任务和目标，制订详细的计划。通过充分的沟通和协作，确保每个人都清楚自己的职责和工作重点。

工作成果展示活动则为团队提供了一个展示成果的机会。在这个活动中，我们向利益相关方展示已完成的工作成果，收集反馈意见，以进一步改进和优化模型。

每日站会是团队保持高效沟通的重要方式。在每日站会中，团队成员简要汇报自己的工作进展、遇到的问题以及当天的工作计划。这有助于及时解决问题，协调工作进度，确保项目按计划进行。

迭代回顾会议在每个迭代周期结束后进行。在这个会议中，团队成员回顾整个迭代周期的工作，总结经验教训，提出改进措施。这有助于不断提高团队的工作效率和质量，为项目的成功奠定坚实的基础。

总之，通过综合运用这些活动和工具，我们能够更加高效地推进建模项目，确保项目按时且高质量地完成。

10.4 项目收尾

在项目进入收尾阶段时，一项至关重要的工作是指导业务部门在真实的业务场景中有效地运用模型结果。这需要我们深入了解业务部门的实际需求和工作流程，为他们提供有针对性且系统的培训。通过详细的讲解和实际案例的演示，让业务部门的人员充分理解模型的原理、应用方法以及预期的效果。同时，积极协助业务部门制定科学合理的模型推广策略，考虑如何将模型的价值最大化地传播到整个业务体系中，提高业务效率和决策的准确性。此外，还需要共同制定模型评估策略，确定合适的指标和方法，以便在实际应用中持续监测模型的性能和效果，及时进行调整和优化。

完成上述工作后，应向利益相关方进行最终汇报。在汇报中，应提供详尽的模型设计文档和实施文档，清晰地阐述模型的设计思路、技术实现过程、数据来源和处理方法等，让利益相关方能够全面了解项目的成果和价值。

除此之外，必须严格确保完成项目范围内的所有任务。对每一个任务进行仔细检查和核对，确保没有遗漏和疏忽。只有得到项目负责人的明确确认后，才能宣告项目真正结束。

最后，要对项目开展过程中形成的知识资产进行精心整理。这包括项目过程中的各种文档、会议记录、经验总结等。通过对这些知识资产进行整理和分析，从中汲取宝贵的经验教训，为未来的项目提供有益的参考和借鉴。这不仅有助于提升团队的整体能力和水平，也能为企业的持续发展积累宝贵的知识财富。

10.5 小结

敏捷是一种价值观，它认为个体和互动的价值高于流程和工具，可用的软件价值高于详尽的文档，客户的合作价值高于合同谈判，响应变化的价值高于遵循计划。这并不要求大家必须遵守指定的流程。团队可以选用已有的正规的敏捷方法，但是在调整或变更之前，要学习、理解这些方法；也可以根据项目背景对项目实践进行调整，例如，使用时间窗口创建功能，或者使用特定技术迭代优化功能，最终的目的不是遵循敏捷原则，而是持续交付价值流，并实现好的商业成果。

本书介绍的框架借鉴了看板中的可视化工作流和 Scrum 有节奏的敏捷实践活动，对传统的 CRISP-DM 数据科学项目流程进行了改进。希望读者在实际工作中参考这一框架，理解敏捷方法，并根据自己的项目背景对其进行调整。

第 11 章 算法模型生命周期与模型管理

在当今数据驱动的时代，算法模型已成为推动决策、创新和效率的关键因素。它们在金融服务、市场营销和客户体验等多个领域中发挥着至关重要的作用。一个引人注目的例子是金融服务公司使用算法模型来评估贷款申请人的信用风险。在模型正确部署和管理的情况下，公司能够准确预测风险，减少违约并扩大业务。然而，如果模型管理不善，例如，未能及时更新数据，则可能导致错误的风险评估，进而造成财务损失，甚至损害公司声誉。

本章将深入探讨算法模型的生命周期，强调每个阶段的重要性，并详细研究模型管理的复杂性和必要性。我们将从模型生命周期的定义和关键阶段开始，探讨从需求分析到模型退役的全过程，并强调模型管理在确保模型有效性、遵守法规和实现业务目标方面的关键作用。

具体而言，本章将依次介绍：算法模型的生命周期、模型管理的重要性、模型分级方法和模型管理体系结构，以及模型管理的最佳实践。

通过对本章的学习，读者不仅能全面理解模型的生命周期，而且能学习到如何识别和克服挑战，以及如何实施有效的模型管理策略。

11.1 算法模型的生命周期

本节将深入探讨算法模型的生命周期，详细解析每个阶段的关键组成部分，并通过实际案例和实用指南来丰富和实践这些理论。

11.1.1 定义和关键阶段

算法模型的生命周期是指从需求分析到模型退役的整个过程，这个周期包括多个关键阶段,具体包括需求分析、数据准备、模型构建、模型验证、模型上线部署、模型监控与维护,以及模型退役。每个阶段都是模型开发和管理的重要组成部分。

11.1.2 生命周期各阶段详解

1. 需求分析

需求分析是模型生命周期中至关重要的第一步。在这个阶段,重点是理解业务目标、明确问题,并确定如何通过数据科学方法来解决这些问题。

(1)确定业务需求

确定业务需求是从宏观角度理解公司或组织的战略、目标和挑战。这通常涉及与多个部门和利益相关者进行讨论,以收集关于预期输出、项目时间表、关键绩效指标(KPI)和潜在限制的信息。

1)收集相关业务需求:主要包括一系列的会议、调查和文档分析,以收集尽可能多的信息。

2)分析业务需求的可行性和优先级:涉及评估每个需求与组织的长期目标和资源能力之间的关系。

实践提示:应确保与各个部门的领导和团队成员进行交流,因为他们能提供不同的视角和信息,这对于完整理解业务需求至关重要。

(2)确定数据需求

数据需求分析关注所需数据的类型、质量和来源。这是一个详细的过程,旨在确定为了达到业务目标而需要收集和分析的数据。

1)确定所需数据的类型和来源。这包括识别关键数据元素,如客户信息、交易历史、地理位置等,以及确定这些数据可以从哪里获取,例如,内部数据库、第三方数据提供商或公开来源。

2)确定数据的质量要求和处理方式。这需要评估数据的准确性、完整性、一致性和时效性,并确定数据清洗、转换和集成的方法。

实践提示:在评估数据需求时,考虑数据隐私和安全性是非常重要的,这样可以确保你的数据收集和处理流程符合相关的法律规定。

2. 数据准备

数据准备是模型开发过程中耗时最长的阶段之一,它涉及将原始数据转换成易于分析的格式。

（1）数据收集

数据收集是数据准备的第一步，涉及收集原始数据并确保其质量和一致性。

1）确定数据收集方式和工具。这主要包括调用 API 接口、网页抓取、连接数据库等。

2）收集原始数据并进行清洗和预处理。这包括删除重复项、修复错误和处理缺失值。

实践提示：在数据收集过程中，建立一个自动化流程来定期收集、清洗和更新数据可以极大地提升效率。

（2）数据探索和分析

数据探索是对收集的数据进行初步分析，以了解其基本特性、分布和潜在的异常值。

1）对数据进行探索性分析。这包括使用统计和可视化工具来了解数据的主要特征和潜在问题。

2）确定数据特征和相关性。这涉及识别可能影响模型输出的关键变量和它们之间的关系。

实践提示：使用可视化工具有助于我们更好地理解数据分布和异常值。不要忽视这些异常值，因为它们可能是重要信息的关键指标。

（3）数据转换和特征工程

数据转换涉及修改数据格式或结构，通常是为了满足特定的分析或应用需求。特征工程是从原始数据中创建新特征的过程，以改进模型的性能。

1）对数据进行转换和标准化处理。这主要包括缩放数值、编码类别变量和处理时间序列数据。

2）提取和构建特征变量。这涉及创造性地使用领域知识和数据分析来构建可以提高模型预测能力的新变量。

3）实际案例。在一个实际的电商销售预测项目中，数据科学团队使用了交易历史数据。原始数据包含交易时间、金额、商品类别等信息。在特征工程阶段，团队创建了新的特征，如客户的购买频率、商品的平均交易金额、特定时间段（如节假日）的销售额等。通过这些新特征，模型能够更准确地预测未来的销售趋势。

实践提示：特征工程是提高模型性能的关键步骤。要勇于尝试多种方法，并始终关注如何更好地捕捉影响目标变量的信息。

3. 模型构建

模型构建阶段涉及选择合适的算法、训练模型并调整其参数，以最大限度地提高预测性能。

（1）确定模型类型和算法

模型类型的选择应基于项目需求、可用数据和预期结果。

1）根据业务需求选择合适的模型类型。这主要包括分类模型、回归模型、聚类模型或时间序列模型等。

2）选择合适的算法进行模型构建。这取决于数据类型、问题复杂性和计算资源。常见的算法包括线性回归、决策树、随机森林和神经网络等。

实践提示：在选择模型和算法时，要考虑数据规模和复杂性，以及计算资源的限制。有时简单的模型更容易解释和实施。

（2）模型训练和优化

模型训练是使用已准备好的数据来训练选定的算法，而模型优化则是调整模型的参数以改进其性能。

1）划分训练集数据和验证集数据。划分目的是在独立的数据集上评估模型的性能，防止过拟合。

2）使用训练集数据进行模型训练和参数优化。这包括使用不同的参数设置运行多个训练周期，以找到最佳的模型配置。

实践提示：使用交叉验证可以更全面地评估模型的性能，要平衡模型的准确性和泛化能力。

（3）模型评估和选择

模型评估是对训练好的模型进行性能测试，以确定它们是否满足项目的业务需求。

1）使用验证集数据评估模型性能。这包括计算各种性能指标，如准确率、召回率、F1 得分或均方误差等。

2）选择性能最佳的模型作为最终模型。这基于模型评估结果和业务需求。

实践提示：在评估模型时，考虑多个性能指标可以提供更全面的视角，确保所选模型符合业务目标和实际应用场景。

4. 模型验证

模型验证阶段的目的是确认模型在新数据上的性能表现，并进行必要的调整。

（1）使用测试集数据进行模型验证

1）对测试集数据进行预测和评估。这是在之前未见过的数据上测试模型，以评估其实际表现。

2）分析模型的预测结果和误差。这包括检查模型可能犯的错误，并尝试理解其原因。

实践提示：确保测试集数据具有代表性，并且可以反映模型在实际操作环境中可能遇到的各种情况。

（2）模型调整和改进

1）根据验证结果对模型进行调整和改进。这主要涉及回到特征工程阶段、引入新特征或调整模型参数。

2）重新训练和验证模型。这是一个迭代过程，目的是不断改进模型的性能。

5. 模型上线部署

一旦模型经过验证并被认为是成功的，它将被部署到生产环境中。

（1）系统集成和部署

1）将模型集成到系统中。这涉及将模型与现有的IT系统和工作流程结合起来。

2）部署模型到生产环境。这包括使用各种工具和平台将模型部署到服务器或云环境。

实践提示：确保在部署之前进行全面的系统测试，包括性能测试和安全性评估。

（2）模型性能监控

1）监控模型在实际环境中的性能表现。这包括实时跟踪关键性能指标并设置警报系统，以便在出现问题时获得通知。

2）及时发现和解决模型运行中的问题。这主要涉及调试问题、调整模型参数或进行必要的系统更新。

实践提示：设置一个持续的监控系统，可以帮助项目组及时发现和修复问题，避免潜在的性能下降或系统故障。

6. 模型监控与维护

模型部署后，需要对其进行持续监控和维护，以确保其持续有效。

（1）模型性能监控

1）定期监控模型的性能指标。这是为了确保模型继续满足服务水平协议（SLA）

和业务需求。

2）分析模型性能变化的原因。这包括调查任何性能下降的潜在原因，如数据变化、客户行为变化或市场条件变化。

实践提示：持续监控不仅要关注性能指标，还要关注模型可能影响的关键业务指标。

（2）模型更新和迭代

1）根据业务需求和数据变化进行模型更新。随着时间的推移，可能需要引入新数据、调整特征或重新训练模型。

2）重新训练和验证更新后的模型。确保新模型至少与旧模型一样好。

实践提示：保持与业务团队的紧密沟通，以便了解可能影响模型性能的任何变化。

7. 模型退役

最终，每个模型都会到达其生命周期的终点，这时需要进行模型退役。

（1）判断模型退役条件

1）根据模型性能和业务需求判断是否需要退役。如果模型不再提供有价值的见解，或者维护成本超过了其价值，那么可能是时候退役了。

2）制定模型退役的具体条件和策略。这包括确定性能下降的阈值、评估替代方案的可用性和成本。

实践提示：模型退役是一个重要决策，需要基于全面的性能评估、成本分析和业务战略。

（2）模型替换和迁移

1）选择合适的替代模型。这主要涉及开发新模型或采用不同的方法或技术。

2）迁移数据和功能到新模型。这包括迁移历史数据、重新定义特征和调整业务流程。

实践提示：在进行模型替换和迁移时，应确保进行全面的测试，以最小化对业务操作的影响。

11.1.3 实际案例

1. XYZ 金融公司的信贷风险预测模型

在本节中，我们将通过 XYZ 金融公司的信贷风险预测模型的例子，展示算法模型生命周期的各个阶段。XYZ金融公司是一家提供各种贷款产品的大型金融机构。由于近年来不良贷款率的上升，因此公司决定开发一个信贷风险预测模型，以便更准确地评估借款人的还款能力。

（1）需求分析

1）确定业务需求。XYZ金融公司的业务分析师和数据科学家团队合作确定了主要业务需求：减少信贷损失，同时不错过合格的借款人。

2）确定数据需求。团队列出了可能影响信贷风险的各种因素，如借款人的信用历史、收入水平、现有债务等，并据此确定所需的数据类型和来源。

（2）数据准备

1）数据收集。XYZ金融公司从内部系统中收集客户数据，并通过第三方信用评分机构获取额外的信用历史数据。

2）数据探索和分析。通过探索性数据分析，团队发现了一些关键的数据质量问题，如缺失值和异常值，以及潜在的预测变量。

3）数据转换和特征工程。团队创建了一系列新的特征变量，如借款人的债务收入比率，并对某些变量进行了转换，以改善模型的预测能力。

（3）模型构建

1）确定模型类型和算法。基于业务需求和数据性质，团队选择了随机森林作为初始模型，因为它能有效地处理大量的输入变量，并提供重要性评分来解释每个变量的预测能力。

2）模型训练和优化。团队使用历史贷款数据训练了模型，并通过交叉验证来优化模型参数，以获得最佳的预测性能。

（4）模型验证

1）使用测试集数据进行模型验证。团队使用一个独立的测试集数据来评估模型的性能，并确保它在未见过的数据上表现良好。

2）模型调整和改进。基于测试结果，团队进一步调整了模型参数，并引入了额外的特征变量来改进模型。

（5）模型上线部署

1）系统集成和部署。一旦模型通过验证并获得业务部门的批准，IT团队就会将模型集成到公司的贷款审批流程中。

2）模型性能监控。为了确保模型在生产环境中的表现，团队设置了一个持续的性能监控系统，以实时跟踪模型的准确性和其他关键指标。

（6）模型监控与维护

1）模型性能监控。团队持续监控模型的表现，特别是在新的经济条件或公司政策变化时。

2）模型更新和迭代。随着时间的推移，团队定期重新训练模型，以包括新的数据和可能的变化。

（7）模型退役

1）判断模型退役条件。当模型的性能持续下降，或当有新的、更先进的模型可用时，团队将开始考虑退役现有模型。

2）模型替换和迁移。在模型退役的过程中，团队要确保新模型的平稳过渡，并验证新模型的性能和稳定性。

2. 挑战与解决方案

1）数据不均衡问题。在初步的数据探索阶段，团队发现大部分客户都有良好的信用记录，而坏账客户相对较少。这导致了模型的训练集数据严重不均衡。为了解决这个问题，团队采用了过采样和欠采样技术，以及合成少数类的方法，确保模型能够正确地识别高风险客户。

2）特征工程的挑战。虽然公司拥有大量的客户数据，但并不是所有的数据都与信贷风险直接相关。为此，团队进行了多轮特征选择和特征工程，包括创建债务收入比、长期信用历史评分等新特征，以提高模型的预测能力。

3）模型的可解释性。金融领域特别重视模型的可解释性。XYZ 金融公司希望模型不仅能预测风险，还能解释为什么某个客户被认为是高风险的。为此，团队选择了决策树和随机森林等可解释性强的模型，并使用 SHAP 值等技术来解释模型的预测。

3. XYZ 金融公司的业务影响

XYZ 金融公司的信贷风险预测模型不仅在技术上是一个创新，而且已经成为推动业务成长和客户满意度提升的关键因素。以下是该模型对公司业务产生影响的几个关键领域。

（1）风险缓解和贷款审批

通过使用先进的数据分析和预测模型，XYZ 金融公司能够更准确地识别高风险和低风险借款人。这不仅减少了不良贷款的比例（从 18% 降低到了历史最低的

8%），还使公司能够扩大贷款组合，将信贷提供给之前被认为风险过高而无法服务的客户群体。

（2）客户关系管理和个性化服务

信贷风险预测模型使 XYZ 金融公司能够深入了解每个客户的财务行为和偏好。通过模型分析的数据，该公司现在能够提供更具个性化的服务，如定制的还款计划和针对性的金融产品。这种个性化的方法不仅提高了客户的忠诚度和满意度，还使 XYZ 金融公司在竞争激烈的金融市场中脱颖而出。

（3）运营效率和成本节约

引入自动化的风险评估流程，XYZ 金融公司减少了对人工审核和背景调查的依赖，极大地提高了处理贷款申请的速度。更快的响应时间提高了客户满意度，并为公司节省了大量的人力和财务资源。

（4）新产品开发和市场扩张

通过深入的客户洞察和市场分析，XYZ 金融公司已经开始开发新的金融产品，以满足不同客户群体的需求。此外，凭借其强大的风险管理能力，XYZ 金融公司正在积极考虑进入新的地理市场和客户细分市场。

（5）社会责任和合规

XYZ 金融公司深知其在社会责任和行业合规方面的责任。通过确保信贷模型的透明度和公平性，公司遵守了所有相关的金融服务法规，并确保客户不会因为偏见或不公平的贷款过程而受到不良影响。

通过这些改进，XYZ 金融公司不仅加强了其市场地位，还展示了数据驱动决策和技术创新在现代金融领域的重要性。

通过这个连贯的案例研究，我们展示了在实际业务环境中应用算法模型生命周期的各个阶段。XYZ 金融公司的例子表明，在每个阶段进行仔细的规划、执行和评估是确保模型成功的关键。

11.1.4 行业见解

从总体趋势来看，对数据不均衡问题的处理是目前面临的最大挑战，而有效的特征工程则至关重要。创新的高级算法正在赋能客户洞察，不仅实现了精准的产品推荐和风险控制，也推动了金融科技的持续创新与发展。

1. 数据不均衡的处理是最大挑战

KPMG 在 2023 年的报告中指出：数据不均衡是金融行业中一个普遍存在的问

题。超过 70% 的金融机构表示，他们在模型开发中最大的挑战之一就是处理不均衡的数据。

2. 有效的特征工程非常关键

Deloitte 在 2023 年的研究表明：特征工程在信贷风险模型中起着关键作用。通过有效的特征工程，金融机构可以将信贷损失降低多达 15%。

3. 创新高级算法改变规则

麦肯锡全球研究所在 2023 年的报告中指出：在处理不均衡数据时，创新的采样方法和高级算法正在改变游戏规则。采用先进的机器学习技术，如 SMOTE（合成少数过采样技术）和集成方法，已被证明可以显著提高信贷风险模型的准确性。

4. 深入客户洞察提供精准产品

Forrester 研究在 2023 年指出：随着大数据和 AI 技术的发展，个性化风险评估正成为金融行业的标配。金融机构正越来越多地依赖机器学习模型来获取更深入的客户洞察，从而提供更精准的信贷产品。

5. 金融科技创新持续强化

根据 PWC 的 2023 年市场分析，预计在接下来的五年里，包括信贷风险评估在内的金融科技创新将吸引超过 600 亿美元的投资。这凸显了数据科学在现代金融决策中的重要作用。

11.1.5 实用指南——常见问题与解答

在本节中，我们将探讨在算法模型生命周期中常见的一些问题，并提供实用的指南和解决方案。

1. 常见问题及解答

Q1：你如何知道是时候更新或替换现有模型了？

A1：模型需要更新或替换的迹象主要包括性能显著下降、数据分布发生变化、出现新的业务需求或技术进步。重要的是，要设置性能监控指标，并定期审查模型的输出和业务影响。

Q2：在数据准备阶段，如何处理不完整或不准确的数据？

A2：面对不完整或不准确的数据，可以采取多种策略，例如，使用数据清洗技术来修复错误和填补缺失值；使用异常检测方法来识别和处理异常值；使用数据插补方法来估计缺失数据。

Q3：如何确保模型在生产环境中的稳定性和可靠性？

A3：确保生产环境中模型的稳定性和可靠性的方法包括实施全面的质量保证和测试流程、设置实时性能监控和警报系统，以及建立快速响应机制来处理任何问题或故障。

Q4：如何处理模型偏差和公平性问题？

A4：处理模型偏差和公平性问题的方法包括使用去偏方法来识别和减少潜在的偏差、实施多样性和包容性原则来收集和处理数据，以及建立透明度和责任机制来审查和监控模型决策。

Q5：如何在组织中建立和推广数据科学文化？

A5：建立数据科学文化需要从领导层开始，强调数据驱动决策的价值，并在整个组织中推广数据素养。此外，提供培训资源、建立跨部门数据团队，以及鼓励开放沟通和知识共享，也是关键举措。

Q6：处理大规模数据或实时数据时有哪些最佳实践？

A6：处理大规模数据或实时数据时，重要的是，要有强大的数据基础设施、高效的数据处理流程和可扩展的存储解决方案。实时数据处理还需要快速的数据摄取、实时分析能力和自动化的决策系统。

2. 最佳实践

（1）数据准备

始终在真实的业务场景下审视你的数据。理解数据的来源和意义有助于避免常见的误解和错误。例如，如果数据来自第三方，则应确保了解其收集和处理方法，以及可能的偏见。

（2）模型构建

不要过度依赖复杂的模型。有时，简单的模型更容易解释和维护，特别是在业务环境中。在选择模型时，要考虑到业务的实际需求和模型的可解释性。

（3）模型验证与部署

在模型部署到生产环境之前，进行彻底的验证是至关重要的，可以使用不同的数据集（如时间序列数据）来验证模型的稳健性。

11.1.6 小结

算法模型的生命周期是一个复杂的过程，需要数据科学家在每个阶段都投入精力，并利用专业知识。通过理解这些阶段的关键任务和挑战，并运用最佳实践和指导原则，可以有效地管理模型的开发、部署和维护，确保它们为组织带来持续的价值。

当前，数据科学和机器学习领域正经历着快速的创新和变革。我们看到了越来越多的自动化工具被开发出来，旨在简化模型开发和管理过程。同时，随着边缘计算和物联网的崛起，实时数据处理和分析变得越来越重要。在未来，我们预计将有更多的跨学科方法出现，将数据科学与领域专业知识相结合，以解决更复杂、更具挑战性的问题。

1. 思考题与小练习

（1）思考你的业务场景

如果你要为你的公司构建一个模型，那么它会解决什么问题？试着写一个简短的需求说明书。考虑到数据来源、关键指标和预期的结果。

（2）动手实践

尝试使用一个公开的数据集来构建一个简单的预测模型。例如，你可以使用 **Kaggle** 平台上的信贷数据集来预测信贷违约。注意记录你的步骤和结果，并思考你在这个过程中学到了什么（如银行营销活动数据集和贷款数据集等）。

（3）小测验

考虑 XYZ 金融公司的案例，如果你是数据科学家，那么你会如何处理数据不均衡问题？列出至少三种可能的方法。

2. 术语表

术语如表 11-1 所示。

表 11-1 术语表

术语	解释
算法	一系列按照特定顺序执行的指令，用于计算或解决问题
数据预处理	用于转换原始数据，以便进行进一步的分析过程
模型训练	使用数据教会机器学习模型如何做出预测或决策过程
验证集	用于评估模型性能的数据子集，但不参与模型训练

续表

术语	解释
特征工程	创建用于机器学习模型的预测变量的过程
过拟合	模型过于复杂，以至于学习了训练集数据中的噪声而非潜在模式时发生的情况

11.2 模型管理的重要性

11.2.1 面临的挑战

在当今数据驱动的时代中，企业和组织越来越依赖算法模型来指导决策、优化业务流程和驱动创新。然而，随着模型数量的增加和应用范围的扩大，有效管理这些模型变得越来越复杂且具有挑战性。在本节中，我们将探讨模型管理面临的一些主要挑战。

1. 数据的复杂性和多样性

随着大数据的崛起，企业需要处理日益增加的数据，这些数据可能有多种来源，具有不同的格式和质量标准。这种多样性和复杂性使得数据清洗、整合和管理变得尤为困难，进而对模型性能产生直接影响。

2. 模型的持续演化

数据科学模型需要不断地更新和迭代，以适应不断变化的市场条件和业务需求。这不仅要求数据科学家持续跟踪最新的算法和技术，还要求他们与业务团队紧密合作，以确保模型的输出保持与业务需求的相关性。

3. 合规性和安全性要求

在金融和其他高度监管的行业，保持数据安全并遵守各种法规是至关重要的。这意味着企业需要投入额外的资源来确保数据保密性、完整性和可用性，同时还要遵守日益严格的隐私法规。

4. 跨职能团队的协作

模型管理涉及多个部门和团队，需要有效的沟通和协作来确保成功。这不仅包括数据科学家、工程师和IT专业人员，还包括业务分析师、法律合规团队和高级管理层。

11.2.2 管理目标

有效的模型管理需要在多个层面上实现一系列目标,以确保模型的准确性、可靠性、可解释性、及时性和合规性。在本节中,我们将详细讨论这些目标,并探讨实现这些目标的一些关键策略和最佳实践。

1. 提高模型的准确性和可靠性

为了提高模型的准确性和可靠性,组织需要实施一系列措施,包括但不限于:使用高质量的数据、采用适当的模型验证技术、实施全面的性能监控,以及定期对模型进行审查和更新。

2. 促进模型的可解释性和透明度

模型的可解释性和透明度对于获得利益相关者的信任、确保模型的公平性和避免不良决策至关重要。实现这一目标的方法包括使用可解释的模型、提供详细的文档、实施模型审查流程,以及与业务专家紧密合作。

3. 确保模型的及时性和相关性

随着市场条件和业务需求的变化,模型必须能够及时适应这些变化。这需要一个灵活的模型管理框架,能够快速部署新模型、实时更新模型输入,以及定期审查模型的业务相关性。

4. 遵守法规和行业标准

随着数据隐私和算法公平性成为越来越重要的社会问题,遵守相关法规和行业标准变得至关重要。这包括了解和遵守适用的法规、实施严格的数据管理和安全措施,以及建立一个有效的合规和道德审查机制。

5. 最佳实践与策略

在本节中,我们将提供一系列的最佳实践和策略,这些实践和策略已被证明能够帮助组织更有效地管理他们的模型,内容如下。

(1)综合数据管理

1)建立一个全面的数据治理框架,确保数据的质量、一致性和可访问性。

2)定期进行数据质量检查和清理,以减少错误和不一致问题。

3)实例:一家国有银行实施了一个全面的数据治理计划,包括建立一个中央数据仓库,使用自动化工具进行数据清理和质量检查,以及提供详细的数据使用报告。这不仅提高了数据的准确性和一致性，还使该家银行能够更有效地遵守全球各地的监管要求。

（2）持续性能监控

1）实施一个综合的性能监控系统，实时跟踪模型的准确性、延迟、吞吐量等关键指标。

2）使用自动化工具来及时识别和解决性能下降问题。

3）实例：一家区域性银行使用了一个自定义的仪表板，实时显示其所有模型的关键性能指标。当任何指标低于既定阈值时，系统就会自动发送警报给团队，使他们能够快速识别并解决问题，从而降低销售损失，提高客户满意度。

（3）跨职能团队协作

1）建立一个跨职能的模型管理团队，包括数据科学家、工程师、业务分析师和法律合规专家。

2）实施定期的沟通和协作机制，确保所有的团队成员都能对模型管理目标和进度有清晰的了解。

3）实例：在一个复杂的供应链优化项目中，一家股份制银行成立了一个跨职能的项目管理办公室，包括来自计财、运营、公司、零售和 IT 部门的代表。通过定期召开会议、使用共享的项目管理工具和遵循清晰的沟通指南，该团队能够协调各方努力，并按时在预算内成功完成项目。

（4）严格的安全性和合规性控制

1）实施严格的数据安全政策和控制措施，包括数据加密、访问控制和数据泄露预防。

2）定期进行安全审计和合规性评估，确保模型管理活动符合所有适用的法规和行业标准。

3）实例：一家金融服务提供商建立了一个全面的合规框架，包括定期的员工培训、详细的合规检查清单，以及一个内部合规委员会。这确保了该公司的模型管理活动始终符合行业标准和监管要求，同时降低了潜在的法律风险。

（5）资源优化和成本管理

1）使用云计算和其他可扩展的技术基础设施，可以灵活地扩展或缩减资源，以满足变化的需求。

2）监控资源使用情况和成本，优化资源分配，避免浪费。

3）实例：一家国有银行使用云计算资源来管理其模型，允许根据需求扩展计算能力。通过监控资源使用情况和成本，该行能够优化其资源分配，避免不必要的开支，并保持模型的高性能。

（6）实际案例分析

在本节中，我们将通过一个详细的案例研究，展示一个组织是如何成功地实施模型管理的。这个案例将涵盖该组织面临的挑战、所采取的解决方案，以及实施结果的影响。

1）背景。

我们的案例研究聚焦于一家大型金融服务提供商，该公司拥有广泛的产品组合，服务于全球数百万名客户。随着业务的扩张和数字化转型，该公司发现其现有的模型管理实践无法满足其增长的需求。该公司依赖其算法模型进行风险评估、欺诈检测、客户关系管理，以及其他关键业务功能。

2）挑战。

该公司面临多个挑战，包括数据孤岛、缺乏统一的模型库、性能下降问题，以及日益严格的监管环境。数据分散在不同的部门和系统中，导致信息孤岛和数据一致性问题。此外，没有一个集中的系统来跟踪和管理所有的模型，这导致了效率低下和合规风险的增加。

3）解决方案。

经公司集中讨论，确定了建立中央模型库、自动化模型监控、加强内部培训和沟通的解决方案。

建立中央模型库：公司开发了一个中央模型库，用于存储、版本控制和跟踪所有的模型。这个库为团队提供了一个共享的平台，用于协作、共享最佳实践和复用模型组件。

自动化模型监控：公司采用了自动化工具来监控模型的性能。这些工具可以实时检测模型准确性的变化、数据漂移或其他潜在问题，并自动触发审查或重新训练流程。

加强内部培训和沟通：为了提高员工的模型素养和跨部门合作，公司启动了一个内部培训计划。这个计划包括研讨会、在线课程和定期的知识分享会议。

4）成果。

通过对以上方案的执行，公司取得了提高效率和合规性、减少错误和风险、加强团队协作,以及客户满意度和信任的提升等成果。

提高效率和合规性:通过中央模型库和改进的数据治理,公司能够更快地部署新模型,并确保所有的模型都符合监管要求。

减少错误和风险:自动化的模型监控减少了性能下降和数据错误的风险。当潜在问题被检测到时,团队能够快速响应,减少对业务的影响。

加强团队协作:通过内部培训和沟通,员工对公司的模型策略有了更深的理解,跨职能团队的合作也得到了加强。

客户满意度和信任的提升:更准确和可靠的模型输出提高了客户满意度,加强了客户对公司的信任。

通过这些努力,该公司不仅显著提高了其模型的性能和准确性,还成功地缩短了模型上线时间,提高了客户满意度,并确保了其活动的合规性。这个案例研究展示了有效的模型管理在当今竞争激烈的金融服务市场中的重要性。

11.2.3 行业趋势和未来发展

在模型管理领域,我们正目睹一些引人注目的趋势和发展。随着技术的不断进步和数据科学的成熟,企业不仅需要新的工具和技术来提高其模型的性能和效率,还需要考虑安全、隐私和道德等方面的问题。

1. 自动化和人工智能的进一步整合

未来,我们预计会看到更多的自动化工具被开发出来,以简化模型管理的各个方面,从数据清理到模型训练,从性能监控到持续集成和部署。同时,人工智能技术将在这一过程中发挥更大的作用,帮助企业更快地做出数据驱动的决策。

2. 模型安全性和道德的重要性

随着企业越来越依赖复杂的算法模型来驱动业务决策,模型的安全性和道德问题变得越来越重要。企业需要确保他们的模型不仅高效,而且安全,不会被黑客攻击,并且其决策过程是透明和公正的,不会引发消费者和监管机构的担忧。

(1)云计算的普及

云计算正在改变模型管理的方式,许多公司现在选择在云中部署他们的模型和数据科学平台。这提供了很大的灵活性和可扩展性,允许企业快速适应不断变化的市场需求。

（2）跨部门协作的增加

有效的模型管理需要跨多个部门紧密协作。未来，我们预计会看到更多的跨职能团队形成，他们将共同努力，确保模型和数据科学项目能够满足业务目标和客户需求。

11.2.4 思考题与实践练习

为了加强读者的参与度和理解，在本章中，每个主要部分都包括思考题和实践练习。这些活动旨在鼓励读者将所学知识应用于实际场景，并深化他们对模型管理的理解。

1. 思考题

1）思考一个你熟悉的组织。它目前面临哪些模型管理挑战？这些挑战如何影响其业务运营和决策？

2）描述一个成功的模型管理实践案例。它是如何提高组织效率、降低风险或提高客户满意度的？

3）在你的行业中，最新的技术趋势（例如 AI、大数据、云计算）是如何影响模型管理的？你的组织是如何应对这些变化的？

2. 实践练习

1）设计一个模型性能监控仪表板，它应该包括哪些关键性能指标（KPI）？如何实时更新这些数据？

2）制定一个模型管理策略，它应该包括哪些关键组件，如数据治理、版本控制、合规性检查等？

3）评估你的组织当前的模型管理成熟度。根据你的评估，提出三个改进建议。

11.2.5 小结

在前面，我们深入探讨了模型管理的重要性，分析了组织在实施模型管理时可能面临的挑战，以及如何通过战略性的方法和最佳实践来克服这些挑战。我们还通过实际的案例分析了解了模型管理在实践中的应用，并探讨了行业趋势和未来发展。

有效的模型管理是任何希望利用数据科学和机器学习推动业务增长的组织的关键。通过实施强大的模型管理策略，组织可以提高决策质量、加快创新、减少风险，并在竞争激烈的市场环境中取得成功。

随着技术的不断发展和业务需求的不断变化，模型管理也将继续进化。组织必须保持灵活性，不断学习并适应变化，以确保其模型管理实践能够支持其长期目标和战略愿景的实现。

11.3 模型分级方法

模型分级方法主要包括分级的标准和方法、分级的实际应用、分级流程的最佳实践等。

11.3.1 分级的标准和方法

在数据驱动的决策环境中，模型分级不仅是推动业务增长的策略工具，还是风险管理和资源分配的关键组成部分。正确的分级方法可以帮助组织确定哪些模型对业务战略至关重要，哪些模型需要更细致的维护，以及哪些模型对实现组织目标的贡献相对较小。

1. 业务影响

任何模型的最终目的都是推动业务价值。因此，准确评估模型对业务影响的程度大小是至关重要的。这不仅涉及直接的财务收益，还包括客户满意度、品牌形象、内部效率和创新能力等方面。例如，一个用于预测客户流失的模型可能会直接影响公司的收入和客户关系，因此在分级时应给予高优先级。

2. 复杂性

模型的复杂性通常与其精确度、可解释性，以及所需的维护工作成正比。高度复杂的模型可能提供更精确的预测，但同时也需要更多的数据科学资源来维护，并可能更难以向非技术利益相关者解释。因此，分级过程需要权衡模型的复杂性和它为业务带来的潜在价值。

3. 风险程度

所有的模型都带有一定的风险，但这些风险的类型和程度可能会有很大不同。风险可能来自多个方面，包括错误的预测、数据泄露、不合规行为等。例如，一个用于贷款批准的模型如果产生了不公平的偏见，则可能会导致法律风险和品牌损害。

在分级模型时，考虑这些潜在风险是至关重要的。

4. 合规性和标准

特别是在高度监管的金融行业，合规性是模型分级的一个关键考虑因素。模型必须遵守各种法规和行业标准，这可能会影响模型的设计、数据收集、结果解释以及报告方式。不合规的模型可能会导致严重的法律后果和财务损失。

5. 更新和迭代需求

市场环境和业务需求不断变化，模型也需要进行更新和迭代以保持其准确性和相关性。一些模型可能需要频繁更新，以反映新的市场数据或客户信息，而其他模型可能更稳定，不需要经常调整。理解这些需求可以帮助组织更有效地分配其数据科学资源。

11.3.2 分级的实际应用

模型分级的理论是重要的，但将这些理论应用于实际的业务场景则更具有挑战性。在本节，我们将探讨模型分级在不同行业和上下文中的实际应用。

1. 企业级模型分级实践

在企业环境中，模型分级通常涉及跨多个部门和业务单位的协调。这可能需要一个中央化的分级框架，以及明确的沟通和治理结构。例如，一家大型银行可能需要协调其风险管理、市场营销、客户服务和合规部门，以确保模型分级策略的一致性和有效性。

2. 分级在风险管理中的作用

在风险管理中，模型分级可以帮助组织确定哪些模型对缓解关键风险最为关键。这可能包括识别那些可能导致财务损失、运营中断或法律问题的模型。通过将资源和注意力集中在这些高风险模型上，组织可以更有效地管理其总体风险，包括不能或没有被风险缓释措施覆盖的风险。

3. 模型审查和质量保证

模型分级也与模型的审查和质量保证过程紧密相关。高优先级的模型可能需要更严格的审查标准和更频繁的质量检查，这可能包括定期的性能评估、对模型假设的审查，以及确保模型输出的准确性和一致性。

4. 案例分析

在金融行业，模型分级是风险管理的关键组成部分。例如，一家大型银行采用了一套综合的模型分级系统，以管理其广泛的风险模型库。该系统定义了多个分级标准，包括模型的复杂性、使用频率，以及与关键业务决策的相关性。

该银行创建了一个跨职能团队，包括风险管理专家、数据科学家和业务分析师，共同确定模型的分级。高风险模型，如那些直接影响客户信贷评级的模型，被分类为最高级别，需要最严格的审查和频繁的更新。通过这种方式，银行能够确保模型的性能持续符合监管要求，并及时识别和纠正潜在问题。

11.3.3 分级流程的最佳实践

实施有效的模型分级过程需要组织的明确承诺、资源投入和跨职能协作。以下是一些最佳实践，可以确保分级过程的成功。

1. 建立一个跨职能团队

模型分级不应该是数据科学团队独立进行的活动，它需要业务领导者、IT 专家、法律合规专家和其他关键利益相关方的参与。建立一个跨职能团队可以确保分级标准和过程符合组织的整体战略和合规要求。

2. 定期审查和更新分级标准

市场条件、业务战略和监管环境都是不断变化的。组织需要定期审查其模型分级标准和过程，确保它们仍然相关和有效。这主要包括收集反馈、分析模型性能数据，以及调整分级标准以反映新的业务优先事项或市场趋势。

3. 利用自动化工具

随着组织使用的模型数量和复杂性的增加，手动进行模型分级变得越来越不切实际。自动化工具和平台可以帮助组织更有效地追踪模型性能、识别风险，以及分配资源。这可能包括使用机器学习算法来预测模型风险，或使用决策引擎来自动分配模型审查资源。

4. 考虑模型的全生命周期

模型分级不应该是一次性活动，它需要在模型的整个生命周期中进行，从初始开发和验证，到部署、监控、更新和最终退役。这种全生命周期的方法可以帮助组织及时识别和缓解风险，同时确保模型持续地为业务创造价值。

11.3.4　思考题和实践练习

为了加深理解和应用本章的概念，以下是一些思考题和实践练习。

1）考虑你的组织使用的一个关键模型。这个模型如何根据业务影响、复杂性、风险和合规性进行分级？

2）设想一个高风险模型出现了性能下降，你的组织应该如何从紧急评估、风险控制和问题解决3个方面进行响应？

3）讨论自动化在模型分级过程中的潜在作用和好处。主要从提高效率、实时监测、数据分析和可视化，以及持续改进方面讨论。

11.3.5　模型分级的未来展望

随着人工智能和机器学习技术的迅猛发展，模型分级方法必将迎来重大变革。先进的算法将赋予未来的模型分级系统更强大的能力。实时获取并分析模型性能数据成为可能，这意味着组织能够在第一时间了解模型的运行状况，及时发现潜在问题。自动调整模型分级的功能能够极大地提高效率，减少人工干预的成本和误差。例如，当一个模型的性能突然下降或业务环境发生重大变化时，系统可以迅速识别并自动调整其分级，以便采取相应的管理措施。

另外，监管环境的不断变化也将持续推动模型分级标准和流程的演化。随着对数据安全、隐私保护和算法公正性的要求越来越严格，组织需要不断调整和完善模型分级体系，以确保符合更严格的合规要求。这不仅是法律责任的要求，还是维护组织声誉和客户信任的关键。

在不同的行业中，虽然模型分级的标准和实践会因行业特点而有所不同，但确保模型的透明度、可靠性和责任性这一核心原则始终不变。透明度意味着模型的决策过程和结果能够被理解和解释，便于监管机构和利益相关方进行审查。可靠性要求模型具有稳定的性能和准确的预测能力，以支持业务决策的可靠性。责任性则强调组织对模型的使用和影响承担相应的责任，确保模型的应用符合伦理和法律规范。

通过持续创新和最佳实践的分享，组织可以充分发挥其模型资产的价值。持续创新将推动模型分级方法和技术的不断进步，为组织提供更先进的管理工具。而最佳实践的分享则可以促进不同组织之间的学习和交流，共同提高模型分级的水平。这样，组织能够更好地利用模型资产，驱动业务增长，为客户创造更大的价值。例如，在金融行业，精准的风险评估模型可以帮助银行更好地管理信贷风险，为客户提供更优质的金融服务。

11.3.6 小结

模型分级对于组织的数据科学治理至关重要，通过科学合理的分级体系和有效的管理措施，组织可以更好地利用数据科学技术，实现业务的可持续发展和战略目标的达成。

首先，它能够在资源分配方面做到有的放矢。不同级别的模型对资源的需求各不相同，通过分级可以将有限的资源更合理地分配给那些对业务影响更大、风险更高、合规性要求更严格的模型，确保资源利用的高效性，避免资源浪费。

其次，在风险管理方面，模型分级有助于组织清晰地识别出高风险模型，并对其进行重点关注和管理。对于高风险模型，可以采取更加严格的监控措施、风险控制策略以及问题解决机制，降低潜在风险对业务的不利影响。同时，对于低风险模型，可以适当减少管理成本，提高整体的风险管理效率。

再者，促进合规是模型分级的又一重要价值。明确的模型分级标准可以帮助组织确保各个模型都符合相关的法律法规和行业标准，避免因合规问题而面临法律风险和声誉损失。通过对模型的合规性进行分级评估，可以及时发现和解决合规方面的问题，确保组织的业务活动在合法合规的框架内进行。

最后，为了实现模型分级的有效实施，明确的标准是基础。这些标准应该综合考虑业务影响、复杂性、风险和合规性等多个因素，确保分级的客观性和科学性。跨职能协作也是不可或缺的，数据科学家、业务部门、风险管理部门以及合规部门等各方应共同参与模型分级的过程，充分发挥各自的专业优势，确保分级结果能够全面反映模型的实际情况和业务需求。

此外，持续的过程审查是保证模型分级有效性的重要手段。随着业务环境的变化和技术的发展，模型的特征和需求也会发生改变，因此需要定期对模型分级过程进行审查和调整，以确保模型库持续地支持业务目标和战略优先事项。

11.4 模型管理体系结构

本节将深入探讨模型管理体系结构在组织架构与责任、管理流程、技术架构支持、模型治理和合规性,以及持续改进和创新等方面的内容。

11.4.1 组织架构与责任

成功的模型管理需要明确的组织架构和清晰定义的责任。这不仅有助于确保模型的有效管理,还有助于促进组织内部的沟通和协作。

1. 跨职能团队的建立

有效的模型管理需要数据科学家、业务分析师、IT 专家和法律合规专家的紧密合作。建立一个跨职能团队是至关重要的,因为它可以促进知识共享和决策协作。例如,一家金融服务公司可能会设立一个由上述各方代表组成的委员会,定期会面,讨论模型开发、部署和监控的关键问题。

2. 明确的角色与责任

每个团队成员都应该清楚他们在模型管理过程中的角色和责任。例如,数据科学家负责模型的开发和验证,IT 专家负责技术实施和系统维护,而法律合规专家负责确保所有的活动符合行业标准和法规。

3. 持续培训和发展

为了保持与最新行业趋势和技术同步,持续的专业发展和培训是必不可少的。组织应该提供定期的工作坊、研讨会和培训课程,例如,关于新的机器学习技术或隐私法规的研讨会等。

11.4.2 管理流程

模型管理的每个阶段都需要精心设计的流程,以确保模型的准确性、可靠性和有效性。

1. 开发

这一阶段包括数据收集、预处理、特征工程、模型选择和初步测试。关键步骤应该有详细的文档记录,并且所有的代码和结果都应该经过版本控制。

2. 验证

在这一阶段,模型在新的数据集中进行测试,以评估其性能和泛化能力。这可能包括交叉验证、外部验证和模型比较。

3. 部署

一旦模型通过验证并被认为是可靠的,它将被部署到生产环境中。这需要与IT团队紧密合作,确保模型的无缝集成和高效运行。

4. 监控

部署模型后,其性能需要持续监控。这可能包括追踪错误率、预测准确性和用户反馈。一旦发现性能下降,应该立即报告,并进行必要的调整。

5. 维护

模型可能需要定期更新,以反映新的数据、变化的市场条件或业务需求。维护流程应该包括定期的模型审查、重新训练和验证。

11.4.3 技术架构支持

强大的技术基础设施是支持有效的模型管理的关键。

1. 数据管理系统

组织需要有能力存储、处理和分析大量数据。这可能包括数据仓库、大数据平台和数据湖等解决方案。

2. 安全措施

保护敏感信息和保持数据安全是至关重要的。这可能包括加密、访问控制、网络安全协议和定期的安全审查。

3. 可扩展性解决方案

随着组织的发展和模型数量的增加,技术架构需要具备扩展能力。云计算服务、容器化和微服务架构可以提供所需的灵活性和可扩展性。

4. 案例研究

例如,一家城商行使用云计算解决方案来支持其模型管理。通过云服务,该公司能够快速部署新模型,并根据需要轻松扩展资源。

通过结合明确的组织架构、精心设计的管理流程和强大的技术支持，组织可以建立一个高效、可靠的模型管理体系结构，以支持其数据驱动的决策和业务增长。

11.4.4　模型治理和合规性

在高度监管的行业，如金融服务，模型治理和合规性是模型管理体系结构的关键组成部分。

1. 合规性框架

组织需要建立一个合规性框架，明确规定模型开发、验证、部署和维护过程中需要遵守的法规和标准。这个框架应该基于行业最佳实践，并且定期更新，以反映法规的变化。

2. 内部审计和审查

定期的内部审计有助于确保模型管理活动的合规性。审计团队应该独立于模型开发团队，具有审查模型文档、代码和性能的权限。

3. 风险评估

风险评估是模型治理的一个重要方面，需要识别和评估与模型相关的潜在风险，包括数据泄露、不公平的偏见和错误的预测。风险评估结果应该记录在案，并用于指导风险缓解措施。

4. 培训和意识

所有参与模型管理的员工都应该接受关于合规性要求和风险管理的培训。提高员工的合规意识和他们对潜在风险的理解是防止违规行为和减少风险的关键。

5. 案例研究

例如，一家农商银行通过实施全面的模型治理框架，成功地管理了其复杂的模型库，并确保了合规性。该框架包括详细的合规性指南、定期的内部审计和全员培训程序。

11.4.5　持续改进和创新

为了保持竞争力和适应不断变化的市场环境，组织需要致力于模型管理的持续改进和创新。

1. 反馈循环

建立一个系统的反馈循环,收集来自业务部门、IT团队和最终用户的反馈,是持续改进的关键。这些反馈应该用于评估模型的性能,识别改进领域,并指导未来的模型开发。

2. 技术创新

鼓励技术创新可以帮助组织利用最新的数据科学方法和工具。内部创新竞赛、合作伙伴关系和参与行业会议都是促进技术创新的有效策略。

3. 文化和领导力

支持一个以数据为驱动的文化和领导力是实现持续改进的基础。领导层应该展示对数据和分析的承诺,并为员工提供资源和支持,以探索新的想法和方法。

4. 案例研究

例如,一家区域性银行如何通过引入先进的机器学习技术和建立一个数据驱动的文化,实现了其模型管理的转型。这种转型不仅提高了模型的准确性和效率,还促进了新产品和服务的开发。

通过结合强有力的治理措施、持续的改进和对创新的承诺,组织可以确保其模型管理体系结构不仅满足当前的需求,而且能够适应未来的挑战和机遇。

11.4.6 技术的角色与选择

在构建和维护模型管理体系结构时,选择合适的技术解决方案是至关重要的。这些技术不仅需要支持当前的操作需求,还要具有足够的灵活性和可扩展性,以适应未来的增长和变化。

1. 数据管理平台

一个强大的数据管理平台是任何模型管理体系结构的基础。这个平台需要能够高效地处理大量数据,支持多种数据类型和来源,并提供必要的工具和接口,以便进行数据清洗、转换和分析。

2. 模型开发和部署工具

选择合适的模型开发和部署工具可以大大提高数据科学团队的生产力。这些工具应该支持主流的机器学习框架和语言,提供自动化的模型验证和部署功能,并允许无缝地集成外部数据源和服务。

3. 性能监控和管理

持续监控模型的性能是确保其准确性和可靠性的关键。模型的开发者和使用者需要有能力追踪关键性能指标，实时识别问题，并自动触发警报和修复流程。此外，性能数据应该被记录和分析，以指导未来的模型优化和决策。

4. 安全性和合规性

在高度敏感和受到严格监管的行业，保证数据的安全性和合规性是至关重要的。技术解决方案需要提供强大的安全控制措施，如数据加密、用户认证和访问控制，并支持合规性报告和审计。

5. 案例研究

例如，一家保险公司通过采用云基础的数据管理平台和机器学习工具，加快了其模型开发周期，提高了性能监控的效率，并确保了数据的安全性和合规性。这不仅提升了公司的运营效率，还增强了客户的信任，提高了客户满意度。

选择和集成正确的技术是构建成功的模型管理体系结构的关键步骤。通过考虑组织的特定需求、市场趋势和最佳实践，可以确保技术投资带来最大的回报。

11.4.7 未来展望

在不断变化的技术和业务环境中，模型管理体系结构也需要不断演化和适应。未来，我们可能会看到更多的自动化、更高级的数据分析技术，以及更紧密的业务与技术整合。

1. 自动化和人工智能

随着人工智能和机器学习技术的进步，自动化将在模型管理中发挥越来越重要的作用。从自动模型验证和部署到性能监控和优化，自动化可以提高效率，减少错误，并允许数据科学家专注于更复杂的问题。

2. 高级分析和决策支持

未来的模型管理平台可能会提供更高级的分析功能，如预测分析、情景模拟和优化建议。这些功能可以帮助组织更好地理解其数据，做出更明智的决策，并更有效地利用其资源。

3. 业务和技术的整合

随着数据科学变得越来越重要，业务和技术的界限可能会变得越来越模糊。未来的模型管理体系结构可能需要更紧密地与业务流程、战略和文化整合，以实现真正的数据驱动决策和创新。

虽然具体的趋势和技术可能会变化，但构建和维护一个强大、灵活且响应迅速的模型管理体系结构将继续是组织成功的关键因素。

11.4.8 思考题和实践练习

为了加深理解和应用本章的概念，以下是一些思考题和实践练习。

1. 组织架构的影响

思考你熟悉的一个组织，讨论其组织架构如何影响模型管理的效率和效果。有哪些潜在的优势和挑战？

2. 技术选择的考量

如果你的组织需要选择一个新的数据管理平台，你会考虑哪些关键因素？讨论如何平衡成本、功能、可扩展性和用户友好性。

3. 风险管理的实践

描述一个场景，其中模型性能的下降可能对业务产生重大影响。你会如何利用本章讨论的原则来识别、管理和缓解这种风险？

4. 案例分析

选择一个行业（如金融），并分析一个成功的模型管理体系结构案例是如何构建的？哪些因素促成了其成功？

通过这些练习，你不仅可以深化对模型管理体系结构的理解，还可以发展出实际应用这些原则和最佳实践的能力。

11.4.9 小结

本节探讨了模型管理体系结构的关键组成部分，包括组织架构、管理流程和技术支持。我们讨论了这些元素如何相互作用，以支持有效的模型开发、部署和监控，以及如何应对不断变化的业务和技术挑战。通过实践练习和案例研究，我们也看到了这些原则在不同情境下的应用。随着组织继续前进并适应未来的变化，一个强大的模型管理体系结构将是其成功的基石。

11.5 模型管理的最佳实践

本节将深入探讨在模型管理中实施的最佳实践，这些实践对于确保模型的有效性、准确性和合规性至关重要。

11.5.1 文档和知识共享

有效的文档和知识共享是确保模型管理成功的关键。这不仅有助于团队成员之间的信息传递，还有助于提升组织内部的透明度，促进协作。

1. 创建全面的模型文档

模型文档应详细、清晰，并易于被理解。它应包括模型的目的、设计、输入和输出变量、关键假设、限制条件和性能指标。此外，应使用适当的工具和平台（如Confluence、SharePoint等）来编写和存储文档，以确保团队成员可以轻松访问。

2. 建立有效的知识管理系统

组织应投资于建立知识库，如内部Wiki或常见问题解答（FAQ）数据库，以存储和共享关键信息与最佳实践。这些系统应该是动态的，允许团队成员贡献内容，并随着新经验和见解的出现而更新。

3. 促进跨团队协作

通过定期召开会议、工作坊和内部研讨会来分享见解和反馈，可以加强不同团队之间的协作。使用协作工具（如Microsoft Teams、Slack等）可以进一步促进日常沟通和知识共享。

11.5.2 模型审查和质量保证

模型的准确性和可靠性是其价值的核心。因此，进行全面的模型审查和质量保证至关重要。

1. 定期模型性能评估

组织应建立标准流程,定期(如每季度)评估模型的性能。这包括检查模型的准确性、可靠性、偏差和一致性。任何性能下降都应被记录并被彻底调查。

2. 执行质量保证流程

除了性能评估,质量保证还应包括同行评审、代码审查和自动化测试。所有的模型更改都应经过严格审查,并在生产环境中部署前进行彻底测试。

3. 识别和处理模型偏差和错误

团队应该训练以识别潜在的模型偏差和错误,并知道如何采取纠正措施。这可能包括调整模型参数、重新训练模型或更新数据集。

11.5.3 合规性和伦理考虑

在模型管理中,遵守法规和伦理标准是不可或缺的。

1. 关键法规

不同行业有不同的合规要求。例如,金融服务行业必须遵守严格的数据保护和隐私法规。组织应了解并遵守所有相关的法规。

2. 伦理决策的框架和原则

组织应采用明确的伦理框架来指导其模型管理决策。这包括确保模型的公平性、透明度和可解释性,以及尊重客户的隐私和数据权利。

3. 数据隐私和安全性

保护敏感信息至关重要。组织应实施强有力的数据安全措施,如加密、访问控制和定期安全审计。此外,应该有清晰的政策和流程来处理数据泄露或其他安全事件。

通过这些最佳实践,组织可以确保其模型管理活动不仅有效,而且符合最高的伦理和合规标准。